인도 아쉬람 기행

- 인도 성자들의 아쉬람과 힌두사원 방문기 -

김동관 지음

샨티아쉬람

" **길**을 떠난 샹카라는

    마침내 아름다운 나르마다 강변의 동굴 아쉬람에서

    진리의 스승 성자 고빈다를 만나게 되었다. "

                              - 샹카라의 전설 중에서 -

아름다운 아루나찰라의 모습
신성한 산 아루나찰라는 시바신의 현현으로 받들어지며, 주위로는 여러 아쉬람들이 있다.
매월 기리발람이나 축제 때가 되면 인산인해를 이룬다.

하리드와르 하리끼빠우리의 거대한 시바신상
일반적으로 우주의 창조, 유지, 소멸의 역할 중 재생산을 위한 파괴를 담당하는 신으로 알려져 있지만, 수행의 의미에서는 진정한 자아를 찾기 위해 거짓 자아를 파괴하는 신으로 숭상된다. 특히 시바종파(Shaivism)에서는 우주의 창조, 유지, 소멸 등 모든 것을 주재하는 최고의 신이자, 모든 존재의 근원(Shivahood), 유일자로 여겨진다.

강가(Ganga)의 상류 리시케시 리시케시는 세계 요가의 고향이라고 일컬어진다.
아침 기도를 올리는 어느 사두 기도와 수행, 순례, 절제의 생활이 사두의 일과이다.

강가(Ganga)의 저녁
강가에 저녁이 다가오면 사람들은 예쁜 아뜨리 꽃바구니를 띄우며 기도를 올린다.

베드니케탄 아쉬람
대체로 아쉬람에서의 생활은 자유로우며, 여가 시간에 요가수련을 하기도 한다.

힌두 성녀 아난다모이마
그녀는 신을 찬양하며 전 인도를 여행했으며, 인도 여러 곳에 그녀의 아쉬람이 있다.
하리드와르에는 그녀의 유해를 모신 사마디 만디르가 있다.

라마나 마하르쉬 아쉬람
위로부터 사마디 홀, 정문 앞 마당과 참빠꽃, 다르샨 홀(명상실). 언제나 포스가 넘치는 곳이다.

안나말라이야르 사원　　티루반나말라이에 있으며 시바신을 따르는 이들의 성지다.
까르마파가 거하는 규또 곰파　　다람살라 아랫마을에 있으며 풍광이 멋진 곳이다.

다람살라의 히말라야 설산 다람살라는 티벳 불교의 본산으로 달라이라마가 거하는 곳이다.
남걀 사원의 법회 모습 가운데가 남걀 사원 주지 트람톡 린포체이다.

인체 내부의 신비한 차크라를 도해한 티벳 탕카
수련을 통해 원초적인 에너지 쿤달리니가 상승하면 깨달음을 얻을 수 있다고 한다.

아디 샹카라의 초대 사원이 위치한 아름다운 퉁가강
스린게리 사라다피땀은 초록이 무성한 밀림 속에 있으며,
아름다운 퉁가강이 그 옛날 전설처럼 아직도 맑게 흐르고 있다.

빠띠나따르 사마디 코일의 벽화 빠띠나따르는 가난한 이들의 선생이자 친구였다.
제 36대 샹카라차리야 바라띠 띠르샤 마하 스와미지 그는 힌두 최고의 스와미이다.

나체의 힌두 성자 토따뿌리의 조각상
햇살에 반짝이는 보리수와 불어오는 바람 사이, 그의 성소에서는 불멸의 향기가 느껴진다.

바라나시 가트의 모습 시바신의 도시 바라나시는 연중 순례객이 끊이지 않는다.
천 개의 태양이 빛나는 바라나시의 새벽 순례객들은 아름다운 물빛을 보며 푸자를 드린다.

티루반나말라이, 아루나찰레스와라르 사원의 거대한 고푸람
힌두 사원은 인도 문화의 정수를 간직하고 있으며, 돌에 새겨진 믿음은 현재로 이어진다.

화려하게 치장된 마두라이 미나찌 사원의 거대한 고푸람
인도인들에게 있어 사원은 신화나 전설 속의 신들이 생생히 살아 숨 쉬는 곳이다.

미나찌 여신과 시바신의 신성한 결혼을 묘사한 고푸람의 조각
사원의 조각들은 각각 고유의 유래가 있으며, 상징적인 의미를 함축하고 있다.

수련하는 요기상
고행과 수행을 통해 요기는 마침내 깨달음에 이를 수 있다.

발라지 템플의 황금 비마나 　황금 지붕은 성소 중의 성소임을 나타낸다.
쉬르디 사이바바 아쉬람의 황금 지붕 　저 아래에 바바의 사마디 성소가 있다.

영원한 삼매에 든 싯다 보가르　팔라니 보가르 템플 입구의 보가르상
깐야꾸마리의 비베카난다 메모리얼　라마크리슈나의 제자 비베카난다가 명상하던 곳에 세워져 있다.

보가르 템플에서 만난 타밀 여인 이마에 있는 틸락(tilak, tika)이나 빈디(bindi) 표식은 대개 그들이 믿는 신앙이나 결혼의 유무를 상징하는 경우가 많다. 특히 요기나 사두들의 경우 틸락의 표식만을 보고도 그들의 종교적인 성향과 소속을 알 수도 있다. 위의 회색재 비부티는 그녀가 방금 템플의 주신에 대한 다르샨을 마쳤다는 것을 의미한다.

다양한 모습의 링감 미나찌 사원에 모셔진 어느 수행자의 링감
링감은 빛으로 나타난 무한한 신을 형상화한 것이라고 하며, 대개 시바신을 상징하는 것으로 볼 수 있다. 훌륭한 요기나 사두 등 수행자들이 죽으면 절에서 부도탑을 세우듯이 링감을 모신다.

떠돌이 스와미 사띠스와미의 링감 그의 행적만큼이나 신비하기 그지없다.

요가수트라의 저자 싯다 파탄잘리의 사마디 쉬린
파탄잘리의 영정과 파탄잘리 무덤의 모습. 동판으로 만든 일곱 개의 꽃잎과 꽃술의 연꽃 문양은
요가 수행에서 지켜야 할 8가지의 지주, 즉 아슈탕가를 의미한다.

라마크리슈나 사마디 템플   벨루르마트는 라마크리슈나의 포스가 언제나 넘치는 곳이다.
라마크리슈나가 주석한 독끼네스와르 칼리 템플   후글리강 건너편에 있으며 배를 타고 간다.

다양한 모습의 사두들 사두들은 성지 순례와 성자와 신들에 대한 다르샨을 소중히 여긴다. 대개 유명한 성지에서는 다양한 사두들을 만날 수 있다.

싯다스 팔빤디안 선생과 마니깜 선생의 아쉬람
아쉬람은 아루나찰라의 산자락에 위치해 있으며, 고즈넉하고 아늑한 곳으로 평화롭기 그지없다.

닐칸트 두르헤
리시케시, 산 너머 닐칸트 사원으로 가는 길. 두 친구가 호젓한 산길을 오르고 있다.
자세히 보면 한 친구의 다리 한쪽이 보이지 않는다.
그들은 과연 험한 산길을 넘어 그곳에 도착했을까?

차 례

1. 성자들의 땅, 리시케시 • 37
2. 베드니케탄에서의 추억 • 42
3. 세계 요가의 고향 • 45
4. 시바난다 아쉬람에서 • 52
5. 사두들, 사두들 • 58
6. 아난다모이마 아쉬람 • 63
7. 히말라야 산속의 다람살라 • 69
8. 규또 곰파에서 • 75
9. 프라샨티 닐라얌 • 82
10. 화신(化神) 사이바바 • 88
11. 숲 속의 스린게리 • 97
12. 전설 속의 샹카라차리야 • 104
13. 샹카라차리야와의 다르샨 • 111
14. 아루나찰라의 붉은 바람 • 119
15. 라마나스라맘에서 • 125
16. 야간산행과 기리발람 • 131
17. 어느 싯다와의 짧은 만남 • 140
18. 빛으로 사라진 라마링감 • 148
19. 빠띠나따르 사마디 코일 • 160

20. 위대한 연금술사 싯다 보가르 • 166
21. 치땀바람 사원과 나타라자의 전설 • 173
22. 람에스와람 템플과 파탄잘리 사마디 쉬린 • 180
23. 미나찌 여신과의 다르샨 • 188
24. 인도 최고의 사원, 발라지 템플 • 196
25. 케랄라의 성녀 암마의 아쉬람 • 207
26. 민족운동가에서 영혼의 성자로 • 217
27. 바산타 비하르, 크리슈나무르티의 정원 • 225
28. 우연히 도착한 토따뿌리 아쉬람 • 231
29. 카라르 아쉬람과 요가난다 아쉬람 • 237
30. 라마크리슈나의 발자취를 찾아서 • 248
31. 평화의 땅 샨티니케탄 • 257
32. 삿구루 까비르 사헤브 • 262
33. 성자 쉬르디 사이바바 • 272
34. 어느 방랑 사두의 사마디 쉬린에서 • 281
35. 다시 리시케시에서 • 288
36. 아쉬람에 대한 단상(短想) • 296
37. 후일담(後日談) • 302
38. 후기(後記) • 311
39. 참고지도 • 314
40. 아쉬람 예약, 방문, 요가 강좌 • 315

"아트만은 움직이기도
움직이지 않기도 하며,
아주 멀리 있기도
아주 가까이 있기도 하니,
모든 만물 속에 있기도 하고
또한 만물 밖에 있기도 하나니."

* 앞 페이지 글은 이샤 우파니샤드(Isaavaasya Upanishad) 중에서 발췌.
  사진은 아루나찰레스와라르 사원의 붓다(깨달은 자) 부조상.

성자들의 땅 리시케시

시바난다 아쉬람에서 바라본 리시케시의 전경

하리드와르(Haridwar)로 향하는 기차 안은 이미 만원이다. 아직 출발 시각 전이지만 기차 안에는 양손에 여행 가방을 쥔 중년의 신사부터 사리를 곱게 입은 여성까지 자기 자리를 찾아 분주히 움직이고 있다. 나도 차표를 확인하고 내 자리로 간다. 배낭을 내려놓고 긴 숨을 쉬며 차창 밖을 바라보니 델리 역사 안은 인도 전역으로 떠나는 여행객들과 커다란 짐을 수레에 가득 싣고 밀고 당기는 짐꾼들, 팔 것들을 머리에 이고 든 상인들, 그리고 역 안을 제집인 양 드나드는 거리의 개들로 인해 참 희한한 풍경을 연출하고 있다. 이윽고 기차가 긴 기적을 울리며 육중한 쇠

바퀴를 움직이며 떠나려 한다. 이때 좁은 통로 저 멀리서 한 일본인 여행자가 들어온다. 커다란 배낭을 내 앞 자리에 내려놓으며 "하이"라고 짤막하게 인사한다. 우리는 서로 악수하며 통성명한다.

짧은 스포츠머리에 윤곽이 뚜렷한 얼굴, 가느다란 눈매에는 어딘가 고독한 느낌을 풍기고 있다. 리시케시로 간다는 나의 말에 그도 반긴다. 같은 코스라며 함께 가자는 그의 웃는 얼굴에 덧니가 살짝 보인다. 신지, 인상이 참 다부지고 단단하게 생겼지만 그의 얼굴 어딘가에 드리운 고독의 빛깔, 그것이 맘에 든다. 이제 창밖은 도시의 풍경을 뒤로하고 차츰 황량한 시골의 풍경 속으로 달려가고 있다.

리시케시, 참으로 오랜만에 가는 길이다. 언제나 그리워했던 곳.
아, 그 옛날의 스와미는 잘 계실까?
떠돌이 바바들은 여전할까?
히말의 산 위에서 불어오는 바람은?
푸른색 물빛의 강가는 아직도 그 맑은 빛을 띠고 있을까?

오래전 맨 처음 리시케시에 왔을 때의 기억들이 마치 영화처럼 내 맘속으로 흘러간다. 맨 처음 리시케시로 왔을 때는 대학교를 휴학한 때였다. 최루탄이 날리는 캠퍼스, 어수선한 사회 분위기 속에서 갈등과 방황을 하다가 기어이 인도로 왔다. 그때 리시케시의 느낌은 정말 멋지고 아름다웠다. 새벽의 맑은 강물에 수영을 하고, 밤에는 사두들과 강변 기슭에서 차를 마셨다. 그때 그 사두들은 아직도 잘 있을까?

기차는 달리고 이윽고 하리드와르에 도착한다. 하리드와르 역사 앞에

나서니 호객하는 릭샤꾼들과 택시 기사들이 몰려온다. 신지와 나는 그들을 외면하고 역을 나와 버스 터미널로 향한다. 역 앞 바로 우측에 하리드와르에서 외곽으로 가는 버스 터미널이 있기 때문이다. 어두컴컴한 터미널에서 리시케시행 버스를 발견하곤 얼른 자리를 잡고 앉는다. 가물거리는 기억을 되살리는 나와는 달리 몇 주 전에도 리시케시에 머물렀다는 신지는 다시 리시케시로 간다며 "샨티, 샨티"를 연발하며 마치 어린애처럼 즐거워한다.

 하리드와르에서 리시케시 시내까지는 대략 한 시간이면 충분한 거리, 거기서 우리가 머물려는 아쉬람들이 있는 람줄라까지는 택시나 오토 릭샤를 갈아타야 한다. 버스는 어두운 밤길을 부지런히 달려 이내 하리드와르를 벗어나고 저 멀리 어두운 길 저편에 상점들의 불빛들이 간간이 보인다. 그렇게 몇 개의 마을을 지나간다.

 창밖을 보던 신지가 갑자기 내 손을 잡아끌며 이제 내리자고 한다. 바깥에는 어두운 길가에 상점들의 불빛이 몇 개 보인다. "어 벌써 도착이야?" 나는 반문하며 얼른 배낭을 메고 따라 내린다. 그런데 내리고 보니 엉뚱한 곳이다. 아직 리시케시 외곽, 우리가 너무 빨리 내린 것이다. 밤이라 어두운 차 안에서 거리를 짐작하는 것은 쉽지 않은 것, 우리는 십여 분을 기다려 지나가는 택시를 타고 람줄라까지 이동한다. 택시는 밤의 리시케시 시내를 달려 희미한 가로등 아래 우뚝 선 시바난다 게이트에 도착한다.

 "Do Good, Be Good"이라고 큰 필체로 적혀 있는 시바난다 게이트, 스와미 시바난다의 철학을 간략하고 쉽게 적어 놓았다. 이 시바난다 게이트를 지나 람줄라 다리 부근의 람줄라 지역과 좀 더 상류의 락쉬만줄라 지역이 리시케시의 아쉬람들이 집중되어 있고, 여행자들이 많이 묵는 곳이다. 시바난다 게이트를 지나 이젠 각자의 배낭을 지고 마치 트레킹을 하듯 걸어간다. 람줄라 다리로 가는 좁은 길로 들어서자 길가에 줄지어 앉은 사두들은 우리를 반겨 인사한다.
"하리옴!"
"하리옴!"
 우리는 막 문을 닫고 있는 상점들을 지나 드디어 람줄라 다리에 들어선다. 다리 위에 서니 어디선가 바람이 확 불어온다. 참 시원하다. 다리 건너편으로는 저 멀리 아쉬람들과 호텔들의 불빛이 바람에 흔들리고 있다. 시원한 강바람을 맞으니 피로와 긴장이 모두 사라지는 것 같다. 다리를 건너 다시 상점들이 늘어선 작은 길로 들어서니, 길 중간에 검은 소 난디가 한 마리 서 있다. 신지가 갑자기 어린애처럼 소의 양 뿔을 잡고 "하리옴"이라고 반겨니, 소가 머리를 흔들며 인사하는 척 한다. 그 모습이 재밌는지 길옆에 자리잡은 사두들이 껄껄 웃는다.
 이제 갈림길, 나는 예전처럼 강 하류의 베드니케탄 아쉬람으로 신지는 파르마뜨 아쉬람 부근의 호텔로 향한다. 신지와 또 보자고 인사하고 베드니케탄으로 발걸음을 옮긴다. 여행자들이 주로 머무는 람줄라 구역과 락쉬만줄라 구역은 빤한 구역이라 아마도 다시 만날 수 있을 것이다.

 내가 숙소로 정한 베드니케탄 아쉬람은 강 하류에 있다. 방들이 많아 리시케시의 다른 곳과는 달리 웬만한 경우가 아니고는 빈방이 있는 곳이다. 사람들이 많이 가는 곳에서 동떨어진 곳에 위치해 있고, 아쉬람 앞 강변의 자갈밭이 좋아 조용한 분위기를 좋아하는 이들이 많이 찾는 곳이다. 특히 나에게는 추억이 있는 곳이라 더욱 정이 가는 곳이다. 아쉬람 현관문을 닫을 시간이 가까워 부지런히 걸어간다. 파르마뜨 아쉬람의 커다란 시계탑을 지나자 저 멀리 베드니케탄의 그리운 불빛이 보인다. 다행히 아직 현관문은 열려 있다. 배낭을 들고 아쉬람 안으로 들어서니 꾸벅꾸벅 졸던 야간 관리인이 반긴다. "나마스떼 바바"라고 인사하니 머리 희끗한 관리인도 "나마스떼, 나마스떼"라고 인사하며 두 손을 모은다.

관리인의 안내로 배정된 방으로 간다. 베드니케탄에서 젤 좋은 방들은 명상실을 지나 위쪽의 2층에 있는 방들이다. 거기가 바람이 시원하고 창문을 열면 히말의 산들도 보이기 때문. 다행히 내 방은 오래전 내가 자주 머물던 방 바로 옆방이다. 방문을 열고 들어가자 작은 간이침대와 벽장이 있고 벽은 온통 연한 분홍색이다. 작은 창문을 여니 멀리 히말의 산에서 시원한 산바람이 불어온다. 드디어 고향에 온 느낌이다.

*산티(Shanti): 평화, 마음의 평화
*히말: 히말라야 북부 지역과 네팔 등지에서 눈 덮인 산을 이름
*스와미(Swami): 원래는 샹카라차리야 종단에 소속된 수행자를 일컫는 말이었으나 지금은 사원이나 아쉬람 등에 소속된 사제나 수행자를 칭하기도 하고 신이나 신상, 링감, 수행자 등을 존중하여 부르는 존칭이기도 하다.
*사두(Sadhu): 힌두교 수행자를 널리 일컫는 말. 인도에는 다양한 종류의 사두들이 있다.
*바바(Baba): 아버지나 할아버지의 뜻을 지니고 있으며, 나이든 분을 존칭하는 말로 쓰인다. 특히 요가나 수행에 있어서 깨침을 얻은 사람을 친근하게 부르는 말로도 쓰이며, 많은 경우 수행자나 방랑하는 사두를 부를 때도 쓰인다.

베드니케탄에서의 추억

베드니케탄 아쉬람에 오니 맨 처음 리시케시를 방문했을 때의 기억들이 새롭다. 처음 접한 리시케시의 신선한 충격들, 그리고 그때 만난 사람들의 얼굴이 스쳐 지나간다. 그러다 문득 떠오르는 사두들의 얼굴……

그때는 사두들도 참 많았다. 시바난다 게이트를 지나자마자 길가에는 죽 도열해 앉아 있는 사두들. 그때 우리는 눈 맑은 사두들에게 몇 루피 박시시(보시)를 했었다. 그런데 그날 밤, 그 사두들을 베드니케탄의 강변에서 다시 만난 것이다. 람줄라 다리를 건널 때, 다리 아래로 보이는 수많은 잉어들을 보고 그 잉어들을 낚아서 인도인 몰래 구워 먹으려고 낚시를 하려던 참이었다. 오랫동안 인도인처럼 채식만 하다가 갑자기 물고기를 보니 식욕이 돋았었다. 그런데 강변에서 낚시를 준비하다 어두컴컴한 저 어디선가에서 인기척을 느끼고 흠칫 놀랐는데, 낮에 만난 바로 그 사두들이 아닌가!

우리를 알아보고 무언가 말을 걸어오는 사두들, 한 명은 백발의 머리에 맘씨 착하게 생긴 사두였고, 또 한 명은 잘생긴 얼굴에 신심 깊은 눈의 청년이었다. 달빛 아래 두 명의 사두는 강가에서 찻물을 길어가는 중 이었다. 무언가 말을 하는 중에 "짜이"라는 말이 얼핏 들렸다. 그때서야 함께 차를 한잔하자는 뜻을 알고 얼른 낚시를 포기하고 따라 나섰다. 사람들의 왕래가 뜸한 강변의 큰 바위 부근, 사두들은 강변의 자갈밭에 거적때기를 깔고 노숙을 하고 있었다. 이런 모습은 야트라(순례)를 떠나는 사두들의 전형적인 모습이다.

 대개 사두들은 신성한 성지를 찾아 순례를 다니며 수행하는 무리들로 세속을 떠난 이들이다. 이들은 순례 중 힌두 사원이나 아쉬람에서 숙식을 해결하고, 사정이 여의치 않은 경우에는 걸식을 하며 길에서 노숙을 하기도 한다. 이러한 방랑하는 사두들이 특히 많은 곳이 히말라야 주변이고 그중에 리시케시는 강가(Ganga, 갠지즈강)의 모래알처럼 사두들이 많다고 하던 곳이다. 그리하여 리시케시에는 방랑하는 사두들을 위한 아쉬람과 힌두 사원들이 있으며 도시의 분위기도 사두들에게 호의적이다. 그러나 리시케시를 찾는 대부분의 사두들은 갠지즈 강변이나 가트에서 노숙을 하거나 박시시를 받아 자급자족으로 숙식을 해결한다.

 두 명의 사두는 강변에 떠내려온 나뭇가지를 주워 불을 피운다. 모닥불 위에 작은 사두 밥그릇을 올리고 강가에서 길어온 물을 붓는다. 이런 와중에도 무언가 말을 건네는데 힌두어를 모르는 우리는 영어로 대답해 본다. 그러나 그들도 영어를 모르고 우리들의 대화는 독백으로 끝난다. 그들의 대화중에 간간이 지명 이름이 나온다. 이들은 아마도 저 멀리 남쪽에서 온 모양이다. 남인도의 지명이 나오니 말이다.
 이윽고 찻물이 끓어 차를 내어주며 웃는 사두, 그 마음이 느껴진다. 쌀쌀한 강바람 속에서 마시는 뜨거운 차는 참으로 훌륭한 맛이었다. 그들과 우리 사이에 말은 통하지 않았지만 그래도 인연이라고 우리를 알아보고 차를 함께 마시자는 그들. 그들의 선한 웃음과 표정 속에서 그들의 진심이 느껴졌다. 아마도 이것은 히말라야 신들의 축복일까? 우리는 사두들과 말 없는 담소를 나누었다. 그날따라 별들은 유난히 반짝였다.

세계 요가의 고향

비틀즈 아쉬람의 정문

신성한 강가의 상류, 히말라야 산자락에 위치한 리시케시는 그 온화한 기후와 평화로운 분위기로 인해 수많은 아쉬람과 힌두 사원들이 자리 잡고 있으며, 예로부터 힌두 신화와 전설의 무대가 되어왔다. 그리하여 신심 깊은 순례객들과 영적인 탐험과 휴식을 추구하는 여행객들의 발길이 끊이지 않는다. 리시케시를 관통하여 흐르는 강가(Ganga 갠지즈)를 중심으로 평화롭게 자리잡은 많은 아쉬람과 요가센터에서는 인도뿐만 아니라 전 세계로부터 몰려온 요가 수행자들을 위한 다양한 코스를 제공하고 있다. 또 세계 요가의 고향이라는 별칭답게 리시케시의 강변에는 요가와 명상에 열중하는 사람들을 쉽게 만날 수 있다.

람줄라 다리 부근의 풍광이 좋은 명당에 위치한 시바난다 아쉬람을 비롯, 고즈넉한 요가니케탄, 세계적으로 선풍적인 인기를 끌고 있는 아엥가 요가를 가르치는 옴카라난다 아쉬람, 해질녘의 아뜨리 의식과 찬양, 찬미로 유명한 파르마프 아쉬람, 하류의 베드니케탄 아쉬람 등 여러 아쉬람이 있다. 뿐만 아니라 리시케시 주변의 힌두 사원과 크고 작은 요가센터들은 리시케시를 찾는 순례객과 여행자들을 매료시키기에 그만이다. 거기다가 히말라야 산맥에서 풍기는 신령한 기운이며, 고운 모래사장을 지닌 푸른빛의 강가는 휴식과 평안을 찾는 이들의 잠자는 영성과 감성을 일깨우기에 최상의 조건이다. 또한 신화 속의 힌두 성지를 지키고 있는 리시케시의 주민들이나 사두들, 심지어 거리의 소들과 개들까지도 리시케시의 신성하고 평화로운 분위기를 배가하니 그야말로 "샨티"를 느낄 수 있는 천혜의 장소가 아닐까 한다.

원래 인도인들만의 순례지였던 이곳이 세계적으로 유명하게 되는 과정에 그 유명한 비틀즈가 등장한다. 1968년, 비틀즈는 리시케시에 있는 요기 마하리시 마헤시를 만나기 위해 그의 아쉬람을 방문한다. 영국을 비롯한 유럽과 전 세계에서 천재적인 감성과 주옥같은 노래로 유명세를 떨치던 비틀즈가 리시케시를 방문함으로 리시케시는 일약 세계적인 영적도시로 알려지게 되었다. 물론 비틀즈 이전에도 비베카난다, 요가난다 등 인도를 서구에 알리려는 노력들이 있었지만, 당시 대중적인 인기를 지닌 젊은이의 우상 비틀즈가 방문함으로 새로운 시대, 새로운 영성을 찾는 젊은이의 흐름과 더불어 인도와 리시케시를 널리 알리는 계기가 된 것이다. 이후 수많은 서구의 젊은이들이 인도를 찾게 되었고 더불어 요가도 급속도로 전파되게 된다.

 비틀즈가 리시케시에 머무르는 동안 요기 마헤시와의 불화 등 여러 우여곡절이 있었지만 비틀즈는 리시케시에서 이국적이고도 신선한 인도 정신 세계의 영향을 받았고, 주옥같은 노래를 만들게 된다. 그리하여 나온 곡들이 그들의 앨범에 수록되어 있다. 인도 전통악기인 타블라와 시타르가 출현하는 앨범에는 인류의 평화와 공존, 사랑을 주제로 한 노래들이 많다. 이들 비틀즈 멤버들이 그들의 친구들과 더불어 머문 곳이 바로 리시케시 강변의 언덕에 위치한 마하리시 마헤시 아쉬람이다. 서양 여행객들에게 비틀즈 아쉬람으로 널리 알려진 이곳은 리시케시 시내가 한눈에 보이는 높다란 산자락에 위치해 있으며, 큰 나무들과 초록의 관목들이 우거진 숲 속이다.

 비틀즈 아쉬람은 베드니케탄 아쉬람을 지나 좁은 길을 따라가면 나온다. 길을 따라가자 작은 공터가 나오고 퇴색한 빛의 아쉬람 입구가 있다. 잡초들 무성한 언덕길을 올라가는 중, 나뭇가지와 담벼락 위에서 놀고 있는 원숭이들을 만난다. 온 몸이 흰색 털에 얼굴만 새까만 랑구르 원숭이다. 여러 마리 군집으로 다니는지 어떤 놈들은 나무 위의 열매를 따먹고 어떤 어미는 새끼를 안고 젖을 먹이고 있다.

 좁다란 길을 따라 좀 더 올라가니, 수풀 속에 우뚝 솟은 아쉬람의 건물들이 보인다. 마치 동화 속에서나 나올 듯한 원추형의 지붕을 한 건물들, 아기자기한 모습의 둥근 지붕을 한 건물과 사각형의 건물들. 예쁘게 생긴 건물 안으로 들어가니 원형의 바닥에 나선형으로 만든 계단이 있다. 부서진 창문, 깨어진 유리창, 잡초가 우거진 계단을 따라 올라가니 옥상으로 가는 사다리가 나온다. 둥근 돔형 지붕과 연결된 쇠사다리는 금방이라도 부서질 듯하다. 마치 천국으로 가는 좁은 비상구인 양 가느다란 빛을 따라 녹슨 사다리를 잡고 올라간다. 비좁은 통로를 지나 머리 위의 빛을 따라 올라가자 드디어 앞이 탁 트인 지붕 위에 도착한다. 시원한 강바람이 불어오고, 고개를 돌려보니 리시케시의 전경이 한눈에 다 보인다. 저 멀리 히말의 높은 산과 람줄라 다리 아래로 유유히 흐르는 강가, 건물들 다닥다닥 붙은 리시케시 시내의 골목길도 보인다. 하늘은 푸르고 불어오는 바람은 시원하니 아마도 그 옛날 비틀즈 멤버들도 더운 날에는 이렇게 지붕 위에 올라 경치를 감상했을 것이다.

한편 애플의 창업자 스티브 잡스도 이러한 인도 방문의 흐름에 따라 청년 시절 인도를 방문한다. 그는 당시 유행하던 히피의 흐름에 깊이 영향을 받았고, 특히 인도 관련 서적에 깊은 감명을 받았다고 한다. 당시 그는 리드 대학을 중퇴한 이후 청년기의 갈등과 고뇌를 겪는 과정에 있었다고 하며, 이때 친구와 더불어 인도를 방문한 것이다. 1974년, 스티브 잡스는 그의 히피 친구와 더불어 북인도를 여행했는데 그들은 인도인처럼 룽기를 입고 머리는 박박 깎고 다녔다고 한다. 그들은 히말라야 산자락으로 영적인 순례를 떠났으며, 그 길에서 인도의 가난과 열악한 환경, 비참한 현실을 목격했고 그리고 그러한 것들을 넘어서는 신성한 그 무엇을 느꼈다고 한다.

그들은 당시 서양인들에게 구루(Guru, 영적인 스승)로 유명했던 님 카롤리바바(Neem Karoli Baba)를 만나러 알모라 근교의 아쉬람을 찾았지만 불행히도 그들이 도착했을 때 님 카롤리바바는 이미 영면에 든 이후였다. 그들은 황량한 아쉬람의 현실에 실망을 하기도 했지만 이내 또 다른 구루 하리아칸바바(Hariakhan Baba)의 아쉬람을 찾아 히말라야 산기슭을 헤맨다. 그들은 여행 중 인도인처럼 숙식을 해결했으며, 때로는 버려진 건물에서 사두처럼 잠도 잤다고 한다.

 이 여행 중에 잡스는 특히 철학적인 주제에 관해서 토론을 많이 했다고 한다. 아마도 인도의 가난하고 열악한 현실과 이상적인 추구와의 갈등에 대한 것은 아니었을까? 그들은 하리드와르에서 열린 힌두교의 최대 축제 쿰브멜라(Kumbh Mela)에도 참석했으며, 지척인 리시케시도 방문한다. 당시 리시케시는 히피들의 집산지였다.

 추측해 보면 그들의 인도 여행은 여행자로서의 낭만적인 것만은 아니었을 것이다. 후일 잡스는 인도를 직접 방문함으로 책을 통해 그렇게 동경하던 인도와 구루에 대한 환상을 버리게 되었다고 전한다. 그러나 잡스는 히말라야를 비롯한 인도의 여러 곳을 여행함으로 이상과 현실 세계의 간극을 목격하게 되었으며, 인도 여행은 그에게 현실에서의 안목을 넓혀 주었을 것이다. 여하튼 젊은 날 잡스의 인도 여행은 그에게 깊은 인상을 남긴 것은 분명해 보인다. 그는 인도 여행 이후 현대 과학이 인류에게 베풀 수 있는 것들이 많음을 느꼈는지 나중에 공산주의 이론가인 카를 마르크스와 구루 님 카롤리바바보다는 전기를 발명한 토마스 에디슨이 인류를 위해 훨씬 많은 것을 이루었다고 말했다고 한다. 이것은 즉 과학적이고 실용적인 노력들이 현실을 도외시한 이상적인 추구나 비현실적인 은둔의 수행보다도 더 위대하다고 보고, 그의 생의 지침으로 삼은 것은 아닐까?

 분명한 것은 잡스는 그의 인도 여행을 통해 현대 과학 기술의 유용함을 재확인하고 또 영적인 추구도 동시에 가능하다고 본 것은 아닐까 하는 생각이다. 잡스는 인도 여행 후 애플을 창업하게 되고 또 명상과 불교에 더욱 심취하게 되었다고 하며 그의 이러한 정신적인 추구는 일생을 통해서 계속되게 된다.

　비틀즈 아쉬람 숲 속의 여기저기를 헤매다 마치 사라진 왕국을 발견한 탐험가처럼 아쉬람의 이곳저곳을 탐험하는 서양 여행객들을 만난다. 모두들 아쉬움과 감회가 교차하는 모양이다. 한 세기를 풍미한 청춘의 우상 비틀즈가 머문 곳이 잡초만 무성한 폐허로 버려진 것을 보니 상념이 저절로 일어나는 것이리라. 한편으론 아쉬워하기도 하고, 한편으론 비틀즈가 왔던 곳을 드디어 왔다는 성취감을 느끼는 듯도 하다. 어떤 이들은 이곳을 잊지 않기 위해 기념사진을 찍고, 어떤 이들은 폐허가 된 건물 내부에 낙서도 그리며 그들의 흔적을 남긴다.
　버려진 아쉬람 한 모퉁이에선 몇몇의 사람들이 조용히 정좌하여 앉아 있다. 이들도 그 옛날의 비틀즈처럼 고민하고, 사랑하고, 명상하는 꿈을 꾸는 걸까? 바람마저 잦아들어 숨소리마저 들릴 듯한 이곳에서 그들은 새소리와 더불어 보이지 않는 그 무엇을 찾아 묵상에 잠겨 있다.
　찾는 것일까? 버리는 것일까? 비우는 것일까?
　묵상하는 그들의 어깨 위로 오후의 햇살이 내려앉는다.

＊마하리시 마헤시(Maharishi Mahesh): 서구에 유명한 초월명상(TM)의 창시자로 그는 북부의 샹카라차리아였던 스와미 브라마난다의 제자이자 서기로 있었다고 하며, 2008년 네덜란드에서 영면에 든다. 이후 인도 알라하바드에서 장례식을 치른다.
＊하리아칸바바(Hariakhan Baba): 20세기 초까지 북부 히말라야 주변에서 유명했던 수행자로 잡스와 함께 여행한 친구 코트케의 증언에 따르면 그들이 직접 만났다는 바바는 이 유명한 하리아칸바바의 환생이라고 주장하는 청년이었다고 한다.

스와미 시바난다

시바난다 아쉬람에서

리시케시의 명소로 유명한 시바난다 아쉬람, 스와미 시바난다(Swami Sivananda Saraswati)가 1936년 리시케시의 강가(Ganga, 갠지즈강) 언덕에 세운 아쉬람이다. 이곳은 리시케시를 관통하여 흐르는 강가의 절벽 위 높은 곳에 위치해 풍광이 뛰어나며, 리시케시의 강가를 구경하기엔 그만인 곳이다. 거기다 포스 넘치는 시바난다의 흔적이 곳곳에 남아 있어 인도인들뿐만 아니라 전 세계의 요가 수련인들이 찾고 있다.

시바난다 아쉬람으로 가기 위해 시바난다 게이트를 지나 아쉬람의 층층 계단을 올라가니 정면에는 메인 템플이 있고 마당 한쪽에 시바난다의 기념탑이 서 있다. 우측에는 시바난다의 유해를 모신 사마디 홀과 도서관이 조용히 자리잡고 있다. 인적이 뜸한 시간이라 절간처럼 고즈넉한 마당을 지나 사마디 홀로 들어간다. 사마디 홀 정면에는 시바난다의 대리석 무덤이 있고, 참배객들이 몇 명 앉아있다. 벽에는 시바난다의 일생을 기록한 그림과 멋진 시바난다의 초상화가 있다. "Do Good, Be Good" (선한 행위를 하고 선하게 있으라.)이라는 시바난다의 가르침을 핵심적으로 적은 글이 눈에 띈다.

쉬린 한쪽에 앉아 더위도 식힐 겸 묵상에 잠겨 본다. 고요한 가운데 은은한 축복이 신비처럼 천천히, 그리고 미세하게 다가오는 것 같다. 갑자기 눈을 들어 벽을 보니 포스 넘치는 시바난다가 환하게 웃으며 내려다보고 있는 게 아닌가! 착각일까? 환상일까? 그 느낌을 살펴보고 있는데 홀 안쪽으로 오렌지색 옷의 스와미들과 푸른 눈의 서양인들이 단체로 들어온다. 은발의 노인부터, 건장한 청년, 아리따운 숙녀에 이르기까지 단체로 온 서양인들은 벽에 기대거나, 정좌하거나, 다리를 뻗고 편한 자세로 묵상 중이다. 자세는 가지각색이나 모두들 경건하고 진지한 표정이다.

저녁 푸자 시간이 되자 스와미는 나지막이 악기를 연주하고, 챈팅을 시작한다. 연로한 스와미가 선창하고 참배객들도 따라 챈팅을 한다.

옴 나모 나라야엔, 옴 나모 나라야엔……

수십 명이 함께 해서 그런지 챈팅의 힘과 바이브레이션은 갈수록 강해진다. 챈팅 소리는 홀 안을 가득 울리고, 이제는 내 몸 전체가 진동으로 울려온다. 푸자를 끝내고 밖으로 나와도 챈팅의 여운은 내 주위를 감싸며 은은히 울리고 있다.

옴 나모 나라야엔, 옴 나모 나라야엔……

스와미 시바난다의 자서전에 따르면 그는 타밀나두의 어느 작은 마을에서 셋째 아들로 태어나 의학을 전공하고 당시 영국령의 말레이시아에서 10여 년 동안 의사 생활을 했다고 한다. 그러나 의사로서 불치로 고통받는 환자들에 대한 연민과 현대 의학의 한계를 절감하고 보다 근원적인 치료를 위한 길을 찾아 영적인 길을 떠난다. 운명처럼 리시케시에서 구루를 만나 스와미 서품을 받은 이후 그는 전 인도를 순례하며 영적인 완성을 위해 부단히 노력하였다. 그 과정에 남인도의 성자 라마나 마하르쉬(Ramana Maharshi)를 비롯 여러 성자를 친견하고 힌두 사원을 방문하는 등 각고의 노력으로 수행하여 마침내 깨달음을 얻게 되었다고 한다. 그리하여 리시케시에 아쉬람을 세우고 여러 영적인 단체도 만들며 뜻있는 이들에게 가르침을 폈다. 성직자 생활 중에도 왕성한 저술활동을 펼쳐 200여권이 넘는 책을 저술했으며, 요가와 베단타 철학에 달통했다고 한다.

그의 자서전에는 그의 깨달음에 대해 간략히 자서하고 있다.

1. 나는 내 자신의 진아 속에서 신을 보았다.
2. 나는 이름과 형상을 부정했으며, 그렇게 부정하고 남은 것이 바로 참 존재이며, 지혜이며, 절대의 축복과 다르지 않음을 깨달았다.
3. 나는 신께서 어느 곳에나 편재하심을 본다. 거기엔 장막이 없다.
4. "나"는 절대이다. 이원성은 없다.
5. "나"는 나의 진아 속에 있다. "나"의 축복은 형언할 수 없다.
6. 꿈들의 세계는 사라지고, "나"만이 존재한다.

며칠 후 강가를 산책하다 다시 시바난다 아쉬람으로 발걸음을 옮긴다. 시바난다 아쉬람은 높다란 곳에 위치해 바람도 잘 불고 경치도 좋아 바람 쐬기엔 그만이다. 사마디 홀에서 명상하고 시바난다의 가르침을 새긴 기념탑 앞에서 글귀를 읽고 있을 때, 오렌지색의 사두복을 입은 중년의 스와미가 다가와 인사를 건넨다. "나마스떼 스와미지?" 인사하는 나에게 자기를 따라오라고 손짓한다. 손짓하는 곳을 따라가니 바잔 홀이다.

방충망이 쳐진 옆문을 열고 들어가니 정면에는 컬러풀한 사라스와티 여신의 신상이 있고, 그 신상 앞에서 젊은 스와미가 만트라를 외우는 중이었다. 내가 바잔 홀 한쪽에 앉아있는 동안 스와미는 양손에 바나나와 오렌지, 그리고 나뭇잎으로 만든 접시에 튀긴 것을 들고 나온다. 한사코 사양하는 나에게 맛있는 거라며 먹으라고 한다. 아마도 내가 배고파 보였는 모양이다.

바깥의 뙤약볕과는 달리 바잔 홀은 서늘하며 정말 시원했다. 홀 안을 둘러보니 삼면의 벽에는 성모 마리아를 비롯하여 예수님, 아난다모이마, 요가난다, 라마나 마하르쉬, 구루 나낙, 쉬르디 사이바바, 라마크리슈나 등 정신세계의 성자나 구루들의 사진들로 빼곡하다. 이것을 보니 다른 종교에 배타적이지 않은 시바난다의 철학이 가슴으로 다가왔다. 더불어 이런 사진들에서 신성한 향기가 나오는 듯했다. 사진을 찍어도 되느냐는 나의 질문에 그 스와미는 마음껏 모두 찍으라고 흔쾌히 허락해 준다. 보통의 아쉬람이나 힌두 사원에서는 사진을 금하는데 비해 역시 시바난다 아쉬람의 개방성에 감탄하며 사진을 찍는다.

착한 스와미께 감사하다 인사하며 바잔 홀을 나올 때 어디선가 땡땡 종소리가 들린다. 소리가 나는 곳으로 발길을 돌리니 메인 템플에서 저녁 푸자를 올리는 모양이다. 나도 스와미들과 참배객들을 따라 푸자에 참석한다. 템플 안에는 수십 명의 사람들이 푸자에 참석하고 있다. 어두컴컴한 템플 안 지성소에는 검은색의 피리 부는 크리슈나상이 서 있고, 그 앞에 검은 소 난디가 엎드려 부복하고 있다. 두 명의 스와미가 푸자를 진행하고, 참석한 다른 스와미들은 악기를 연주하고 있다. 단출하게 쟁쟁 울리는 종소리와 금속성의 악기소리, 노랫소리는 가슴을 파고드는 마력이 있는 모양이다. 어디선가 알 수 없는 물결이 조금씩 조금씩 밀려온다.

그러다 그 파동은 갑자기 내속을 울컥하게 한다. 왜인지는 모르겠는데 눈가에 물방울이 솟아난다.
 푸자가 끝날 쯤, 푸자를 진행하던 스와미는 신성한 불을 참배한 이들에게 쐬게 한다. 사람들은 그 불 위에 두 손을 잠시 얹고 얼굴을 비빈다. 아마도 예배한 불의 신성함을 함께 한다는 의미는 아닐까?
 푸자를 마치고 템플을 나오니 바깥은 어둑어둑하다. 람줄라 다리를 지나 숙소로 돌아오는 내도록 쟁쟁 울리던 그 종소리는 내 속에서 메아리치고 있었다.

＊사마디(Samadhi) : 사마디 또는 싸마디로 발음하며, 한자로는 삼매(三昧) 또는 삼마지(三摩地)라고 음역한다. 평정한 마음이 고요함 중에 지극히 깨어있는 상태를 말한다. 일반적으로 마하 사마디는 요가나 싯다 등 수행자의 육신이 죽은 상태를 칭한다.

＊사마디 쉬린(Shrine) : 사마디 성소(聖所), 사마디 만디르(Samadhi Mandir)라고도 하며, 성자나 구루, 싯다, 요기들의 유해를 모신 곳이다. 영어 발음은 쉬라인이라고 많이 발음 하나 편의상 쉬린으로 적었음.

＊사마디 쉬린을 찾는 의미 : 힌두 신앙에서는 위대한 리쉬(르쉬, 성자)나 고승, 요기, 싯다들은 죽음을 초월한다고 알려져 있다. 그래서 그들의 유해를 모신 사마디 쉬린에도 그들이 살았을 때와 같은 힘과 은총이 있다고 믿어진다. 이러한 사마디 쉬린은 방랑하는 사두나 스와미들뿐만 아니라 많은 일반인들이 찾는다. 이런 사마디 쉬린도 그 수행자들의 수행에 따라, 또 방문자의 상태나 자세, 수행력에 따라 다르게 느껴진다고 한다.

한편, 위대한 성자나 싯다, 요기들이 죽은 후에도 생전에 성취한 수행력이 사후에도 계속 남아 있는 경우를 지바 사마디(Jeeva Samadhi)라고 부르는데, 인도 전역에는 많은 지바 사마디 장소가 있으며, 가장 널리 알려진 지바 사마디 성소로는 쉬르디 사이바바 템플과 라마나 마하르쉬 아쉬람을 들 수 있다. 이 책에 나오는 사띠스와미의 경우도 지바 사마디로 볼 수 있을 것이다. 또한 라마크리슈나, 비베카난다의 성소 등도 당연히 이런 범주에 둘 수 있을 것이다. 이런 사마디 성소를 직접 방문해보면 그 현존하는 파워의 실체를 알게 된다.

사두들, 사두들

 리시케시 시내를 둘러보고 오는 중, 시바난다 가트를 지나려는데 누군가 "하리옴"하며 인사를 한다. 돌아보니 며칠 전 신지와 도착할 때 만났던 사두 라메쉬바바다. 황색의 사두복을 입고 머리에는 황색 천으로 터번처럼 둘둘 말은 상태에, 얼굴은 완전 까무잡잡하다. 웃으며 인사하는 중에 앞니 빠진 모습이 웃기는 생김새다. 그러나 눈은 마치 빛이 나는 듯 안광이 형형하고 흰자위에는 가는 실핏줄이 있다. 강가의 계단식 가트 한쪽, 커다란 보리수나무 아래 일단의 무리들 속에서 라메쉬바바가 보인다. 그리고 그들이 앉아 있는 사이에 철근으로 만든 시바의 삼지창이 보인다. '엇 시바사두들인가?' 궁금하기도 해서 계단을 내려가 본다. 라메쉬바바 옆에 서너 명의 다른 사두도 있다. 그리고 반대편에는 또 다른 한 무리의 사두들이 시멘트 바닥에 자기 구역임을 표시하듯 깔개를 펴고 진을 치고 있다.
 덩치가 크고 턱에 수염이 덥수룩한 사두는 람다쓰, 시바의 삼지창 바로 옆에는 좌장격인 알렉뿌리바바, 코미디언처럼 웃기는 차림새지만 이상하게 정이 가는 라메쉬바바 그리고 백발의 사두들. 모두들 차림새는 거지꼴이지만 선한 눈을 하고 있다. 난 "코리안 사두"라며 인사한다. 한국에도 힌두교가 있냐는 말에 많은 수는 아니지만 시바를 좋아하는 이들이 있다고 말하며 그중에 난 "코리안 사두"라고 장난치듯 인사하자 사두들은 한바탕 크게 웃으며 환대해 준다. 이런저런 이야기 중에 라메쉬바바가 사두들에게 차를 한잔 사라고 한다. 이렇게 사두들과 만나는 것도 좋은 복을 짓는 거라며 "굿 까르마(Good Karma)"에 힘주어 권한다. 내가 라메쉬바바에게 "어 라메쉬바바는 진짜 사두 맞아? 거지가 사두 행세하는 거 아냐?"라고 장난치듯 물으니, 라메쉬바바는 "난 바드리나트, 강고트리, 케다르나트 등 여러 성지를 걸어서 순례도 한 진짜 사두야!"라며 "아엠 리얼 사두!"에 힘을 주어 말한다.

사실 대개의 사두들은 "굿 까르마"를 언급하며 보시를 권하는 경우가 많다. 이들이 말하는 까르마(Karma)란 곧 수행자들에게 보시하는 등 선한 행위를 하면 또한 선한 결과를 얻어 복을 얻을 수 있다는, 현실에서의 선업을 실천함으로 진정한 깨달음을 얻을 수 있다는 까르마요가의 가르침이기도 하다. 즉 타인에 대한 선한 행위가 곧 나에 대한 선한 행위이며, 그리하여 나와 남의 구분을 넘어서서 존재의 궁극에 도달할 수 있다는, 어쩌면 가장 쉽고도 어려운 요가라고 한다. 이미 인도에 올 때마다 사두들과는 친하게 지내왔고 또 사두들의 생활을 대충 아는 편이라 근처의 찻집에 차를 배달시킨다. "이 차는 시바께서 주시는 것이야. 맛있게 먹어. 옴 나마 시바!"라고 장난기 있게 말하자 사두들이 웃으며 고마움을 표한다.

그러던 중 내가 "왜 사두들은 수행은 안하고 외국인들에게 구걸만 하지? 또 근처에 장사 잘되는 인도인들 상가도 많은데 인도인들에게 구걸하는 게 어때?"라고 묻자 알렉뿌리바바가 손바닥을 펴 보이며 말한다. "손바닥을 펴보면 손가락 길이가 다 다르다. 이것처럼 사람들의 생각도 다 달라서 같은 사람이지만 우리 같은 사두들을 이해하며 도와주는 인도인들이 많지 않다."고 말하며 "우리도 아침저녁으로 신성한 불 주위에 모여 시바신께 푸자도 드리고 기도하며 수행한다."고 강변한다. 그리고 "날이 풀리면 강고트리, 바드리나트 쪽으로 성지 순례도 가고 동굴에서 수행도 한다."고 말한다.

원래 인도는 방랑하는 수행자인 사두들이나 성지 순례를 다니는 사람들에게 호의적으로 음식이나 필요한 것들을 제공해주는 것을 미덕으로 삼고 있다. 그러나 사회가 날로 다르게 변모되어가는 과정에서 신들에 대한 믿음도 약해졌고, 사두들에 대한 세상인심도 각박해지고 있다고 한다. 특히 리시케시나 바라나시 같은 성지에서조차 사두들은 천대받고 질시를 받는 경우가 많다고 한다. 여러 사원과 아쉬람에서 방랑하는 사두들에게 음식과 의복을 제공은 해준다고는 하나 수많은 사두들에게 충족하게 제공되는 것은 아니라고 하며, 그리하여 많은 사두들이 이른바 순례객들이나 현지인들에게 "보시"를 받아서 지낸다고 전한다. 리시케시에서도 여러 사원과 아쉬람에서 사두들에게 음식과 의복을 제공은 하고 있다지만 배급되는 그것만으로는 최소한의 식사를 하기도 쉽지 않아 보였다. 예전에 무료 배급을 본 적이 있는데 사실 몇 장의 짜파티와 달을 먹고 하루를 버티기에는 그 배급량이 턱없이 모자라 보였다. 간혹 독지가가 사원이나 아쉬람에 큰돈을 기부하면 그때는 사두들에게 의복이나 숄 등이 지급될 때도 있지만 그 외에는 "박시시"라는 구걸을 받아 생활한다고 한다. 그러나 좋은 말로 보시를 받고 나쁜 말로는 구걸을 받는 박시시를 받을 때도 소수의 "능력 있는 사두"는 보시를 잘 받지만 그렇지 않은 경우에는 무료 배급소나 근처 식당 등의 찬조를 받아 연명하며 수행한다고 한다. 그래서 요즘은 사두들이 순례객을 상대로 염주며 반지 등을 팔거나 체중계를 구해서 무게를 달아주고 돈을 받는 장사하는 사두들도 생겨나고 있는 게 현실이다. 사실 "사두들도 사람이라 일상생활의 잡동사니는 스스로의 힘으로 장만해야 한다."는 알렉뿌리바바의 말에 사두들의 처지가 좀 이해가 되었다. 그의 말에 따르면 특히 시바신을 따르는 사두들은 다른 계통의 사두들과 달리 좀 더 고행적이라고 한다. 밤이 깊어 사두들에게 인사하며 이젠 돌아선다. 리시케시에 있을 동안은 아마도 라메쉬바바들을 자주 만날 것이다.

 며칠 후 비틀즈 아쉬람에서 만난 인도인 라주의 가게에서 꾸르따를 장만하고 파르마프 아쉬람을 지나던 길, 아뜨리 의식에 참석한 신지를 발견한다. 고독한 눈빛의 신지, 나를 발견하더니 반갑게 손을 흔든다.

 파르마프 아쉬람에서 관장하는 아뜨리 의식은 리시케시에서 유명한 볼거리다. 특히 해질녘 헌신자들의 찬가 속에 꽃바구니를 강물에 띄우는 아뜨리는 석양을 붉게 물들이는 노을과 더불어 신성한 분위기를 연출한다. 리시케시를 찾는 이들은 고대로부터 전해 온 이 신성한 의식에 참여함으로 소박한 힌두 정신의 일면을 접하게 된다. 종교나 국적에 상관없이 누구나가 참여할 수 있으며, 신을 향한 순수한 마음들을 목격할 수 있다. 이 아뜨리에서 니힐리스트처럼 고독한 눈의 신지를 만나다니 의외였다. 이제 일정상 리시케시를 떠나게 되었다는 나의 말에 "샨티! 샨티!"라며 행운을 빌어준다.

 허무주의자처럼, 아나키스트처럼 고독한 영혼의 신지, 그의 맘 한 모퉁이도 석양의 노을에 붉게 물들고 있었다.

신비의 힌두 성녀 아난다모이마 아쉬람,
대리석 첨탑 안에는 아난다모이마의 사마디 묘소가 있다.

아난다모이마 아쉬람

 언젠가는 꼭 가보리라 맘을 먹었지만, 매번 스쳐 지나가는 아난다모이마(Sri Anandamoyi Ma)의 아쉬람. 이번엔 꼭 가보리라 맘을 다잡고 시바난다 게이트에서 지나가는 릭샤를 잡는다. 그런데 나를 태운 릭샤가 리시케시 시내에 서더니 자기는 딴 볼일이 있으니 다른 릭샤를 타라며 지나가는 릭샤를 친절히? 잡아 준다. 그러자 방금 온 릭샤 운전수는 주머니에서 주섬주섬 무언가를 꺼내 내가 탄 릭샤꾼에게 전달한다. 돈? 몇 루피인지는 알 수 없지만 돈을 건넨 것이다. 나는 졸지에 어디로 팔려갈 지 모르는 짐짝처럼 이 릭샤에서 저 릭샤로 옮겨 탄다. 그렇지만 아난다모이마의 아쉬람을 아느냐고 재차 묻는 나에게 큰 눈에 머릿기름을 반짝이게 바른 그는 선한 웃음을 지으며 당연히 안다고 말한다. 릭샤꾼치고는 착하게 생긴 얼굴에 아직 한참 어리게 보이는 소년 같은 청년이라 그를 믿고 가기로 한다.
 나를 태운 릭샤는 리시케시 시내를 빠져나와 길가의 원숭이들이 많은 숲 속의 도로를 지나 드디어 저 멀리 하리드와르의 거대한 시바상을 지난다. 하르끼빠우리(Har ki Pauri), 히말라야에서 발원한 두 개의 강이 만나는 지점에 우뚝 서 있는 하리드와르의 상징 시바상. 삼지창을 든 시바에게 눈으로 인사하고 다리를 건너 조금 지나니 드디어 릭샤가 선다. 이 근처가 아난다모이마의 아쉬람이 있는 칸칼 지역이다. 우측으로 가면 하리드와르역이나 하르끼빠우리로 가는 길이고 좌측의 주택가 쪽으로 가면 아난다모이마의 아쉬람이 있는 곳이다.

그런데 새로 탄 릭샤꾼이 도로가에서 손님을 기다리는 사이클 릭샤꾼에게 다시 나를 '전달' 한다. '어라 이게 무슨 짓이지? 감히 나에게 말야.' 드디어 오늘 나는 아난다모이마의 아쉬람으로 배달되는 택배 소포가 된 모양이다! 평소 같으면 당장 따지고 화도 내볼 터이지만 그런대로 정확한 인도의 배달시스템을 잘 알기에 항의하고 따지기 보단 이번에도 운을 따라보기로 한다.

'내가 차비를 너무 적게 흥정해서 그런 것일까? 아니면 이 오토 릭샤 운전수가 길을 잘 몰라 그런 것일까? 내가 너무 온순하게 생겨서 그런 것일까? 릭샤꾼들은 하나같이 다들 착하게 생겼는데 말야.' 이런저런 생각이 들었지만 나의 운을 따르기로 한다. 뭄바이나 델리 같은 대도시에서 도시락 배달이나 세탁물의 배달이 수많은 짐꾼들과 사람들을 거치지만 정확하게 배달된다는 것을 잘 알기에 이들을 믿어보고 오늘 하루 아난다모이마의 아쉬람으로 배달되는 인간 소포가 되기로 한다.

나를 태운 사이클 릭샤꾼은 오토 릭샤꾼으로부터 선금을 받고 나를 태우고 간다. 큰 도로가에서 주택가 안쪽으로 난 작은 도로를 따라 어기적어기적 페달을 밟는다. 몇 개의 작은 힌두 사원을 지나고 상점들과 주택들을 지나, 한참 달린 후에 드디어 릭샤가 선 곳은 흰색의 대리석 탑이 우뚝 서 있는 곳, 드디어 온 것이다. 아난다모이마의 아쉬람.

아쉬람 정문 옆 작은 꽃가게에서 꽃을 조금 산다. 인도인들에게 힌두 사원이나 아쉬람을 방문할 때나 사두나 스와미를 만날 때 기본 예의가 꽃이나 과일을 준비하는 것, 나의 맘에 신비속의 요기니로 새겨진 아난다모이마에 대한 최소한의 예의로 꽃을 조금 산 것이다. 오후 오픈 시간이 되어 아쉬람 안으로 들어가니 아쉬람 정문 앞에는 생전의 아난다모이마가 켜 놓았다는 꺼지지 않는 불이 타고 있고, 좌측으로는 아난다모이마의 사마디 만디르가 있다. 사마디 만디르 옆으로는 아난다모이마가 마하 사마디(영면)에 들기 전까지 지내던 사택과 작은 뜰이 있다.
 첨탑 모양의 사마디 만디르 안으로 들어가니 바깥의 무더위와는 달리 에어컨 바람이 부는 양 시원하다. 맨발에 닿는 대리석의 서늘한 감촉이 좋다. 사마디 성소 정면 벽 위에는 아난다모이마의 초상이 걸려있고 그 아래에 쇠로 된 철창 너머 안쪽에 아난다모이마의 묘소가 있다. 흰색 대리석으로 곱게 단장한 사마디 묘소는 붉은색, 흰색, 노란색의 갖가지 꽃들로 장식되어 있고, 둘레 바닥에는 남인도에서나 볼 수 있는 랑고리 문양이 꽃들로 예쁘게 장식되어 있다. 묘소가 있는 둘레 사면 벽에도 온통 꽃으로 장식되어 있고 젤 안쪽에는 커다란 꽃 화환을 걸친 아난다모이마의 소상이 조성되어 있다. 온통 꽃으로 장식되어서인지 아니면 창문 너머에서 불어오는 바람 때문인지 사마디 쉬린 안에는 기이하고 향기로운 꽃내음이 은은하게 풍겨온다. 나도 가져온 붉은 꽃을 쉬린 앞에 걸고 물러나와 창가에 앉는다.
 두어 명의 방문객들과 쉬린 앞에서 조용히 묵상을 하고 있을 때, 왁자지껄 사람들의 소리가 들려온다. 중년의 남녀와 어린이로 구성된 한 무리의 사람들이 쉬린 앞에 걸려 있는 놋쇠 종을 땡땡 울리며 들어온다. 사람들은 들어와 혹은 엎드려 절하고 혹은 사진을 찍고, 혹은 쉬린에 기대어 두 손을 모아 무언가를 기도한다. 몇몇은 쉬린 앞에 앉아 묵상한다.

이때 잘생긴 얼굴에 머리를 뒤로 묶은 서양인이 들어와 보자기속에서 커다란 악기를 꺼낸다. 기다란 나무속을 파내어 만든 목관악기 디저리두(Didgeridoo)이다. 부웅 하고 울려오는 악기 소리에 한순간 쉬린 안은 고요해지고 그는 말없이 부웅, 부웅 하는 소리를 내며 연주한다. 그의 연주소리에 무언가 애절함이 묻어나서일까 갑자기 쉬린 안이 한층 더 경건하고 신성해진다. 디저리두의 연주가 끝나자 이번에는 나무피리를 꺼내 분다. 뭉툭한 음색의 디저리두와는 달리 고음의 피리소리는 가슴을 파고 드는 듯하다. 연주가 끝나자 그는 쉬린 앞 창살에 기대어 흐느끼는 듯 간절한 눈빛으로 아난다모이마의 쉬린을 한참동안 쳐다본다. 그의 모습에서 아난다모이마의 사랑이 느껴져 온다.

아마도 그는 생전의 아난다모이마의 제자이거나 헌신자였던 모양이다. 그리하여 날마다 아니면 며칠에 한 번씩 쉬린을 찾아와 그만의 사랑을 표하는 방법으로 그의 음악을 연주하는 지도 모른다. 그의 모습에서 아난다모이마에 대한 그의 깊은 사랑과 그리움이 저절로 느껴져 왔다.

생전의 아난다모이마는 기도와 찬양, 묵상을 통해 신에 대한 헌신과 자기 자신의 참모습을 깨달을 것을 강조했다. 그러한 그녀의 수행법을 요가에서는 헌신의 길인 박띠요가(Bhakti Yoga)라고 한다. 신에 대한 지극한 사랑과 헌신 속에 그녀는 전 인도를 노래 부르며 순례하였다. 그리하여 그녀는 "지복에 가득 찬 요기니", "신비의 힌두 성녀"로 알려지게 되었고 수많은 헌신자들과 제자들이 따랐다고 한다.

원래 그녀는 1896년 지금의 방글라데시인 동벵갈 케오라(Kheora) 지역의 무슬림 동네에서 태어났다. 헌신적인 비시누 신자인 아버지의 영향으로 어린 시절부터 신에 대한 찬가를 부르기를 좋아했으며, 노래 부르는 중에 무아지경에 빠진 적이 많았다. 이러한 사마디의 상태는 그녀가 부모님의 권유로 남편 볼라나따와 결혼한 후에도 계속되었다. 처음 남편과 주변 사람들은 찬송과 명상에 심취한 아난다모이마를 걱정했으나, 그녀의 사마디는 의학적으로 설명할 수 없는 신성한 것임을 알고 그녀를 따르게 된다. 특히 아난다모이마가 사마디에 있는 동안 비부티(Vibhuti, 신성한 재, 신성의 현현을 상징함)가 나타나거나, 그녀가 손을 대기만 해도 병이 치료되는 등 많은 기적이 일어나 따르는 사람이 많았다고 한다. 그리하여 그녀는 헌신자들과 순례를 다니며 신을 찬양하고 사랑과 헌신 속에서 자기의 참모습을 발견할 것을 강조했다. 무슬림이든, 힌두이든, 시크이든 종교에 상관없이 가르침을 폈고, 모든 인류는 신의 자식이며 신께로 이르는 길은 무한하다고 했다. 또 그녀는 당대의 위대한 성자인 라마나 마하르쉬를 비롯한 스와미 라마, 파라마한사 요가난다 등 정신계의 많은 인물들과 교류했으며, 까발라의 구루 아이반호프 등 서양인들에게도 영향을 주었다. 스와미 시바난다는 그녀를 "인도의 대지에서 피어난 완전한 꽃"으로 극찬하고 있다.

 사마디 만디르를 나오면 바로 맞은편에 아난다모이마가 생전에 살았다는 사택이 있다. 현관 앞에는 등나무가 치렁치렁 연보라색 꽃들을 피우고 있고, 뜰에는 키 큰 나무들이 자라고 있다. '아마도 저 나무들은 아난다모이마의 손길을 아직도 기억하고 있겠지' 하며 한동안 쳐다본다. 사택 앞 작은 화단에는 국화와 장미, 열대의 이름 모를 꽃들이 심어져 있다. 향긋한 향기를 내는 분홍색 노랑색의 꽃들. 생전의 아난다모이마는 꽃들을 사랑한 모양이다. 아쉬람 여기저기에 꽃나무와 꽃들로 가득하다.
　또 한 무리의 순례객들이 아쉬람으로 들어와 사진을 찍고 기도를 한다. 굵은 선글라스로 인도 영화 속의 주인공처럼 한껏 멋을 부린 가이드와 그의 말에 귀를 기울이는 사람들. 그들의 표정에서 깊은 신심이 느껴진다. 백발이 성성한 어느 할머니는 사택의 창문을 내다보며 잠시 흐느낀다. 그녀의 눈가에 물기가 반짝인다.

　아쉬람 마당에서 꽃구경을 하며 서성일 때, 어느 황색 옷의 사두가 나에게 다가온다. 검게 탄 얼굴에 선한 눈을 한 사두는 홀로 야트라(성지 순례) 중이라고 말한다. 카메라를 들고 있던 나에게 사진을 찍어달라는 그, 주소도 없는 떠돌이 사두에게 사진은 무슨 의미가 있을까? 성지 순례에 나섰다는 그는 아난다모이마의 아쉬람에 다녀갔다는 것을 나로부터 사진을 찍음으로 자신의 순례의 징표나 증인이 되어주었으면 하는 바람인 것 같았다. 나는 사진을 찍어서 그에게 액정 화면을 보여준다. 그것을 본 그는 "아차"를 연발하며 만족을 표한다. 고맙다고 인사하며 돌아서는 그에게서 인도의 여기저기로 순례를 떠나는, 방랑 사두의 소박한 신심과 경건함이 느껴졌다. 드디어 수많은 성지 중에 또 한 곳을 방문했다는 희열 같은 것이 느껴져 왔다. 순박한 웃음을 뒤로하고 그는 다시 그만의 길을 떠난다.

*아난다모이마는 벵갈 지역의 발음이고 힌디로는 아난다마이마(Anandamayi Ma)로 불리기도 한다.

히말라야 산속의 다람살라

　찬디가르를 떠난 버스가 다람살라 로컬버스 정류장에 도착한 것은 아직은 날이 밝기 전인 새벽 3시경이었다. 리시케시를 떠나 마날리로 가는 길, 갈아타는 버스가 있는 중간 기착지 찬디가르에서 급히 행선지를 다람살라로 바꾸었다. 저녁 무렵에 도착한 찬디가르 버스 터미널에서 마날리행 버스를 기다리는 중, 갑자기 옛 추억들이 그리워져서 다람살라로 행선지를 바꾸었던 것이다. 이미 다람살라는 몇 차례 방문했었지만, 그래도 늘 그리운 곳이어서 마음이 흐르는 대로 하기로 한 것이다. 짙푸른 하늘을 배경으로 하얀 눈으로 덮인 히말의 산들과 계곡에서 불어오는 시원한 바람, 그리고 다람살라에서의 옛 추억들이 그리웠다. 티벳 음식 또한 먹고 싶었고.

　급히 일정을 바꾸었지만 그래도 야간버스라서 다행히 좌석이 있었다. 어느 지역이든 늘 붐비는 것이 인도의 로컬버스지만, 찬디가르에선 암리차르나 파키스탄 쪽으로 가는 사람들이 많이 내려서 좌석이 있었다. 버스가 출발하자 승객들은 모두들 준비한 숄이나 담요를 꺼내 덮고 잠을 청한다. 나도 눈을 감고 잠을 청해 본다.
 얼마쯤 왔을까? 덜커덩거리는 소리에 눈을 뜨니 밤새 산길을 달린 버스는 마침내 마지막 정류장인 다람살라 버스 정류장에 들어서고 있다. 새벽이라 내리는 사람이 몇 명 안된다. 나처럼 맥클로드간지에 가려는 사람이 있을까 살펴보니 다행히 티벳 스님 한 분이 계신다. 다가가 인사하고 맥클로드간지(Mcleodganj)까지 함께 동행이 되기로 한다. 택시를 타고 가는 중, 새벽 시간에 문을 열고 있는 호텔이 있을까 하는 생각에 걱정도 되었지만 아무렴 어떻게 되겠지 하며 걱정을 놓아둔다. 그런데 함께 탄 백발의 티벳 노스님은 영어를 몰라 우리는 몸짓으로 대화한다. 선하게 웃는 모습이 예전에 본 영화 삼사라에 나온 스님과 꼭 닮았다.
 꾸불꾸불한 고갯길을 넘어 드디어 맥클로드간지에 도착하니 작은 광장에는 아직도 영업하는 간이 찻집이 있다. 말이 찻집이지 실상은 작은 인도식 리어카에 차 끓이는 버너를 갖춘 이동식 짜이장수다. 새벽의 쌀쌀한 한기에 스님과 나는 짜이를 한잔씩 하고 헤어진다. 어두운 새벽에 홀로 도착한 내가 걱정이 되는지 스님도 헤어질 땐 근심스런 눈으로 쳐다보고는 잘 될 거라고 손짓하며 골목의 어둠속으로 사라진다.
 스님과 헤어진 후 나는 아직 불빛이 남아있는 호텔들을 찾아 몇 군데 문을 두드리고 벨을 눌러보지만, 아무런 대답이 없다. 그러다가 한참 잠에 빠져있을 시간인데 문을 두드려 깨우는 것도 미안도 하고 해서 차라리 두어 시간만 지나면 날이 밝을 거니 그때까지 어둠에 쌓인 다람살라를 산책하기로 한다.

 밤의 다람살라는 고즈넉하고, 평화롭기 그지없다. 어둠에 묻혀서 그런지 예전과는 달리 새로운 건물도 보이고, 가게들의 모습도 다르다. 골목길들을 순례하다가 길이 끝나는 건너편 어디에서 활활 타오르는 불빛을 보고 호기심에 다가간다. 가까이 가보니 서양 여행자들 서너 명이 캠핑카 옆에서 모닥불을 피우고 있었다. 그녀들의 곁으로 다가가 인사하니, 그들도 반겨준다. 그들은 프랑스에서 캠핑카를 타고 다람살라까지 왔다고 한다. 그리고 다시 동남아를 거쳐 중국의 광동까지 갈 것이라고 자랑스레 말한다. 대단한 용기다. 그들의 용기에 한편 부럽기도 하고 대견하기도 하다. 밤을 잊고 이야기하는 사이 저 멀리 산 위로 새벽의 푸른 기운이 뻗치며 서서히 날이 밝아온다. 그들과 헤어져 숙소를 잡고 잠에 빠져들었다.

다시 눈을 뜨니 이미 한낮이 지났다. 숙소 옥상으로 올라가 한낮의 다람살라를 둘러보니 역시 아름답고 평화롭다. 바람에 흩날리는 오색의 롱다와 티벳 깃발 사이로 하늘은 푸르고, 새들은 날아오른다.

다람살라는 1959년 중국의 압제를 피해 히말라야를 넘어온 달라이라마가 티벳 망명정부를 세운 곳으로, 망명 티벳인들의 피난촌이자 인도 내 티벳 불교의 본산이 있는 곳이다. 1950년대 중국 공산당의 침공으로 수많은 티벳인들이 히말라야를 넘어 네팔과 인도로 밀려들었고, 그중에는 티벳 불교의 지도자들도 많았다. 그들은 인도와 시킴, 네팔 등지에 사원을 건설하고 공동체를 재건함으로 티벳 문화를 보존하고, 독립의 희망을 심는다. 이런 과정에 은둔의 티벳 불교는 자연스레 세상에 알려지게 되었고, 지금은 전 세계적으로 많은 헌신자들이 생기게 되었다. 그리하여 다람살라에는 연중 전 세계로부터 온 여행자들이 넘치고 있다. 또 평균 해발 2,000m가 넘는 히말라야 기슭에 위치하여 많은 인도인들이 피서차 찾는 휴양지이기도 하다.

숙소를 나와 금강산도 식후경이라 티벳 음식점에 들러 모모와 뚝바로 간단한 요기를 한다. 모모는 우리나라의 만두와 같고, 뚝바는 티벳 국수라고 보면 된다. 대개 티벳 음식은 우리 입맛에 잘 맞는 편이라 많은 한국인들이 즐기는 음식이기도 하다. 뜨거운 홍차를 한 잔 마시고 맥클로드간지의 이곳저곳을 둘러본다. 탱화가게에서 탱화를 구경하기도 하고, 공예품을 구경하다 발길을 남걀 사원으로 돌린다. 남걀 사원에는 무슨 법회라도 있는지 많은 사람들이 운집하고 있다. 사람들을 따라 사원 안으로 들어서니 수백 명의 티벳 스님들이 나란히 앉아 염불하는 중이다. 근처 티벳인에게 물어보니 특별 기도회를 하고 있다고 한다. 법당으로 들어가니 중앙에는 남걀 사원의 주지인 트람톡 린포체(Tramthog Rinpoche)가 높다란 좌석에 앉아있고, 빽빽이 앉은 스님들은 염주를 굴리며 염불에 열중하고 있다. 좌중에는 티벳인들과 더불어 많은 서양인들이 앉아 염불을 따라 하거나, 명상을 하고 있다. 수백 명의 스님들이 함께하는 염불을 접하니 경건한 마음이 절로 든다. 여기서 브라질에서 온 친구로부터 내일 달라이라마의 법회가 있다는 좋은 정보를 얻는다.

우리나라 절의 기도회와는 색다른 티벳 불교만의 독특한 의식을 참관하다 사원을 나와 전나무 숲길을 산책한다. 히말라야 기슭에서 맞이하는 호젓하고 평화로운 일몰은 그야말로 장관이다. 청명한 하늘가로 태양은 붉은 수를 놓으며 떨어지고 있었다.

다음날 눈을 뜨니 이미 법회 시간이 훌쩍 지났다. 부랴부랴 숙소를 나서 남걀 사원으로 갔다. 간밤에 밤새 내도록 천둥이 치고 번개가 내렸다. 해발 2,000미터가 넘는 높은 곳이라 그런지 천둥소리는 정말 크고 위협적이었다. 우르르 쾅 하는 소리는 바로 지척에서 들렸고, 번개가 내려칠 땐 까만 밤이 환해졌었다. 천둥과 번개와 함께 쌀쌀히 싸락눈도 내려 몸을 뒤척이며 잤던 것이다. 남걀 사원으로 가며 주위를 둘러보니, 근처의 산들에는 온통 하얀 눈이다. 어제 밤 내린 눈이 쌓여 멋진 풍광을 만들어내고 있었다.

사원에 도착하니 스피커로는 낭랑한 달라이라마의 음성이 들려온다. 사원 입구에는 나처럼 지각한 사람들이 경호원들의 검색을 받고 있다. 내 차례가 되자 경호원이 가방을 열고 카메라를 발견한다. 아뿔싸, 카메라를 두고 온다던 것을 급한 마음에 그대로 들고 온 것이다! 근처 가게에 카메라를 맡겨둘까 생각하다가 법회가 끝날 시간이 다되었다는 경호원의 말에 아쉽지만 달라이라마를 친견하는 것을 다음 기회로 미룬다. 사실 예전에 달라이라마를 지척에서 뵌 적이 있었기 때문이다. 그때 아주 짧은 시간이었지만 달라이라마를 뵈었을 때 기분은 참 좋았었다. 나처럼 입장을 못한 사람들과 섞여 사원 입구에서 스피커로 나오는 달라이라마의 음성을 듣는다. 낭랑한 그 음성은 온화하고 부드럽지만 확신에 차 있다. 아마도 오랜 수행의 내공 때문은 아닐까?

이윽고 법회가 끝나고 사람들이 몰려나온다. 그중에는 티벳 전통 의상을 입은 서양인들도 여럿 눈에 띈다. 일전에 어느 신문의 조사에선 세계에서 가장 지혜로운 사람으로 달라이라마가 뽑혔다고 한다. 특히 유럽에서는 달라이라마의 인기가 아주 높다고 한다. 그래서인지 여기 다람살라에서도 서양인들을 보는 것은 어렵지 않다. 또 우리에게 익숙한 리차드 기어나 샤론 스톤, 이연걸 같은 스타들도 달라이라마의 헌신자로 알려져 있다. 바야흐로 티벳 불교는 은둔의 탈속적인 이미지에서 이제는 대중적인 인기를 끌고 있는 시대가 된 것이다.

아쉬움을 달래며 법회를 마친 사람들과 더불어 코라를 돌기로 한다. 코라는 원래 티벳 라싸의 포탈라궁을 도는 것으로 지금은 달라이라마가 거하는 쫄라깡을 중심으로 시계방향으로 돌며 기도하는 것을 말한다.

 남걀 사원 좌측의 코라길로 들어서니 길가에는 옴마니밧메훔이라고 적힌 마니석들이 줄지어 있다. 망명지의 티벳인들은 고국에 두고 온 친척들의 안부와 티벳의 독립, 달라이라마의 건강과 세계 평화를 위해 기도한다고 한다. 어떤 이들은 오체투지로 온 몸으로 기도하며 코라를 돌고, 어떤 이들은 손에 쥔 작은 마니차나 염주를 돌리며 코라를 하고 있다. 오체투지를 하는 백발의 할머니를 보니, 그들의 간절한 마음이 절로 느껴진다. 그 모습이 차마 숭고하고 아름답게 보인다.

 고즈넉한 히말라야의 숲 속을 도는 코라길은 어쩌면 나와의 대화 시간이고 나를 잊는 시간은 아닐까? 경쾌하고 상쾌한 코라길을 돌며 나를 잊어본다.

규또 곰파에서

 다람살라에 온 김에 산 아래 싯다바리(Sidhbari)에 머물고 있는 제 17대 까르마파(Karmapa)를 친견했으면 하는 바램으로 규또 곰파를 찾아간다. 까르마파는 달라이라마와 더불어 티벳 불교의 대표적인 수장이다. 그는 티벳의 주요한 여섯 종단 중, 까르마 카규 종단의 수장으로 2,000년 티벳을 탈출한 이래로 규또 곰파에 머물고 있다. 규또 곰파의 정식 명칭은 규또 라모체 사원(Gyuto Ramoche Temple)이며 달라이라마가 속한 게룩파 소속의 사원이나 지금은 까르마파가 주석하는 곳이다.
 까르마파와 관련해서 재미있는 것은 티벳 고승들인 린포체들의 환생의 전통에 있어서 그 제도적인 시초를 까르마파가 시작했다는 것이다. 즉 지금의 까르마파는 17번 환생한 것이고 달라이라마는 14번 환생한 것이라고 한다. 물론 불교적인 관점에서는 그 이전에도 수많은 환생을 해왔겠지만 나름 체계적이고, 제도적으로 환생자를 발견하는 전통을 까르마파 때부터 시작했다는 것이다. 이러한 환생의 전통은 까르마파 종단에서 시작해 다른 종파들에도 영향을 주었고, 그리하여 지금은 대다수의 티벳 종파들에서도 보편적인 현상으로 자리잡고 있다.

대개 환생자를 찾는 이들은 생전에 그가 남긴 유언을 바탕으로 전문 고승들의 예지와 직관을 참조해 환생자를 찾으러 나서며, 발견된 환생 후보들에게는 생전에 사용하던 염주나 도르제 등 물품을 보여 시험한다고 한다. 이리하여 발견된 후보들은 각 종단내의 최고 고승들의 확인과 다른 종단의 고승들에게도 도움을 청한다. 그리하여 최종적인 후보의 결정은 달라이라마의 조언과 직관을 받아 결정한다고 한다. 이렇게 확정된 환생자들은 생전의 종단 수장의 직위를 그대로 승계하고 세속적인 지위도 함께 누린다.

이러한 티벳 불교만의 독특한 환생의 전통은 많은 이들의 호기심과 경외감을 불러 일으켰고, 연구 대상이 되기도 했다. 특히 최근에는 "환생을 찾아서"라는 환생자를 찾는 과정을 다룬 다큐멘터리 영화가 개봉되어 큰 반향을 일으키기도 했다. 이외에도 티벳의 유명한 린포체가 죽어 스페인에서 환생한 사례를 소개한 책도 있다. 이 책 속에는 라마예쉬라는 티벳 고승이 스페인에서 오셀이라는 소년으로 태어나 환생자로 확인되는 과정을 소개하고 있다. 참으로 믿기 힘든 신기한 현상이 아닐 수 없다. 바야흐로 티벳의 환생 전통이 티벳을 벗어나 세계화되고 있다는 것인데, 과학적인 설명을 차치하고 흥미롭고 신비한 일이라고 생각된다. 또한 이러한 환생의 사례가 티벳 불교만의 것이 아니라 세계적으로 보편적인 현상일 수 있다는 학자들의 주장들도 있다고 한다. 이러한 것들이 사실이라면 생전의 행위와 수행을 통한 깨침을 중요시하는 불교나 힌두교 사상을 좀 더 체계적으로 연구해 볼 가치가 있는 것은 아닐까한다.

까르마파가 계신다는 규또 곰파로 가기 위해 먼저 맥클로드간지의 정류장에서 버스를 타고 다람살라 버스 정류장에 내려 다시 싯다바리로 가는 버스로 갈아탄다. 버스에서 만난 티벳 청년에게 까르마파의 규또 곰파로 간다고 하니 친절히 알려준다. 버스가 규또 곰파 앞에 서자 "투치체(고맙습니다.)"라고 인사하니 티벳 청년이 환히 웃으며 손을 흔들어 준다. 사원에서 만난 티벳 스님에게 "따시뗄레"라고 인사하자, 스님도 "따시텔레, 따시뗄레"라며 두 손을 모으고 반갑게 맞아준다. 역시나 티벳인들은 호의적이고 친절하다.

 현대식으로 지은 규또 사원은 중앙의 법당을 중심으로 좌, 우측에 건물들이 나란히 서 있고, 뒤편에는 웅장한 히말의 산이 버티고 있다. 가히 웅장하고 멋진 풍광의 자리이다. 법당으로 올라가니 산간 지역에서 온 토착인들이 오체투지로 절을 하고 있다. 두 손을 모으고 기도하는 모습은 언제나 아름답다. 순박한 얼굴의 산간 여인들과 사내들은 공손히 절을 하며 "깔마파켄노"라고 읊조린다. 그들처럼 예를 표하고 법당을 둘러보다 한쪽에서 오체투지로 절하는 젊은 아가씨를 발견했다. 그 절하는 모습이 간절하고 애절하게 보여 한참을 지켜보다 내려온다.
 절 경내에서 티벳 스님을 만나 까르마파의 근황을 물어본다. 그런데 스님 말씀이 까르마파께서는 지금은 출타중이라 며칠이 지나야 돌아오신다고 한다. 아쉬운 마음에 사무실에 들러 언제쯤 돌아오시는 지를 다시 확인하고 돌아오는 날에 맞추어 게스트하우스 방을 예약해 둔다. 친한 친구가 델리 공항에 내릴 예정이라 만나서 함께 다시 방문하리라 맘먹고 후일을 기약하며 규또 곰파를 나왔다.

 다음날 아침 찻집에 모닝티를 마시러 나갔다가 반가운 얼굴을 만났다. 며칠 전 새벽에 함께 택시를 타고 맥클로드간지로 왔던 그 노스님이 아닌가! 나를 보자 반갑게 손을 내밀며 함께 차를 마시러 가자고 하신다. 아무래도 새벽에 홀로 내린 내가 걱정이 많이 되었던 모양이다. 말은 통하지 않았지만 스님의 마음이 전해져 왔다. 나를 위해 차를 사주시며 연신 안도의 웃음을 하신다. 친구를 만나러 델리로 가서 다시 올 거라는 나의 말에 스님도 고개를 끄덕이며 알은 체를 하신다. 스님께서 사 주신 차라 그런지 짜이는 그날따라 유독 달았다.

며칠 후, 델리에서 친구를 만나 규뽀 곰파에 다시 들렀다. 그러나 까르마파께서는 아직도 돌아오시지 않았다고 한다. 다람살라로 돌아오던 길에 일이 생겨 델리에서 머물고 계신다고 한다. 그래도 행여나 우리가 머무는 며칠 사이 도착하지 않을까 기대를 하며 게스트하우스에 여장을 풀었다.

마침 경내를 산책하다 땡땡땡 종치는 소리가 들려왔다. 둘러보니 경내의 식당에서 배식이 있는 모양인지 어린 스님들이 손에 그릇을 들고 식당으로 몰려간다. 우리도 따라 식당에 가서 스님께 식사를 할 수 있는지 여쭙자, 스님께서는 2층으로 올라가 배급을 받으라고 한다. 배급을 받아 보니 간단한 밥과 소박한 국, 짜파티가 전부다. 그런데 막상 입에 넣고 보니 맛이 참 좋다. 특히 치즈가 듬뿍 들어간 수프는 보기와는 달리 담백하다. 감사한 마음으로 먹고 나니, 산 위로 붉은 노을이 진다.

밤이 되자 산 위로는 천둥이 치고, 하늘에는 밝은 빛으로 번개가 내린다. 밤새 눈이라도 내릴 모양인지 바람마저 세차게 불어온다. 그렇지만 경내에는 스님들의 경전 읽는 소리 카랑카랑하게 들리고, 마음에는 평안함이 밀려온다. 아마도 내일은 히말에 내린 눈들을 볼 수 있으리라.

다시 며칠 후, 절 경내를 산책하다 낯익은 차림의 한국 스님을 만났다. 단아하게 생기신 비구니스님이셨다. 얼른 달려가 인사하니 스님께서도 반갑게 맞아주신다. 반가워하며 함께 매점에 들러 차를 마시며 담소한다.

"까르마파님을 만나지 못해 실망입니다. 이거 두 번씩이나 왔는데 말이죠."
"삼세판은 하셔야죠. 한국 속담에도 삼세판은 시도해야 뭔가가 이루어진다는 말도 있지 않나요? 아직 여행 기간이 남았으니, 다음에 또 오시면 꼭 만날 수 있을 겁니다."
"한 번 더 올 생각입니다만 일정이 어떻게 바뀔지는 확신할 수는 없는데요. 인도가 워낙 넓어서 말이죠."
"이왕 인도 온 김에 까르마파 존자님을 만나고 가시면 더욱 좋겠지요. 만나 보신다면 알겠지만 존자님은 진짜 멋진 분입니다."
"당연히 까르마파님이라면 굉장할 거 같은데요. 예전에 시킴에서 소갈 린포체님을 만난 적이 있는데 포스가 대단하시더군요."
"소갈 린포체라면 미국에 주로 계시지 않나요?"
"예. 주로 미국에 계신 분인데, 제가 시킴을 여행할 때 마침 강독을 방문하셔서 그때 법문도 듣고 책에 사인도 받았습니다."
"인연이 있으셨던 모양이네요."
"어쩌다가 뵙게 된 것이죠. 그나저나 까르마파님도 꼭 뵈었으면 하는데……."
"존자님은 행사 때문에 바빠서 그렇지 나중에 규또에 오시면 만날 수 있을 겁니다. 한가하실 땐 뜰에서 코라를 도시는 것도 뵐 수 있고요."
"가능하면 다시 올 계획입니다. 스님 말씀처럼 삼세판은 해봐야죠."

"여기 이후에는 어느 쪽으로 갈 생각입니까?"
"남인도로 갈 생각입니다. 저 멀리 깐야꾸마리와 마두라이, 첸나이 등으로 갈 계획인데 일단 남인도로 가면 다시 이쪽으로 오기가 쉽지는 않겠지요."
"그래도 까르마파 존자님을 만나는 것은 참 영광스러운 거니까 꼭 다시 오세요."
"예, 그렇게 노력해 볼게요."

 스님과 함께 이런저런 이야기를 하다 갑자기 몇 해 전 돌아가신 어느 큰스님 이야기를 하게 되었다. 어느 날 꿈에 큰스님을 뵌 적이 있다고 하니까 스님께서는 솔깃해 하시며 자세히 이야기해 달라고 하신다.
"이런 건 함부로 이야기하는 게 아닌데요."라며 망설이자, 스님께서는
"이렇게 인도까지 와서 만난 것도 인연인데 말씀해 보세요."라고 재촉하신다.
 잠시 머뭇거리다 그래도 신실하신 스님이신데 하며 예전의 꿈 이야기를 해 드렸다. 스님께서는 안경 뒤 두 눈을 반짝이시며 경청하신다. 그러고는 가타부타 아무런 말씀도 없이 얼굴에 생글생글 미소를 지으시며 쳐다보신다. 그러자 그 순간 내 가슴으로 따뜻한 무엇인가가 흘러오는 것이 아닌가! 온화하고 자애로운 느낌의 어떤 에너지.
 스님께서는 아무 일 없다는 듯 생글생글 웃으시며 "즐겁게 여행하세요."라고 말하며 저 멀리 멀어져 가신다. 나는 함께 한 친구에게 느낌을 이야기하니 친구도 같은 느낌을 받았다고 한다. 스님께서는 마음을 따뜻하게 하는 "마음"을 발견하신 걸까? 우리는 한동안 말없이 그 느낌을 음미한다. 그것은 까르마파님을 대신해 스님께서 주신 축복이실까? 나도 티벳인들처럼 깔마파켄노를 나지막이 읊어본다.

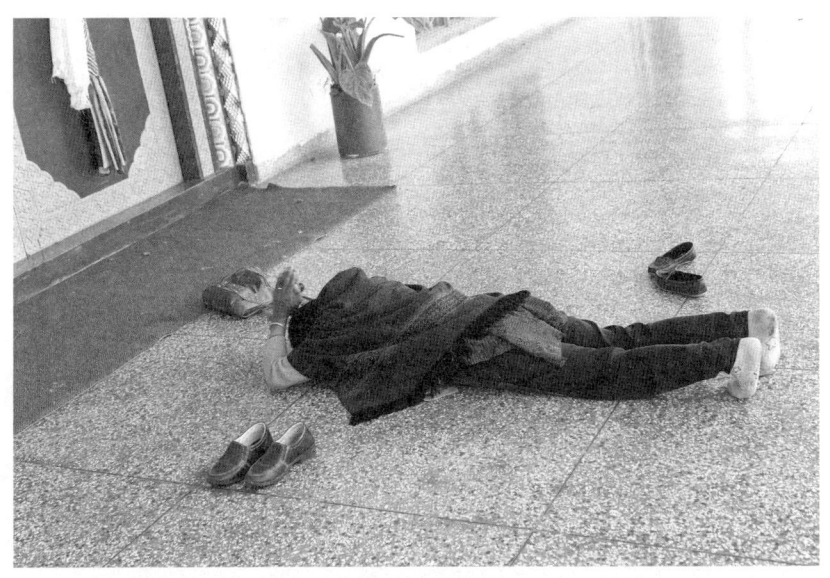

오체투지로 까르마파가 주석하는 법당에 절하는 산간의 여인

*소갈 린포체: 티벳 불교의 주요한 네 학파 중 닝마(Nyingma)파에 소속된 린포체로 지금은 주로 미국에 거주하면서 티벳 불교를 널리 알리고 있다. 우리나라에서는 "티베트의 지혜"라는 책이 소개되어 있고, 나는 그 책이 한국에 소개되기 전에 시킴에서 린포체를 우연히 만나게 된 것이다. 소갈 린포체를 직접 만나 본 느낌은 그와 관련된 여러 논란에도 불구하고 확실히 뛰어난 고승이라는 생각이었다. 호탕한 성격에 파워가 넘치며 번쩍이는 예지가 있는 분이셨다. 세인의 눈으로 가늠하기 힘든 그런 분으로 기억이 된다.

*깔마파켄노: 깔마파첸노라고도 발음한다. 까르마파님께 귀의한다는 뜻으로 볼 수 있다.

프라샨티 닐라얌

사티야 사이바바가 만든 공동체로 가는 어느 정문

세기의 위대한 영적 지도자이자 초능력자로 널리 알려진 사티야 사이바바(Sathya Sai Baba)의 아쉬람은 벵갈로르에서 156Km 떨어진 풋따파르띠(Puttaparthi)라는 곳에 있다. 인도 IT산업의 상징적인 도시인 벵갈로르를 출발하여 풋따파르띠로 향하는 길, 창 밖에는 줄지어 늘어서 있는 야자수들과 검은 돌산들이 보이고 어디선가 향기로운 꽃내음이 달리는 기차 안으로 날아온다. 철길가에 가득 핀 들꽃에서 풍겨져 나오는 향기일까? 아마도 풋따파르띠가 가까워 오는 모양이다. 인도 내에서나 세계적으로도 유명한 사이바바의 아쉬람으로 가는 길, 그를 만날 수 있을까? 그의 아쉬람 프라샨티 닐라얌은 또 어떤 모습으로 다가올까? 기대와 동시에 소망을 가지고 심호흡을 해본다.

벵갈로르를 출발한 지 서너 시간, 한적한 풋따파르띠역에 도착한다. 기차표에는 역 이름이 SSPN으로 적혀 있다. 스리 사티야 사이 프라샨티 닐라얌 역이다. 이 지역에서는 유명한 사이바바를 기념하여 역 이름도 그의 이름을 따서 지었다고 한다. 역에 도착하자 정면에 두 손을 다소곳이 모은 사이바바의 대형 사진이 순례객들을 반기고 있다. 역 광장으로 나오자 보이는 몇 대의 오토 릭샤들, 릭샤의 뒤창에는 사이바바의 얼굴을 넣은 사진과 "Love All, Serve All" 이라고 인쇄된 문구가 큼직하게 붙어 있다. 모두를 사랑하고 모두에게 봉사하자는 글귀는 평소에 사이바바가 가르치는 주장의 핵심인 모양이다. 여러 명이 함께 타는 대중 릭샤를 타고 이동한다. 아기를 안고 함께 탄 까무잡잡한 인도 여인이 역을 빠져나와 커다란 건물 앞을 지날 때에 나보고 "저기에 스와미지께서 입원하고 계십니다."라고 친절하게 말한다. 가리키는 곳을 보니 밝은 회색빛의 커다란 건물이 있다. 사이바바가 머물고 있다는 병원이다. 올해로 85세의 연로한 사이바바는 최근 몇 년 새 병치레를 하고 있으며, 며칠 전엔 급히 병원에 입원했다고 한다.

릭샤가 달린지 십여 분이 지나 사이바바의 아쉬람인 프라샨티 닐라얌(Prashanthi Nilayam) 정문 앞에 도착한다. 담 너머로 아쉬람의 템플과 커다란 건물들이 보이고 어두운 도로 저편에 많은 차들과 사람들이 분주히 오고 가고 있다. 아쉬람 주변으로 장터가 형성되어 있어 순례객들을 위한 상점들과 호텔들이 늘어서 있다. 오가는 많은 사람들 속에서 흰색 사리를 입은 외국 여성이 우리와 눈이 마주치자 밝게 웃어준다. 그런데 사이바바가 갑작스레 입원해서 그런지 어딘가 모르게 분주하고 어수선한 분위기다. 직감적으로 아쉬람 내의 숙소에 머물기보다는 아쉬람 근처의 일반 숙소를 정하는 게 낫다고 판단하고 근처 호텔에 여장을 푼다.

날이 밝아 눈을 뜨니 어디선가 베다 챈팅 소리와 노랫소리가 들린다. 문을 열고 베란다에 나와 보니 바로 앞의 아쉬람 건물에서 아침 푸자를 드리고 있다. 간단히 식사를 하고 아쉬람 안으로 들어간다. 아쉬람 입구에는 경찰들의 경비가 삼엄하고 자원봉사 하는 세바 담당들이 일일이 소지품을 검사하고 있다. 정문 앞에는 신상을 모신 작은 사당이 있고 참배객들은 그 앞에서 기도를 하거나 절을 하고 있다. 챈팅 소리가 들리는 곳으로 가니 넓은 강당처럼 생긴 그곳에는 수 백 명의 사람들이 앉아 챈팅을 하거나 노래도 부르며 기도에 열중하고 있다. 사이바바가 지금 병원에 입원해 있기 때문에 만트라를 외우며 특별 기도를 올린다고 한다. 잠시 참석하다가 아쉬람 안으로 이동하니 우측에는 커다란 식당이 있고 그 앞에는 간이 천막을 치고 서점에서 나온 스와미들이 책을 권하고 있다. 아쉬람을 방문한 많은 이들이 책을 고르고 있다. 나도 스와미가 권하는 책을 몇 권 사고 아쉬람 안을 둘러본다.

사이바바의 아쉬람은 지고의 평화로움이 머무는 곳이라는 뜻의 프라샨티 닐라얌이라고 불리며 그 크기는 아주 커서, 아파트형의 기숙사나 템플, 다르샨 강당 이외에도 병원이나 학교, 서점, 은행, 우체국 등 일반적으로 바깥에 있는 것들이 모두 아쉬람 안에 있다. 이 모두가 아쉬람을 찾는 이들의 편의를 위해 만든 것이라고 한다. 아쉬람 자체가 이미 하나의 작은 도시와 다를 바 없는 것이다. 아쉬람 안에는 아파트형의 기숙사에 머무는 외국인을 비롯 수많은 참배객들이 머물고 있으며, 그 크기만큼이나 많은 사람들이 왕래하고 있었다. 또 아쉬람 안 여기저기에는 야자수를 비롯 많은 나무들과 꽃들이 자라고 있어 인도의 무더운 날씨에도 사색하며 쉬기에도 안성맞춤인 듯하다. 그렇지만 한편으로는 아쉬람에 너무 많은 사람들이 있기 때문에 개인 생활을 중요시하는 외국인들은 아쉬람 주변의 호텔이나 방을 얻어서 지낸다고 한다.

 이제는 아쉬람 정문을 나와 뒷산에 위치한 박물관으로 향하는 길을 걸어간다. 여기 뒷산에는 아쉬람의 행정을 담당하는 본부 건물과 박물관이 위치해 있다. 사람들이 많지 않은 박물관 가는 길에는 마치 보이스카웃처럼 목에 푸른색 스카프를 맨 자원봉사를 하는 아쉬람 관계자들이 길 중간 중간에 앉아 있다. 내가 지나가자 "사이람"이라고 인사하며 가벼운 눈인사를 한다.
 박물관으로 올라가는 작은 산길은 나무들이 많아 시원하고 고즈넉하여 참 좋은 길이다. 길가에는 꽃들이 가득하고 저 멀리로는 아쉬람의 건물들과 풋따파르띠의 풍경이 한눈에 보인다. 갑자기 길가 나무 위에서 부스럭 소리가 나서 쳐다보니 원숭이 몇 마리가 있다. 새끼 원숭이를 안고 있는 어미 원숭이와 열 마리는 족히 될 원숭이들. 이 곳 아쉬람의 원숭이들은 사람을 두려워하지도 않는다. 나무 위에도 길가에도 아쉬람 담벼락 위에도 온통 원숭이다. 오르막을 오르는 길 중간쯤에 푸른색 스카프의 아쉬람 관계자가 다시 "사이람"이라고 인사한다.
 풋따파르띠에 도착하고 알게 된 것 하나는 이곳 사람들은 인사할 때 꼭 "사이람"이라고 인사한다는 것이다. 다른 지역에서는 나마스떼를 많이 쓰는데 비해 풋따파르띠나 아쉬람내에서는 작별 인사를 할 때도 사이람, 누구를 부를 때도 사이람, 길을 비켜달라고 할 때도 사이람, 미안하다고 할 때조차도 사이람을 쓴다. 한마디로 만능어인 셈이다. 하기야 리시케시 같은 곳에서는 "하리옴"을 많이 쓰고 아루나찰라의 라마나스라맘에서는 "아루나찰람"을 인사말로 쓰기도 한다. 그렇지만 여기 풋따파르띠에서 사용하는 "사이람"은 그 사용 범위가 훨씬 넓은 것 같다.

 산 위에 올라 주변을 둘러보니 아쉬람은 넓은 평원 가운데 나지막한 이 돌산을 중심으로 형성되어 있다. 바람도 시원하고 고즈넉한 이곳은 조용히 휴식하기에 그만이다.

사티야 사이바바

화신(化神) 사이바바

"나는 신(神)입니다. 여러분도 신(神)입니다. 여러분과 나의 유일한 차이점은 나는 내가 신이라는 것을 알고 있다는 것이고, 여러분은 그것을 모르고 있다는 것입니다."

사이바바는 헌신자들로부터 바바(Baba)나 스와미지(Swamiji)로 불리며, 신이 직접 인간의 몸을 입고 탄생했다는 아바타르(Avatar, 신의 화신)로 여겨지는 현대 인도의 영적 지도자이다. 그는 1926년 풋따파르띠에서 태어났으며 어릴 때부터 신심이 깊고, 종교적인 성향이 강했다고 한다. 어느 날 그는 독이 있는 전갈에 물려 몇 시간을 혼수상태에 빠진다. 다행히 죽지 않고 혼수상태에서 깨어난 그는 갑자기 배우지도 않았던 언어를 하는가 하면 산스크리트어로 시를 읊기도 했다. 가족들은 그가 이상해진 것을 알고 혹시나 정신병이 들거나 빙의가 된 것은 아닐까 해서 의사와 점술가, 퇴마사 등을 찾아 병을 고치려고 했다. 그러나 이러한 노력도 아무런 효과가 없었고, 그러던 어느 날 그는 허공에서 꽃과 프라사드를 만들어냈다고 가족들에게 말한다. 이에 사이바바가 거짓말을 한다고 생각한 아버지는 버럭 화를 내며 혼내려고 한다. 이 상황에서 사이바바는 자신이 1918년에 죽은 유명한 성자인 쉬르디 사이바바(Sai Baba of Shirdi)의 환생이라고 선언하며 세속적인 것에는 관심을 두고 있지 않다고 말한다. 쉬르디 사이바바는 사이바바가 태어나기 8년 전에 죽은 요기로 무슬림과 힌두교, 조로아스트교 신자들로부터 성자로 존경받는 신비 수행인이다. 이 놀라운 선언에 가족들과 주변인들은 당황해 했지만 이후 사이바바는 그만의 종교적인 길을 걸어간다. 그리하여 하나 둘 헌신자들이 늘어갔고 그를 위한 아쉬람과 사원도 건설되었다. 그는 따르는 헌신자들에게 인종과 종교, 카스트를 넘어서는 무한한 신의 사랑에 대해 설파했으며 또 그것을 실천할 것을 강조했다.

"사랑으로 하루를 시작하고,
 사랑으로 하루를 채우고,
 사랑으로 하루를 마무리 하십시오.
 이것이야말로 신께로 이르는 길입니다."

헌신자들에 의하면 그는 허공에서 금, 은으로 된 악세사리나 목걸이, 사진 등을 만들어내는 기적을 행하는 등 많은 불가사의한 기적을 행했다고 하며, 특히 힌두교에서 신성시 여기는 신성한 재 비부티를 물질화하는 능력이 뛰어났다고 한다. 그의 믿기 힘든 기적들은 입에서 입으로 전해지며, 언제나 감동받고 헌신할 준비가 되어 있는 인도의 많은 헌신자들을 불러 모았으며, 인도뿐 아니라 전 세계로부터도 많은 추종자가 생기게 만들었다. 사이바바의 기적 같은 행적들은 많은 논란을 낳기도 했지만 태생적으로 헌신적인 종교인인 인도인들에게는 신의 화신 아바타르로 불리며 존경을 받고 있다고 한다. 이렇게 살아 있는 신으로 추앙받는 그가 지금은 노쇠하고 병이 들어 병원에 있다니, 그를 따르는 헌신자들에겐 걱정이 아닐 수 없다.

 밤이 되자 아쉬람뿐 아니라 풋따파르띠의 번화가라고 할 수 있는 아쉬람 앞의 거리에는 삼삼오오 사람들이 모여든다. 모두들 병원에 입원한 사이바바의 근황을 이야기하며 정보를 주고받는다. 그 중에는 유럽이나 러시아 등 외국에서 온 헌신자들도 많이 보인다. 어떤 이들은 병원을 다녀온 사람들의 이야기에 귀 기울이며 새로운 소식을 얻어 보려 애쓰고, 어떤 이들은 이번에도 사이바바가 기적적으로 쾌차할 것이라고 위로한다. 이때 어두컴컴한 거리의 저편에서 한 무리의 사람들이 무어라고 소리치며 행진해 오고 있다. 사이바바의 장수와 건강 회복을 위해 풋따파르띠 마을 사람들과 아쉬람의 헌신자들이 손에 손에 촛불을 켜고 행진하며 기도하는 중이다. 사이바바의 회복을 외치는 간절하고 우렁찬 목소리들, 순수한 촛불들의 행진이다. 작은 촛불들의 행진 대열은 시간이 갈수록 늘어가고 어두운 거리는 밝아져 간다. 어린 꼬마에서부터 머리 희끗한 시골 촌로에 이르기까지 손에 쥔 촛불은 그들의 신이며 믿음이기도 한 사이바바를 위한 그들의 희망이며 기도이다. 그들의 순박하고 간절한 외침 속에서 그들에게 각인된 사이바바의 모습이 보이는 듯하다.

 촛불들의 행진이 저 멀리 멀어지자 밤을 잊은 헌신자들은 아쉬람 정문 앞에 다시 모여 서로 이야기한다. 이때 경찰차의 사이렌 소리가 요란하게 울리고 경찰 트럭과 지프들이 아쉬람 주변으로 모여든다. 푸르죽죽한 경찰복을 입은 경찰들이 거리에 배치된다. 어느 외국인 여성이 고위 경찰로 보이는 경찰에게 사이바바의 건강에 대해 상세히 묻는다. 사이바바가 입원한 병원은 경찰들이 배치되어 출입이 삼엄하게 제한되기 때문에 경찰들이 가장 좋은 정보처로 판단한 모양이다. 하얀 백발의 머리칼을 날리는 그녀, 눈가에는 눈물이 젖어있고 눈에는 바바에 대한 애절한 애정이 담겨있다.

"스와미께서는 다시 일어나실 겁니다."라는 경찰의 희망적인 말에 그녀의 얼굴이 갑자기 환해진다. 마침 병원에 다녀왔다는 사람이 아쉬람 앞에 나타났다. 흰색 스와미복을 입은 사람 여럿이 자동차에서 내리자 사람들이 우르르 달려간다. 방금 차에서 내린 어느 헌신자가 핸드폰을 꺼내 친구와 통화한다. 얼핏 들으니 사이바바가 기적적으로 다시 의식을 회복했다는 내용이다. 그는 친구와의 통화에서 "바바께서 이번에도 기적을 행하셨다네. 잠시 전에 의식을 차리셔서 친척들과 의사와 이야기 하셨다네. 친척들 얼굴도 알아보셨다고 하네."라고 주변인들도 다 들을 수 있을 정도로 큰 소리로 말한다. 눈물을 머금고 감명 깊게 통화하는 그의 목소리는 가느다랗게 떨리고 있었다. 사이바바가 다시 의식을 회복해 친척들과 이야기하고 주변인들과 대화했다는 내용인데, 혼수상태에서 깨어난 것 자체가 기적이라는 것이다. 근처에서 듣고 있던 사람들도 이제야 안심이라며 안도의 한숨을 쉰다. 입에서 입으로 전해주는 그들의 행동에서, 그들의 마음에서 그들이 사랑하는 사이바바가 조금씩 느껴져 왔다.

숙소로 돌아오자 뉴스를 보던 숙소 직원도 사이람이라고 인사하며 자신만만하게 "거 보세요, 바바께서 쾌차할 거라고 했지 않습니까? 지금 텔레비전 뉴스에서도 바바께서 의식을 회복했다고 나옵니다."라고 말한다. 역시 이 곳 풋따파르띠 사람들의 사이바바에 대한 믿음은 절대적이란 것을 다시 한 번 확인한다.

다음날은 사이바바의 생가와 풋따파르띠를 둘러본다. 사이바바의 생가는 아쉬람에서 가까운 거리지만 현지인의 권유로 릭샤를 탄다. 가는 길에 합승한 인도인에게 "당신도 사이바바를 사랑하십니까? 바바를 믿으시는지요?"라고 웃으며 물어본다. 나의 질문에 성실하게 생긴 인도인은 진지한 표정으로 "저는 바바를 100퍼센트 사랑하죠. 아니 200퍼센트, 1,000퍼센트 믿고 사랑합니다. 그는 진짜 아바타르입니다."라고 대답한다. 그의 대답에 그제서야 나는 안도한다. 인도의 종교인이나 영적지도자들에 대해 언제나 의심 많은 도마처럼 경계심을 가지고 지켜보던 나에겐 사이바바 역시 예외일 수는 없었다. 인도라는 이 나라에는 자칭 수많은 구루들과 아바타르들이 있고 또 가짜와 사이비 논쟁을 불러일으키는 이들이 있다. 그래서 가능하면 그들을 직접 만나보고 그들이 사는 본부도 확인하고 싶어 했던 것이다.

사실 이 곳 풋따파르띠의 사람들이나 헌신자들의 사이바바에 대한 믿음은 가히 절대인 것처럼 보인다. 만나는 사람들마다 그에 대한 믿음은 한결같으니 말이다. 그렇지만 직접 만나보지 못한 나로서는 사이바바가 병원에 입원하고 있는 것이 못내 아쉽다. 가능하면 그가 기적적으로 병상에서 일어나서 나와 다르샨을 가질 수 있기를 바래본다. 그렇지만 "바바의 육신은 유한하고 그 안에만 신성(神性)이 머물기를 바라는 것은 우리들의 이기심"이라는 어느 현실적인 헌신자의 말처럼 사이바바를 만나는 것은 어쩌면 불가능한 것일지도 모른다는 직감이 들었다.

사이바바의 생가는 아쉬람에서 십여 분 걸리는 가까운 곳에 있었다. 주택가의 골목길을 따라 들어가자 울긋불긋 페인트칠을 한 사원이 나온다. 바로 이곳이 사이바바의 생가이다. 예전에는 일반 주택으로 있었지만 나중 헌신자들이 사원으로 만들었다고 한다. 작은 사원 안에는 깡마른 스와미가 윗몸을 드러낸 채 푸자를 올리고 있다. 준비한 코코넛과 꽃을 드리자 스와미는 그것을 깨뜨려 푸자를 올리고 나에게 한 조각을 준다. 이렇게 푸자를 올리고 되돌려주는 음식을 프라사드라고 부른다. 대개 참배객이 가져간 것을 주기도 하지만 미리 푸자를 올리고 난 음식이나 사탕 등을 주기도 한다.

생가터에는 몇 그루 코코넛나무가 자라고 있고, 템플은 남인도 스타일로 화려한 채색을 하고 있다. 작은 템플을 둘러보는데 갑자기 "퍽퍽"하는 소리가 들려 돌아보니 어느 참배객이 마당 위에 코코넛을 세게 내리치고 있다. 아마 이렇게 코코넛을 소리 내어 깨뜨리는 것이 이 지방의 푸자하는 관행인 모양이다.

생가터를 둘러보고 나오는 골목길에 예쁜 문양의 랑고리가 그려져 있다. 까무잡잡하게 생긴 여인들이 대문 앞에 모여 담소하는데 "사이람"이라고 인사하자 웃으며 손을 흔들어 준다.

아쉬람을 벗어난 풋따파르띠 외곽은 시골스런 느낌이 완연하다. 조용히 흐르는 강변에는 컬러풀한 빨랫감들이 널려있고, 만나는 사람들마다 모두들 시골의 순박한 웃음으로 대해 준다. 아이들은 천진난만하게 장난치고 거리의 개들은 평화롭게 따뜻한 햇살을 즐기고 있다. 숙소로 돌아오니 옆방에는 보팔에서 순례 왔다는 사람들이 있다. 할머니와 손자, 손녀는 아쉬람을 둘러보고 바바를 만나지 못하게 되어 아쉽다고 하소연한다. 그렇지만 요 몇 년 새 바바가 많이 쇠약해져서 아쉬람을 방문해도 다르샨을 하기가 쉽지 않았다고 그간의 사정을 이야기해 준다.

다시 저녁이 되고 밤이 오자 거리에는 사이렌 소리가 앵앵 울려 퍼진다. 호텔 베란다에서 아래를 쳐다보자 어제처럼 거리에는 경찰들이 배치되고 헌신자들은 잔뜩 기대를 가지고 길가에 수 백 명이 도열해 있다. 나도 내려가 그 긴 대열에 합류한다. 헌신자들의 말에 따르면 바바가 퇴원하고 아쉬람으로 돌아올지 모른다고 한다. 그래서 거리에는 펜스처럼 길게 밧줄로 차도와 인도를 구분하는 줄을 만들었다고 한다. 그러나 몇 시간을 기다려도 사이바바의 차량은 나타나지 않았고, 경찰들은 잠 못 이루는 헌신자들을 해산시킨다. 혹시나 해서 기다리던 사람들은 실망한 기색이 역력하게 힘없이 흩어진다. 다르샨을 못해서 아쉬워하는 순례객들과 외국 헌신자들, 그렇지만 그들의 믿음은 흔들리지 않는 듯 보인다. 삼삼오오 무리 져 흩어지는 헌신자들의 말과 행동에서 바바를 걱정하는 모습과 동시에 바바에 대한 그들의 애틋한 연민이 느껴졌다.

그날 밤 내도록 이어지는 경찰의 사이렌 소리, 그 소리가 애절하게 들리는 것은 왜일까? 마치 사이바바의 죽음을 암시하듯 밤새 애절한 사이렌 소리는 이어졌다.

한 달쯤 후 마이소르에서 자이나 사원으로 가는 길에 우연히 거리의 가판대에 놓인 신문에서 사이바바의 얼굴을 발견한다. 신문을 펼쳐들자 그가 마하 사마디에 들었다는 기사가 눈에 띈다. 기사 아래에는 익명의 헌신자가 바바의 글을 인용하여 광고한 커다란 추모 광고도 보인다.

"하나의 종교만이 있습니다. 그것은 사랑의 종교입니다.
하나의 카스트만이 있습니다. 그것은 인류입니다.
하나의 언어만이 있습니다. 그것은 예술의 언어입니다.
그리고 오직 한 분의 신만이 계십니다. 그 분은 어디에나 계십니다."

식당의 텔레비전에서도 온통 사이바바에 관한 뉴스뿐이다. 그의 죽음을 슬퍼하는 사람들과 마지막 다르샨을 갖고자 아쉬람을 찾는 이들의 모습이 티비 화면에 비친다. 헌신자들의 슬퍼하는 모습과 의연한 모습이 동시에 교차된다. 사이바바의 죽음에 대해 좀 더 알고 싶어 잡지를 하나 산다. 특집 기사란에는 사이바바에 관한 기사가 쓰여 있다. 그에 대한 긍정적인 면과 부정적인 면을 동시에 다룬 기사다. 그리고 그 기사 속에서 내가 알지 못했던 사실을 알게 된다. 사이바바의 아쉬람에서 두 건의 살인 사건이 있었다는 것과 다른 불미스러운 일에 대한 이야기다. 기사를 보고 생각해 보니 아쉬람 주변에 왜 그렇게 많은 자원봉사자들이 길목마다 지키고 있었는지 어렴풋이 상상이 될 듯하다. 마치 철옹성처럼 철통으로 지키고 있는 푸른색 스카프의 아쉬람 관계자들과 경찰들.

그렇지만 신문과 잡지에 대문짝만하게 나온 헌신자들의 애도 광고를 보니, 한편으론 시대의 걸출한 영적지도자이자 위대한 초능력자의 죽음에 숙연해진다.

"이 몸이 나다,
 마음이 나다,
 영혼이 나다 라고 생각하는 것은
 꿈일 뿐입니다.
 오히려 여러분의 진짜 참모습은
 실존(實存)이며, 지혜이며, 지극한 기쁨입니다.
 여러분은 이 우주의 신(神)입니다."

그는 과연 신이었을까?

그는 과연 신의 화신이었을까?
그는 과연 프렘 사이바바(Prem Sai Baba)로 다시 환생할까?
이러한 나의 의문은 여전히, 아니 어쩌면 영원한 물음표로만 존재하게 될 지도 모른다.
믿으면 그뿐인 것을.

*프렘 사이바바(Prem Sai Baba) : 사티야 사이바바는 죽어서 다음 생에는 프렘 사이바바 라는 이름으로 환생할 것이라고 예언했다고 한다.

숲 속의 스린게리

 인도정신사에서 위대한 철학자로, 성자로, 종교 개혁가로 추앙 받고 있는 아디 샹카라(Adi Shankara)의 발자취를 찾아 스린게리(Sringeri)로 간다. 스린게리는 힌두교의 위대한 성사 샹카라가 직접 세운 유서 깊은 천년의 고찰이 있는 곳이다. 벵갈로르에서 버스를 타고가려다 거리도 있고, 아라비아해의 넘실대는 바다도 보고 싶어 망갈로르로 향하는 야간열차에 올랐다. 늦은 밤에 오른 야간열차는 밤새 달리고 달려 눈을 뜨니 어느새 정글 속을 달리고 있다. 요란한 커피장수의 외침에 부스스 눈을 비비며 차창을 보니, 창밖으론 열대의 밀림이 아득히 펼쳐져 있다. 온통 초록색의 밀림은 코코넛나무와 바나나나무로 빼곡하다. 드문드문 보이는 집들은 붉은색의 기와를 올려 이국적인 모습이지만 우리나라 시골처럼 정감이 넘친다. 북인도와는 달리 이곳 카르나타카주는 밀림이 울창하고 곳곳마다 코코넛나무 천지다.
 산중턱의 밀림 속을 달리는 기차 안으로 바람이 휑하니 불어온다. 불어오는 바람 속엔 알 수 없는 꽃향기가 스며있다. 어디서 나는 향기일까? 열대의 꽃들에서 풍겨 나오는 향기인가? 그 진한 향기에 취해 갈 무렵,

기차는 어느새 망갈로르역으로 들어선다. 붉은 황토빛의 흙들 사이로 향기 품은 꽃들이 자라고 있고, 그 너머에 역사의 건물이 나타난다. 기차가 끼이익 소리 내며 정차하자 사람들이 분주하다. 이때 역사 안의 스피커에서 남녀 아나운서의 청아한 목소리가 들려온다. 마치 축구나 야구를 중계하듯 "아 드디어 기차가 들어 왔습니다. 보따리를 손에 손에 쥐고 아름다운 망갈로르의 해변을 보러 수많은 인파가 몰려옵니다. 기차를 타시려는 분들은 소중한 짐들을 잘 챙겨 가시고, 막 기차에서 내리신 분들께서는 망갈로르의 아름다움에 푹 빠져보세요."라고 말하는 듯, 남녀 직원이 서로 번갈아가면서 코미디처럼 웃기게 이야기한다. 이런 멘트는 아마도 인도 전역의 기차역 중에 망갈로르가 유일할 것이다. 말하는 투가 너무 재미있다. 물론 카나다(카르나타카주의 언어)를 몰라 정확한 내용을 모르는 나에게는 오직 말소리의 감으로만 짐작할 뿐이지만, 말투가 정말 정감 있고 재미있다. 왠지 카르나타카에서는 기분 좋은 일이 생길 것 같은 예감이 든다.

이곳 망갈로르는 강우량도 풍부해서 농사도 잘 되고, 철광석 광산과 공장 지대도 있어 다른 지역에 비해 잘산다고 한다. 또 먼 옛날부터 유럽이나 중동과 무역에도 종사해서 그런지 시내에는 유럽풍의 건물이 많이 남아 있다. 숙소에 짐을 두고 망갈로르의 해변을 찾아 버스를 탄다. 기차 안에서 만난 인도인들에게서 들은 정보를 바탕으로 먼 곳보다는 근처 바닷가로 가기로 한다. 45번 버스를 타고 시내를 통과해 30여분 달리니 페남부르 비치가 나온다. 그런데 버스에서 내린 곳은 바다가 보이는 해변이 아니라 검은색의 철광석 가루가 날리는 공장 지대다. 엇 잘못 내린 건 아닌가 해서 지나가는 인도인에게 물어보니 십여 분 길을 따라 들어

가면 해변이 나온다고 한다. 인도인이 가르키는 길을 따라 원목을 쌓아놓은 야적장과 공장들을 지나 걸어가니, 드디어 저 멀리 푸른색의 바다가 보인다. 모래사장에는 키 큰 야자수들이 자라고 있고, 야자수 잎으로 지붕을 만든 방갈로도 보인다. 휴가를 왔는지 바닷가에는 많은 여행객들이 물놀이를 하고 있고, 작은 고무 보트도 물 위를 달리고 있다. 그 너머로 커다란 배들이 다니고, 넘실대는 파도의 바다가 있다.

참 오랜만에 보는 바다이다. 모래사장을 거닐며 바닷물에 발을 담가본다. 모래 속에는 작은 조개들과 게들이 파도가 밀려오면 고개를 내밀었다 파도가 밀려가면 얼른 헤엄을 쳐 모래 속으로 도망친다. 작은 조개들은 모터라도 달았는지 헤엄치는 속도가 빠르다. 아마도 이곳 바다 속 어딘가에는 조개들이 많이 사는 모양이다.

고운 모래사장의 해변을 거닐다 출출해서 방갈로 식당으로 가니, 엇 생선을 팔고 있지 않은가! 절인 고등어에 카레가루를 입혀 붉게 튀긴 것을 먹는다. 생각보다 맛이 상당히 좋다. 대체로 인도인들은 채식 위주지만 첸나이나 깐야꾸마리 같은 해안 도시에서는 생선을 파는 식당이 많다. 한 가지 아이러니한 것은 이렇게 생선을 파는 곳이 생각보다 장사가 잘 된다는 것이다. 무슬림이나 시크와는 달리 육류를 금기시하는 힌두교인들은 소나 돼지고기 같은 육류는 멀리하지만 이렇게 바닷가로 오면 생선은 잘 먹는다고 한다. 그래서인지 첸나이의 마리나 비치에서는 밤이면 밤마다 생선을 튀겨 파는 노점들이 성업 중이고, 또 인도의 많은 대도시에는 햄버거나 치킨을 파는 맥도날드나 케에프씨 같은 패스트푸드점도 활황이다.

페남부르 비치를 떠나 숙소로 돌아오는 길에 근처 시장에 들린다. 신발이며 옷가지를 파는 상점들이 즐비하다. 가격도 다른 지역보다 훨씬 싸다. 호객을 하는 상인들이 서로 자기 가게로 들어오라고 야단이다. 신고 있던 샌들이 떨어져서 튼튼한 것으로 새로 장만한다.

다음날 오전 드디어 고대하던 스린게리로 가기 위해 시외버스 터미널로 향했다. 미리 터미널에서 가까운 곳에 숙소를 잡았기에 릭샤를 탄지 10여 분만에 도착한다. 스린게리행 로컬버스 안에는 검은빛 얼굴들이 가득 차 있다. 모두들 아프리카 흑인인가 싶을 정도로 까만색이다. 북인도보다 남쪽인 이곳 카르나타카, 케랄라, 타밀나두 사람들은 얼굴색이 훨씬 더 검다. 어떤 사람들은 거의 흑인처럼 온몸이 까만 숯처럼 칠흙빛이다. 인류학상 드라비다인으로 분류되는 인종이다. 그래서 아마 예전에는 얼굴색을 보고 카스트를 구분했는지도 모른다. 대체로 얼굴이 밝고 흰색이면 높은 카스트, 검으면 낮은 카스트로 구분한 적이 있다고 한다.

드라비다인들은 원래 인도 대륙의 선주민들로서 일설에는 아리아인의 이주 전에 인더스 문명을 일으킨 종족과 깊은 연관성이 있다고 한다. 그러나 중앙아시아에서 발원한 아리아인들의 수차례에 걸친 인도 대륙으로의 침입으로 이들은 부득이 남인도 쪽으로 몰리게 되었다고 한다. 이러한 아리아인들의 침입과 이주의 과정에서 발생한 민족 간 이동과 선주민들과의 전쟁 등을 통해 고대의 카스트 제도가 생겼고, 승리한 자들은 상위 카스트, 패배한 자들은 하위 카스트로 굳어지게 되었다고 한다. 그리고 이러한 카스트를 합리화하기 위한 방편으로 고대의 신화나, 경전들이 윤색, 각색되기도 했다고 한다.

내가 앉은 좌석 앞자리에는 흑단처럼 검은 머릿결을 곱게 땋아 그 위에 붉은색, 흰색의 꽃을 꼽은 여인들이 앉아 있다. 특히 이 곳 카르나타카의 여인들은 꽃으로 머리장식을 많이 한다. 주로 향기로운 자스민을 많이 사용하지만 마리골드나 장미꽃, 연꽃으로 장식한 이들도 있다. 그 진한 향기는 프랑스산 고급 향수보다도 더 향기롭고 운치가 있다.

스린게리행 로컬버스는 망갈로르 시내를 지나 초록빛으로 가득 찬 들판을 달리고 밀림 속으로 달려간다. 구절양장 꾸불꾸불한 산길을 오르는가 싶더니, 이젠 완전히 열대의 나무들로 가득 찬 밀림 속을 달리고 있다. 스린게리가 위치한 지역은 리샤스링가 파르바타 산맥의 산들이 아름답고 동물과 식물의 야생상태가 잘 보존되어 있어 국립공원으로 지정되어 있다. 그래서 많은 인도인들이 순례뿐만 아니라 휴가 때도 많이 찾는다고 한다. 왕복 2차선의 좁을 산길을 지날 땐 산의 서늘한 바람을 타고 피톤치트향이 날라 온다. 시원하고도 향기로운 원시림의 냄새, 그 향기에 취해 잠깐 졸았나 보다. 승객들의 부산한 움직임에 눈을 뜨니, 버스는 어느 작은 마을 읍내로 들어선다. 초록의 밀림 속에 작은 시가지가 아늑하게 형성되어 있고, 주변에는 수십 미터의 코코넛나무들이 키를 자랑하고 있다. 드디어 스린게리에 도착한 것이다.

터미널 앞에 대기 중이던 릭샤를 타고 스린게리의 메인 템플인 사라다 피땀에서 운영하는 게스트하우스로 간다. 그런데 가는 날이 장날이라던가? 스린게리 시내는 온통 화려한 현수막이며, 커다란 옥외 간판들이 설치되어 마치 축제 분위기다. 꽃과 장식전구를 꼽아 울긋불긋한 간판에는 한결같이 제36대 샹카라차리야인 바라띠 띠르샤 스와미지의 사진이 박혀있다. 내일이 바로 이곳 사라다피땀의 수장인 샹카라차리야의 생일이라고 한다. 사원의 리셉션 사무실로 가니 사원에서 운영하는 다람살라나 게스트하우스는 이미 만원으로 남은 빈방이 없다고 한다. 하는 수 없이 근처의 호텔이나 숙소를 돌아다녀 보았지만 빈방이 없다. 전혀 예상치 못한 일이다. 몇 시간 동안 여러 곳을 수소문한 끝에 간신히 숙소를 잡고, 스린게리 읍내를 둘러본다.

스린게리는 우리나라의 읍내 수준의 작은 시내에 초대 샹카라차리야가 세운 거대한 사원이 있고, 사원 앞으로 난 2차선 도로를 중심으로 양편에 상점과 식당, 호텔들이 형성되어 있다. 열대의 밀림 속을 유유히 흐르는 퉁가강을 끼고 사원은 둥지처럼 자리 잡고 있고, 그 사원을 중심으로 주변의 마을이 발달한 것이다. 사원의 커다란 메인 게이트로 들어가 사원을 둘러본다. 이곳 스린게리의 사라다피땀은 역사 속 전설적인 힌두 성자인 아디 샹카라가 세웠다고 한다.

전설에 의하면 어느 날 퉁가 강변을 거닐던 샹카라차리야는 커다란 코브라 한 마리가 한낮의 뙤약볕 속에서 부채처럼 어깨를 펼치고 있는 것을 보았다. '이 시간이면 뱀들은 그늘을 찾아 숨어 있을 시간인데' 하며 이상히 여겨 가까이 다가가 보니 코브라 앞에는 개구리가 한 마리 웅크리고 있고, 그 개구리 등 위에는 알들이 가득히 올려 져 있는 것이 아닌가! 알을 품은 개구리에게 코브라가 그늘을 만들어 주고 있었던 것이다.

이 신기한 광경에서 전설 속의 샹카라차리야는 깊은 감명을 받았다고 한다. 서로 먹고 먹히는 미물 간에도 그러한 것을 초월하는 사랑이 있음에 감동을 받고, 그곳이 우주의 진리인 아드와이타(Advaita, 비이원론, 불이론)의 가르침을 펼칠 상서로운 길지로 판단하고 강변에 사원을 세웠다고 한다. 그곳이 바로 아디 샹카라가 세운 첫 번째 사원인 스린게리의 사라다피땀이다. 사원 경내의 퉁가 강변에는 아직도 이 개구리와 코브라의 경이로운 장면을 새긴 조각이 남아 있다.

아직도 퉁가 강변에 남아 있는 뱀과 개구리의 전설을 새긴 조각상

전설 속의 샹카라차리야

아디 샹카라를 기리는 비드야샹카라 템플의 모습

역사상의 스리 샹카라는 인도 아대륙의 남쪽 끝부분에 위치한 케랄라주의 칼라디(Kaladi)에서 탄생했다. 그의 탄생 연도에 대해서는 기원전에 출생했다는 주장에서부터 9세기 초반이라는 설까지 여러 주장이 있지만, 인도학의 대가 막스 뮐러와 맥도넬은 샹카라차리야가 첫 번째로 세운 사원인 스린게리 사라다피땀 사원의 자료와 견해를 바탕으로 788년에 태어나 820년까지 활동했다고 주장하고 있다.

샹카라와 관련해서는 그의 신비한 생애만큼이나 기이한 출생 이야기가 전해지고 있다. 전설에 따르면 샹카라는 아름다운 푸르나 강변에 위치한 작은 마을 칼라디에서 아버지 시바구루와 어머니 아르얌바 사이에서 태어났다. 아버지 시바구루는 우리나라의 서당과 비슷한 구루쿨(Gurukul)을 운영하며 학생들을 가르치던 전통 있는 남부드리 브라만이었고 어머니는 헌신적인 여성이었다고 한다. 그들은 신앙심이 깊고 경건한 생활을 했으나 나이가 들도록 자식이 없었다. 결혼한 지 20여 년이 지났지만 자식이 없자 이들은 사제로 있는 친척의 조언을 따라 근처의 시바신을 모신 사원에 가서 기도한다. 그러자 어느 날 시바신이 직접 꿈에 나타나 아들을 낳을 거라고 말한다. 그 꿈 이후, 어느 상서로운 날에 낳은 아들이 바로 샹카라이다.

전해 오는 이야기에 따르면 샹카라는 태어날 때 시바신처럼 이마에 작은 달의 흔적과 목엔 코브라의 흔적을 지녔다고 한다. 양쪽 팔에도 시바신의 상징인 삼지창과 다마루(damaru, 작은 북)의 징표를 지녔다고 해서 마을 사람들과 부모는 모두 신기하게 생각했다고 한다. 아이는 자라면서부터 다른 여타의 애들과는 달리 총명하고 산스크리트어도 능통했다고 한다. 그러나 아버지 시바구루가 샹카라가 다섯 살 때 세상을 떠나자 어린 샹카라는 '죽음'이 무엇인지를 고민하기 시작했다고 전한다.

홀어머니는 샹카라의 학업을 위해 근처의 유명한 구루쿨에 다니게 했고, 샹카라는 어린 나이에도 불구하고 베다를 비롯한 여러 경전과 철학, 문학, 요가에 달통하여 이름이 자자했다. 학업을 마친 샹카라는 어머니의 권유를 받아 집에서 직접 구루쿨을 운영하며 학생들을 가르쳤고, 밤이면 어머니께 마하바라타며, 우파니샤드 등의 경전을 읽어주곤 했다.

그러나 이미 경전들의 심오한 의미를 체득한 샹카라는 언제나 세속을 떠나 수도승이 되고 싶어 했지만, 어머니는 샹카라가 결혼하여 보통의 평범한 생활을 하기를 바랐다. 샹카라가 몇 번 수도승이 되고 싶다는 뜻을 비쳤지만 어머니는 반대하고 있었던 것이다. 또한 샹카라 역시도 홀어머니를 두고 수도승이 되러 떠나려는 것이 맘에 부담이 되었다.

 그러던 어느 날, 샹카라와 어머니는 근처 강에 목욕을 하러 가게 되었다. 샹카라가 강 깊은 곳에서 목욕을 하던 중 어디선가 악어가 나타나 샹카라의 다리를 물었다. 이때 샹카라는 강둑의 어머니를 향해 "어머니 악어가 다리를 물고 놓아주지 않습니다. 제 마지막 소원이 세상을 떠난 출가수행승(Sannyasin 산야신)으로 죽는 것입니다. 허락해 주십시오!"라며 간절하게 부탁했다. 샹카라의 어머니는 죽음에 직면한 아들을 보고 "그래 이제 허락하마. 온 힘을 다해 빠져 나오너라!"라고 대답했다. 그러자 샹카라는 악어에 끌려 다시 물속으로 사라졌다. 이미 죽은 줄 알았던 샹카라가 잠시 후 다시 물 위로 올라와 악어와 싸우고 있을 때, 마침 근처의 마을 사람들이 배를 타고 와 악어와 싸우던 샹카라를 도왔다. 물 밖으로 나온 샹카라는 어머니께 감사의 절을 올리며 "어머니, 그 누구도 신의 뜻을 거스를 수는 없습니다. 저는 진리의 길을 가겠습니다."라고 말하자 어머니는 마지막 장례식은 샹카라가 손수 치러 주기를 부탁하며 샹카라의 출가를 동의했다고 한다. 이날 이후 샹카라는 세속을 떠나 진리의 길로 나아간다.

 길을 나선 샹카라는 진리의 스승을 찾아 맨발로 탁발하며 여행했으며, 드디어 당대의 유명한 성자 고빈다를 나르마다 강변의 동굴 아쉬람에서 만난다. 고빈다는 샹카라를 만나자 아주 기뻐하며 그의 머리에 손을 얹고 축복했고, 스리 샹카라차리야라고 법명을 지어주었다. 샹카라는 고빈다로부터 베다, 우파니샤드, 아트마비드야, 요가를 배웠고 특히 절대의 진리인 아드와이타(Advitism)의 가르침을 배웠다.

이후 삶의 신비와 신성한 아름다움, 진리의 가르침을 체득한 샹카라는 전 인도를 주유하며 그의 가르침을 펼치게 된다. 그는 성자이자 동시에 뛰어난 명상가였고, 철학자이자 논쟁가였으며, 시인이자 요가에 정통한 요기(Yogi)였다. 또한 당대의 혼란스럽던 종교 풍토를 개혁한 종교 개혁가였다. 그는 다른 종교나 사상의 학파들과 자유롭게 대론하며 그의 가르침을 펼쳤는데 그중에 만다나 미스라(Mandana Misra)와의 대론은 유명하다.

어느 날 샹카라는 그의 가르침을 펼치는 여행 중, 판디트 미스라가 사는 마히쉬마띠에 이르게 된다. 미스라는 당대의 유명한 카르마 미맘사학파의 거장으로 수많은 학생들을 거느리고 있었다. 샹카라는 근처의 시바신을 모신 사원에 거소를 정하고 미스라를 만나 논쟁하기에 이른다.
미스라와 샹카라의 대론은 미스라의 아내 바라띠(Ubhaya Bharati)가 판정을 보았는데 미스라가 논쟁에서 지자 이번에는 부인이 도전해 왔다고 한다. 부인은 샹카라가 금욕 수행자인 것을 알고 남녀 간의 은밀한 육체적인 사랑을 다룬 까마 샤스트라에 대해 물어왔다. 이에 샹카라는 1개월의 시간을 요청하고는 카시(바라나시)로 간다. 카시에서 샹카라는 최근에 아마루카왕(Raja Amaruka)이 죽었음을 알고 그의 몸을 이용하기로 한다. 가까운 제자들에게 자신의 육체를 잘 돌보라고 당부한 이후 육체와 분리되어 아마루카왕의 몸으로 들어간다. 샹카라는 막 화장하려는 왕의 시신 속으로 들어가 다시 살아난 왕이 되어 왕비를 비롯한 후궁들과 사랑에 빠지게 된다. 마야의 힘은 아주 강력했다. 남녀 간의 사랑에 빠진 그는 미스라 부인과의 논쟁을 잊을 정도였다. 이때 제자들이 스승을 염려하여 그의 주위를 돌며 철학적인 찬가를 불렀다. 그 노래에 문득 왕의 몸을 빌린 샹카라는 정신을 차리고, 본래의 육체로 되돌아와 미스라 부인과의 논쟁에서 이기게 되었다.

이로부터 미스라와 미스라의 부인은 샹카라의 가르침을 따르게 되고, 특히 미스라는 수도승이 되어 샹카라로부터 슈레쉬와라차리야라는 법명을 받고 그의 수제자가 된다. 이 슈레쉬와라차리야가 샹카라가 세운 첫 번째 사원인 스린게리 사라다피땀의 수장이 되는 것이다. 이 미스라와의 일화는 샹카라가 시나 힌두철학뿐 아니라 요가 수련에서도 뛰어난 인물이었음을 잘 보여준다.

샹카라는 인도 전역을 여행하며 수많은 종교의 학파들과 논쟁을 통해 세계의 근본 원인인 신과 개개인의 진정한 모습인 참나는 다르지 않으며, 둘이 아닌 하나라는 불이론(不二論)의 가르침을 펼쳤으며, 당시의 미신적이던 폐단을 고쳤다. 그리고 인도라는 넓은 땅에 수많은 사람들의 열망을 고려하여 중요 지점에 네 개의 사원을 세우기로 한다. 그 네 개의 사원이 남부의 스린게리 샤라다마트(사라다피땀), 동부의 뿌리 고바르단마트, 서부의 드와라카 칼리카마트, 북부의 히말라야 조띠마트(혹은 바드리나트)이다. 또한 샹카라는 베다나 우파니샤드 등의 경전에 영감 있는 주석을 달았고, 수많은 걸출한 저작을 남겼다. 저명한 철학자이자 인도의 제 2대 대통령이 된 라다크리슈난 박사는 샹카라를 다음과 같이 극찬하고 있다.

"예리한 통찰과 심원한 영성의 정신과 접촉하고 있다는 것을 의식하지 않고 샹카라의 저술들을 읽는다는 것은 불가능할 것이다. 그의 저술들은 처음부터 끝까지 진지하고 정밀한 사색으로 가득 채워져 있기 때문이다. 헤아릴 수 없는 세계에 대한 민감성, 영혼의 끝 모를 신비에 대한 감동적인 통찰, 그리고 자신이 입증할 수 있는 진실 이상도 그 이하도 말하지 않는 단호함에서, 샹카라는 중세 인도의 종교사상가들 가운데 단연 최고라 할 만하다. 그의 철학은 이전이나 이후도 필요로 하지 않는 완전한 형태로 확립된다. 그것은 자체로 정당화되는 완전함을 지닌다. 그것은 스스로의 전제들을 세밀하게 설명하고, 그 자체의 목적에 의하여 지배되며, 그 자체의 모든 요소들을 확고부동하게 조화시킨다."

스와미 시바난다도 "샹카라는 인도에서 탄생한 철인들과 위대한 영혼들 가운데 단연 최고이다. 그는 아드와이타 철학을 체계적으로 심화시킨 위대한 철학자이다."라고 평가하고 있다.
또한 서양의 철학자 윌 듀란트도 "32년이라는 그의 짧은 생애 동안 샹카라는 지혜의 현자들과 성자들을 통합했으며, 그것은 인도에서 탄생한 인간의 가장 고양된 타입으로 특징 지워진다."라고 평하고 있다.

*구루쿨(Gurukula, Gurukul) : 인도의 전통적인 교육기관으로 서당과 흡사하다.
*만다나 미스라(Mandana Misra) : 판디트(Pandit) 미슈라라고도 한다.
*샹카라에 대한 라다크리슈난의 평가는 인도철학사Ⅳ(라다크리슈난 저, 이거룡 옮김 한길사 1999년, p140)를 인용했음.
*샹카라의 생애와 일화에 대해서는 스리 샹카라 더 비져너리(Sri Shankara the visionary), 스와미 시바난다의 샹카라 전기 (Sankara by Sri Swami Sivananda)를 참고함.
*아디 샹카라가 스승 고빈다를 만난 동굴은 1980년대, 드와르카마트의 샹카라차리야가 깊은 명상과 수행을 통해 다시 발견했다고 한다.

아디 샹카라차리야와 네 명의 수제자들

샹카라차리야와의 다르샨

제 36대 샹카라차리야 바라띠 띠르샤 마하 스와미지

드디어 샹카라차리야의 생일날, 스린게리 시내는 온통 사람들로 가득 차 발 디딜 틈이 없다. 사원으로 향하는 도로에서 사원 안까지 수많은 차들과 인파로 가득 차 있다. 인산인해라는 표현이 딱 어울리는 광경이다. 맨발로 사원을 찾은 사람들 손에 손에는 꽃이며, 코코넛이며 과일들이 들려져 있고, 모두들 인도 전통의 화려한 사리를 입고 있다. 사원 안으로 들어가자 입구에는 샹카라차리야의 생일을 기념해 오는 이들에게 단 음료가 나누어지고, 스피커에는 찬가들이 흘러나오고 있다. 각 건물들에는 웃통을 벗은 스와미들이 정중한 푸자를 올리고, 참배객들은 신심어린 눈으로 참여하고 있다. 대형 휘장이 쳐진 경내 마당에는 샹카라차리야의 법회가 열릴 준비가 되어 있고 정면 무대 단상에는 샹카라차리야의 은빛 보좌가 놓여져 있다. 단상 아래로는 인도 전역으로부터 온 축하객들과 헌신자들이 들뜬 표정으로 법회가 시작되기를 기다리고 있다. 좌석을 구하지 못한 맨발의 참배객들은 야외식장의 여기저기에 자리를 잡고 다소곳이 앉아 있다. 그중에는 웃통을 벗은 사두들도 보인다.

드디어 은은한 찬가가 울려 퍼지고 샹카라차리야가 단상에 오른다. 우리나라의 창과도 비슷한 노래들이 울려 퍼지고, 사람들의 시선은 단상으로 모여진다. 정부 관료와 유명 인사들로 보이는 이들의 샹카라차리야에 대한 축하 연설이 끝나자 이윽고 샹카라차리야가 입을 열어 기념 법문을 한다.

얼굴 가득 만면에 미소를 띤 그 모습은 아주 익살스럽게 보인다. 그의 큰 두 눈과 터질 듯한 두 뺨, 전체적인 얼굴 표정은 참으로 천진난만하다. 법문을 시작하자 장내는 숨죽은 듯 고요해지고, 샹카라차리야는 시종일관 여유롭고 유창하게 설법을 이어간다. 그가 미소를 띠면서 하고 있는 법문은 아마도 그의 수행에서의 경험과 마음에서 우러난 진실된 것으로 혹은 심오한 베다의 이야기를 아주 소박한 언어로 풀어내는 것일지도 모른다. 연설 중에 여러 차례 청중들의 웃음소리와 박수가 터져 나온다. 내 바로 옆 좌석의 인도인은 웃겨서 죽겠다는 듯이 입이 찢어질 것 같다. 카나다(카르나타카주의 언어)를 모르는 내가 추측하기에 아마도 거의 코미디나 개그 정도로 웃기는 내용이었던 모양이다. 화려한 장신구를 단 비싼 옷차림의 고귀한 사람들로부터 남루하지만 소박한 농부들, 아낙들에 이르기까지 샹카라차리야는 그들의 마음에 닿는 그런 법문을 하는 것일 것이다.

그의 모습을 통해 전설적인 아디 샹카라의 모습이 얼핏 보인다. 역사상의 샹카라도 아마 이렇게 카스트나, 빈부에 상관없이, 신분의 고위를 떠나서 소탈하게 그의 깨달음을, 신에 대한 무한한 사랑을 나누어 주었을 것이다. 그리하여 샹카라의 그 사실들은 수많은 입과 입을 통해, 가슴과 가슴을 통해 전달되어 전설이 되고, 신화가 되었는지도 모른다. 시바신의 화현이라고, 사랑의 화현이라고.

법문이 끝나자 사람들은 신심어린 표정으로, 감동받은 표정으로 흡족해하며 일어선다. 하나같이 천진난만하고 만족한 표정이다. 어떤 말을 했기에 사람들을 이렇게 사로잡을 수 있었을까? 그들의 소박한 믿음이 부러워진다. 어디선가 열대의 더운 열기를 식히는 시원한 바람이 불어온다.

스린게리에 온 김에 힌두교 최고의 스와미 샹카라차리야와의 다르샨에 참석하기로 한다. 샹카라차리야 승단의 전통에 따르면 샹카라차리야는 그를 찾아오는 모든 이들과 다르샨을 가진다고 한다. 빈부의 격차나 신분의 귀천을 떠나, 인도의 뿌리 깊은 카스트 제도를 넘어 모든 인간을 신의 고귀한 자손으로 보아 그를 찾아오는 이들과의 만남을 거부하는 일이 없다고 한다. 특별한 행사나 의식이 있는 날이 아니면 일 년 365일 거의 매일 다르샨이 가능하고 기본적인 다르샨 예법만 지킨다면 누구나 다르샨을 가질 수 있다. 영국 식민지 시절에는 서양인들에 대한 반감으로 다르샨을 제한한 적은 있으나, 지금 현재는 누구나 다르샨에 참석할 수 있다고 한다. 그래서 카스트상 아웃카스트인 외국인인 나도 다르샨에 참석하기 위해 웃통을 벗고 차림을 하고 사람들을 따라 나선다.

사라다피땀의 수장인 제 36대 샹카라차리야 스리 바라띠 띠르샤 마하

스와미지(Sri Bharati Tirtha Mahaswamiji)는 1951년 경건한 베다학자의 집안에서 태어났다. 그는 1966년 출가한 이후 제 35대 샹카라차리야를 운명처럼 만나 가르침을 받았고, 구루로 삼아 열심히 수행했다고 하며, 1989년 제36대 사라다피땀의 최고 수장 샹카라차리야직에 오른다. 그는 남인도를 관할하는 사라다피땀의 수장이지만 인도의 다른 승단의 일에도 조언을 아끼지 않는다고 하며, 특히 인도내 네 개의 샹카라승단 사원 중 가장 권위가 있으며 정통적이라고 한다. 다른 챠르담에 비해서 전통에서 대가 끊어진 적이 없고 또 아디 샹카라가 제일 처음 세운 곳이라 그 권위는 전 인도에 통한다고 한다. 그리하여 인도인들의 정신적인 스승으로 많은 인도인들로부터 존경과 사랑을 받고 있다. 인도의 많은 정치인이나 유명 인사들도 그의 조언을 듣기 위해 스린게리를 찾으며, 힌두교의 중요 문제에 있어서도 꼭 조언을 구한다고 한다. 그렇지만 그는 샹카라승단의 전통에 따라 신분의 고하, 귀천에 상관없이 일반인들과도 다르샨을 가진다고 하니 참으로 고귀하고 훌륭한 전통이 아닌가한다.

 샹카라차리야 같은 고위의 스와미나 사원의 신상에 대한 일반적인 다르샨의 차림은 여자들은 인도 전통의 사리를 입고, 남자들은 남인도 전통의 꾸르따나 도티를 착용하는 것이 권장된다. 이것이 준비가 안 된 남자들은 웃통을 완전히 벗어 맨살을 드러낸 채로 다르샨에 임하거나 숄로 하의를 가리고 임하면 된다. 여자들의 경우엔 펀자비 드레스 같은 간편한 복장도 허락되며, 대부분의 사원 참배자들은 사리를 입고 온다. 그래서 인도의 많은 힌두 사원에서는 웃통을 벗어 제친 남자들이 활보하는 것을 볼 수 있다. 웃통을 드러낸다는 것은 자기의 모든 것을 드러낸다는, 겸손을 상징하는 모양이다. 또 다르샨을 가질 때엔 꽃이나 과일 또는 소액의 기부를 하는 것도 예의 중 하나이다. 그래서 어떤 참배객들은 자기가 직접 만든 선물을 가져오기도 하고 어떤 부자들은 금, 은으로 만든 것을 헌사물로 바치기도 한다. 그러나 이 모든 것이 없어도 소박한 마음만으로도 다르샨에 참배할 수 있다. 그렇지만 몇 루피밖에 안하는 흔하디 흔한 코코넛이나 몇 개의 바나나만을 들고도 시바신의 화신이라 일컬어지는 힌두 최대의 스와미 샹카라차리야를 만날 수 있다는 것은 너무도 파격적이다. 이 세상의 그 어떤 종교의 수장이, 거대한 종교 단체의 우두머리가 이렇게 아무것도 바라지 않고 참배객들을 만나 주는 이가 있을까? 아마도 여기 샹카라차리야 종단 이외에는 없을 듯하다.

다르샨 시간이 되어 다르샨 홀인 구루니바스로 향한다. 다르샨 홀로 가는 길가엔 코코넛나무들이 울창하고 열대의 꽃들이 화려하게 피어 있다. 실내 강당처럼 지어진 커다란 다르샨 홀, 좌측에는 초대 아디 샹카라차리야와 네 명의 수제자들이 조상으로 장식되어 있고, 중앙에는 커튼이 쳐져있고, 그 아래에 샹카라차리야가 다르샨 때 앉는 보좌가 있다. 우측에는 명인이 만들었다는 거대한 사라스와티의 비나가 유리관 속에 진열되어 있다. 다르샨을 기다리는 줄에 선 사람들은 손에 손에 코코넛과 바나나, 열대의 과일들이 든 바구니를 들고 있다. 어떤 이들은 귀한 선물로 어떤 이들은 빈손에 마음만 가득 준비한 이들도 있다.
다르샨홀의 여기저기에 사람들이 가득한데 어떤 이들은 기도하고 어떤 이들은 웃통을 벗고, 여인들은 전통 인도 사리를 곱게 입었다. 어떤 사두는 웃통을 벗고 연신 오체투지로서 이마가 땅에 닿게 절을 한다. 부모를 따라온 애들도 뛰어논다. 어린이들의 쾌활하고 활기찬 움직임이 넓은 다르샨홀에 생명을 넣는 듯하다. 이때 어느 고운 사리를 입은 여인이 아름다운 목소리로 홀로 찬가를 나지막이 부르니, 그녀의 목소리는 진짜 천상의 목소리처럼 아련히 들려온다. 그녀의 가늘지만 고음의 목소리는 홀의 높다란 천장에 반사되어 홀 전체로 울린다. 진짜 어디 천상에 온 기분이다. 이윽고 사람들이 술렁이더니 드디어 홀 정면 중앙의 커튼이 열리고, 시좌하는 스와미들 사이로 둥글둥글한 얼굴에 부리부리한 눈을 지닌 샹카라차리야가 만면에 미소를 띠고 입장한다.

생일을 맞아 샹카라차리야는 특별 푸자를 진행한다. 홀 중앙의 신상 앞에는 흰색의 승복을 입은 스와미들이 시좌하고 샹카라차리야는 입으로 챈팅을 하며 푸자를 진행한다. 푸자 도중에 어디선가 작은 새가 날아와 푸자 그릇과 제단 사이를 날아다닌다. 자세히 보니 한 마리뿐이 아니라 몇 마리 되는 모양이다. 작은 새들은 푸자가 진행되는 내내 샹카라차리야 곁을 맴돌며 마치 자기들이 신들이나 된 양 공양물을 물어간다. 하기야 힌두의 신들은 그들이 원하는 그 어떤 만물로도 현현하여 나타날 수가 있다고 하는데 이 작은 새들이 무소부재의 힌두 신들은 아닐까? 그래서인지 푸자를 진행하는 스와미들도 귀찮아하지 않고, 샹카라차리야는 얼굴에 미소를 띠며 귀엽다는 듯 쳐다본다. 푸자를 지켜보는 참배객들도 당연하다는 듯 묵묵히 지켜본다. 푸자가 끝나고 샹카라차리야가 간단한 인사말을 한다. 그때도 어디선가 구구구 새소리가 들려 올려다보니 홀 천장 위로 비둘기가 날아다니고 있지 않은가! 거기다가 홀 위쪽 여기저기에는 나뭇가지로 만든 비둘기의 둥지가 몇 개 보인다. 사냥꾼들도 자기 품안으로 날라든 새들은 사냥하지 않는다던데 하물며 쟈가드구루(Jagadguru, 세계의 스승)인 샹카라차리야가 내쫓을 리가 있을까? 아마도 여기 새들은 세상에서 가장 안전하고 평화로운 곳에 둥지를 튼 행운의 새들이리라.

푸자가 끝나자 샹카라차리야가 은색의 보좌에 앉고 다르샨이 시작됐다. 한 줄로 길게 늘어선 다르샨 줄은 사람들이 많아 이내 두 줄로 만들어지고 샹카라차리야는 일일이 참배객들의 이야기를 듣는다. 어떤 이는 감사의 말을 하고, 어떤 이들은 삶의 노고를 상담하는 모양이다. 다르샨을 원하는 사람들이 너무 많아 대부분이 1~2분정도 짧게 다르샨을 가지지만, 어떤 이들의 이야기는 오랫동안 듣고 진지한 모습으로 답변한다. 아마도 어려운 결정을 상담하러 온 사람인 모양이다. 단체로 온 이들은 대표자가 다르샨을 하고 나머지는 엎드려 큰 절을 올린다.

이윽고 내 차례가 되었다. 긴장된 차림에 간단한 인사를 드리고 두 손으로 코코넛을 내밀자 축복을 해준다. 저 멀리 한국에서 왔다고 하니 신기해하신다.

아, 바로 코앞에서 인도 최고의 스와미, 신화 속의 아디 샹카라의 분신을 친견하다니! 신성한 느낌과 정갈한 마음이 전해져 온다. 다르샨을 마치고 홀에 남아 다른 이들의 다르샨을 지켜본다. 샹카라차리야는 넘치는 에너지를 주체하지 못하는 듯 크게 소리 내어 웃기도 하고, 얼굴에는 싱글벙글 미소가 사라지지 않는다. 아마도 사람들과 만나고 그들의 이야기를 듣는 것이 즐거운 모양이다. 다르샨을 마친 사람들도 모두들 흡족한 표정이다. 이들은 인도의 구석구석으로부터 기차를 타고, 버스를 타며 몇몇 일이 걸려 왔을 것이다. 그렇게 고생하며 왔어도 에너지 넘치는 샹카라차리야의 미소를 보는 순간, 마음에 평화가 오는 모양이다. 그들의 소박하고 진실한 믿음과 이들에게 만남을 베푸는 샹카라차리야의 소탈하고 헌신적인 모습이 아름다워 보였다.

샹카라차리야께 눈인사를 하고 나는 돌아선다. 오늘 밤따라 하늘의 별빛은 더욱 밝게 느껴진다.

불멸의 성자 라마나 마하르쉬

아루나찰라의 붉은 바람

 20여 년 전, 내가 맨 처음 라마나 마하르쉬의 아쉬람을 찾은 그날, 아루나찰라 산 위에는 붉은 바람이 불고 있었다. 델리를 출발해서 삼 일 동안 기차를 타고 첸나이로, 첸나이에서 다시 티루반나말라이까지 험한 로컬버스를 타고 도착한 라마나 아쉬람, 하늘은 맑았지만 붉은 바람이 불고 있었다. 비포장의 황톳길을 사이클 릭샤를 타고 도착한 아쉬람에선 사람들이 따뜻이 반겨주었고, 평화로운 뜰 안에는 마음의 평화가 있었다. 또 아쉬람에서의 따뜻한 우유 한 잔은 그렇게 달수가 없었다. 아쉬람 가는 길에 고생을 많이 해서인지 아쉬람에서의 짧은 휴식은 참으로 달콤했었다.
 그날 이후 인도로 갈 때마다 자주 방문하던 곳, 늘 다시 가도 마음이 설렌다. 언제나 마음으로 그리워했던 곳, 그곳을 찾아간다는 생각에 마음은 부푼 풍선이 되고, 무거운 배낭도 더운 날씨도 아무런 장애가 되지 않는다. 한국에서 미리 예약을 하였기에 그 날짜에 맞추어 티루반나말라이에 도착한다. 돌이켜보면 라마나스라맘(Ramanasramam)에서 회신 답장을 받았을 때의 감회가 새롭다. 회신의 말미에 "당신은 언제나 바가반

속에 있습니다."라는 그 문구는 또 얼마나 나에게 감동을 주었던가! 내가 힘들고 외로웠을 때, 내 맘속에 고갱이처럼 꺼지지 않는 불꽃으로 남아 나를 지탱하던 힘도 인도였고, 또 라마나 마하르쉬가 아니었던가 싶다. 순진하고 어리석었던 시절의 열정이 다시 나를 꿈꾸게 하고 다시 이곳으로 부른 것은 아닐까?

  첸나이를 출발한 로컬버스가 티루반나말라이 버스 터미널에 도착하자 눈앞에는 아루나찰라산이 한 눈에 보인다. 마치 광야를 호령하는 맹수처럼 평원 가운데 우뚝 솟아 있는 돌산 아루나찰라. 하늘은 여전히 맑고 푸르다. 사람들 붐비는 터미널을 빠져나와 릭샤를 탄다. 버스 터미널에서 라마나스라맘까지는 10여 분이면 충분한 거리, 도로에는 예전보다 많은 차들이 왕래하고 거리도 훨씬 새롭게 보인다.
  이윽고 라마나스라맘의 오래된 대문이 보이고 아쉬람의 건물들이 나타난다. 대문 안을 성큼성큼 들어가 바가반의 사마디 쉬린에 잠시 들러 인사하고 사무실로 간다. 반갑게 맞아주는 아쉬람 관계자들, 안내를 받아 머물 방으로 간다. 라마나스라맘의 게스트하우스는 명상실 뒤편의 쪽문을 지나 야자수 울창한 좁은 길 끝에 있다. 배정된 방은 스리 카말라님의 방이다. 계단을 올라 방문을 여니 방안에는 소박한 침대와 시멘트 벽장이 간소하게 놓여져 있다. 벽장 안에는 바가반의 흑백사진이 작은 액자 속에 들어있고, 벽장 위에는 스리 카말라 부부의 빛바랜 사진이 걸려 있다. 참으로 소박하고 정갈한 방이다. 짐을 내려놓고 창문을 여니 나뭇잎 사이로 바람이 불고 저 멀리엔 아쉬람 바깥의 도로도 보인다. 살랑살랑 아루나찰라산에서 불어오는 바람은 더위를 식혀주고 마음에 평안함이 찾아들게 한다. 그 옛날 시골 할머니댁에 도착한 것 같은 느낌이다.

라마나스라맘은 현대 인도의 정신사에 깊은 영향을 끼친 성자 스리 라마나 마하르쉬님의 아쉬람이다. 라마나 마하르쉬는 콜카타의 라마크리슈나와 더불어 최극에 이른 위대한 요기이자 성자로, 고대로부터 내려온 힌두철학과 요가의 정수를 온몸으로 체득한 분이다. 특히 그는 "나는 누구인가?"라는 질문 하나만으로 그 모든 종교와 철학의 의문을 해결했다고 한다. 그리하여 "나를 알면 만유(萬有)를 안다."라고 선언하고 그를 따르는 이들에게 나의 참된 모습, 참된 실상을 깨달으라고 권했다.

뼈와 살로 이루어진 육체는 "나"의 참된 모습이 아니고, 왔다가 사라지는 감정이나 생각도 "내"가 아니라고 했다. 그리하여 부정에 부정을 거듭하여 마침내 남는 "참나", 절대 사라지지 않고, 죽음도 초월하는 "진아(Self)"를 나의 본 모습으로 보아 그것을 깨닫는 것이 삶의 고귀한 목표라고 했다. 그는 이러한 "나"를 알기 위해 자기의 생각과 감정을 면밀히 살피는 "자기탐구"의 방법을 권했으며 자기탐구의 과정에 늘 "깨어있기"를 강조했다. 늘 깨어있는 투명한 "각성"으로 자기를 살피고, 투명한 눈빛으로 사물을 관조하기를 권했다. 간소하고 규칙적인 생활과 명상의 습관을 중시하고 그러한 습관이 익어가면 생활 중이나 작업 중에도 언제나 맑은 상태를 유지할 수 있다고 했다. 그런 과정 속에서 어느 땐가 시간과 공간을 초월한 참나를 홀연히 대면하게 된다고 가르쳤다. 그의 이러한 가르침은 화두를 중시하는 선불교의 가르침과 유사하고, 실제로 위빠사나와 같은 소승불교의 방법과도 비슷하여 많은 이로부터 공감을 얻고 있으며, 그리하여 그의 아쉬람에는 사시사철 전 세계로부터 종교를 초월하여 영적인 탐구를 추구하는 많은 이들이 방문하고 있다.

라마나 마하르쉬의 생애를 간략히 살펴보면, 그는 1879년 12월 남인도

라마나 마하르쉬가 깨달음을 얻은 라마나 만디람의 작은 골방

타밀나두주의 티루출리(Tiruchuli)라는 작은 마을에서 태어났다. 그는 벵카타라만이라고 불렸으며 특별히 눈에 띄지 않는 보통의 소년이었다. 그의 아버지가 죽은 후에는 마두라이의 삼촌 집에서 머물며 미국 미션스쿨에 다니게 된다. 레슬링이나 수영 같은 스포츠를 좋아하고 종교에도 별 관심 없는 여느 소년들과 다를 바 없었다고 한다. 그런 그에게 어느 날 죽음의 공포가 찾아온다. 어떤 이유인지 알 수 없지만 그에게 다가온 죽음의 공포는 긴박하고 실제적인 것이었다. 그는 엄습한 죽음 앞에 스스로를 내맡기고 마치 진짜 죽는 것처럼 죽음과 대면한다.

'이제 죽음이 찾아왔다. 죽음이 의미하는 것은 무엇이지? 죽는 것은 누구란 말인가? 이제 육체는 죽는다.'라고 생각하며 진짜 죽는 것을 드라마처럼 상상했다. 팔다리는 죽은 시신처럼 뻣뻣하게 했으며, 숨을 멈추고 입술을 닫아 진짜 죽은 것처럼 만들었다. 그리곤 '이제 내 육체는 죽었다. 내 시체는 화장터로 옮겨져 한 줌의 재로 변할 것이다.'라고 속으로 말했다. '그런데 내 육체가 죽으면 "나"도 죽는가? 육체가 "나"일까? 이 육체는 조용하고 아무런 움직임도 없는데 반해 "나"는 여전히 내 자신의 모든 힘을 알고 있고(aware), 육체와 별개로 내 속에서 들리는 "나"의 소리도 듣고 있는데 말야.'라고 자답했다. 그리고 그 순간 그는 깨닫게 된다.

'나는 육체를 초월하는 영(靈,Spirit)이다. 물질적인 육체는 죽어도 육체를 초월한 영은 죽지 않는다. 그리하여 나는 불사의 영(Deathless Spirit)이다!'

그의 깨달음은 지적인 사유의 결과물이 아니라 "살아 있는 진리" 로서 섬광처럼 생생하게 다가왔다. 그는 실재적이고 리얼한 "나"의 모습을 확인하고, 그 "나"가 육체와 연결된 모든 의식적인 활동의 축(center)임을 발견한다. "죽음에 대한 두려움은 즉시, 그리고 영원히 사라졌다. 진아(Self)에 대한 몰입은 그 순간 이후 지금까지 계속되고 있다."라고 라마나 마하르쉬는 훗날 말한다.

그는 이 죽음의 체험을 겪은 이후 영적인 부분에 더 깊이 몰입하게 되었고, 근처의 미나찌 사원(미낙시 사원)도 날마다 방문하게 된다. 그러던 중에 그는 내면의 소리를 따라 아루나찰라로 영원히 떠나게 된다. 힘겨운 여정을 통해 도착한 아루나찰라는 그를 매혹시켰고, 그는 수행에 몰입한다. 차츰 그를 따르는 사람들이 늘어 아루나찰라 산기슭에 현재와 같은 아름다운 라마나스라맘이 건설되게 되었다.

*라다크리슈난(S.Radhakrishnan)박사의 'BHAGAVAN SRI RAMANA Sustainer of Spiritual Reality'를 참조했음.
*라마나 마하르쉬께서 죽음의 실체에 대해 깨달음을 얻었다는 곳이 바로 라마나만디람(Ramanamandiram)으로 마두라이 미나찌(미낙시) 사원 남문 앞 골목에 위치하고 있다.

라마나스라맘에서

평화로운 아쉬람 안의 작은 길

아쉬람에서의 생활은 평화롭다. 평화로운 환경에 평화로운 분위기다. 그래서인지 아쉬람에 머무는 이들도 모두 마음에 평화와 여유로움이 있다. 나 역시 평화로운 분위기에 동조되어 느긋하게 하루를 보낸다. 아침에 일어나면 아쉬람 주변을 산책하고, 티타임 시간에는 따뜻한 우유를 마신다. 명상실을 오고 갔다 점심시간이 되면 아침 겸 점심을 먹는다. 부지런한 다른 사람들과는 달리 밤을 좋아하는 나는 늘 자는 시간이 자정 무렵이라 일곱 시에 있는 아침 식사를 거르기가 일쑤다. 그렇지만 그 누구도, 아무런 참견도 없다.

아쉬람 내에 푸자 시간이나 챈팅 시간, 강독 시간 등의 공식적인 스케줄이 있지만, 참석하던 안하던 자유이다. 다만 식사 시간만은 예외인데 식당에서 일하는 분들을 위해 시간 엄수를 원칙으로 한다. 그래서 아쉬람에 머무는 이들은 일상의 규칙이나 시간의 속박에서 벗어나 자유롭게 생활한다. 한마디로 라마나스라맘에서의 생활은 스스로가 규율하면서 지내는 것이라 할 수 있다. 생전의 라마나께서 하신 것처럼 아쉬람 내에서는 각자의 내면의 소리에 따라, 내면의 흐름에 따라 자유롭게 생활한다. 아무런 강제적인 규율이 없음에도 불구하고 아쉬람은 늘 평온하고 즐겁게 유지가 된다.

아쉬람을 방문하는 이들도 자유 속에서 샨티(Shanti 마음의 평화)를 누린다. 이렇게 규율이 없음에도 아쉬람이 평화롭게 유지되는 것은 아마도 라마나의 보이지 않는 포스 때문은 아닐까? 실제로 아쉬람 안에는 보이지 않는 평화의 인자, 고요의 인자가 떠다니는 것 같다. 그래서 그런지 아쉬람에 머무는 이들 모두에겐 느긋함과 여유로움이 있다. 그렇지만 명상실이나 사마디 홀에 들리면 치열하게 명상에 잠겨 있는 열정적인 사람들도 볼 수 있다.

아쉬람의 식사는 명상실 앞의 식당에서 이루어진다. 식사 시간이 되면 대체로 긴 줄을 서고 식당 안으로 들어서면 벽에는 생전의 라마나 마하르쉬님을 비롯, 아쉬람을 방문한 정신계의 고수들의 사진이 빼곡하다. 스리 오로빈도, 아난다모이마, 요가난다, 시바난다, 푼자지 등 많은 분들의 사진이 식당을 찾은 이들을 반긴다. 그들의 눈빛에서 신성한 에너지가 흘러나오는 느낌이다. 식당 안에는 나뭇잎으로 만든 쟁반들이 놓여 있고, 사람들은 대리석 바닥에 앞뒤로 줄지어서 앉는다. 먼저는 물 잔에 물이 부어지고, 그 물을 손으로 살짝 뿌려 나뭇잎 쟁반을 적셔 놓는다. 마른 나뭇잎으로 둥글게 엮은 쟁반 위에 배식 담당이 쌀밥과 반찬이 될 콩과 채소로 만든 달을 배정한다. 디저트 역할을 하는 달콤한 스위티와 과일도 함께 배식된다. 남인도 전통의 밀즈와 같은 아쉬람의 식사는 그야말로 일품이다. 모두들 남김없이 먹는다. 처음에는 손으로 밥과 달을 버무려 먹는 것이 익숙하지 않지만 몇 번 먹어보면 손으로 맛을 느낄 수 있다. 조금은 끈적끈적 할 때도 있지만, 따뜻하고 부드러운 감촉은 원초적인 식욕을 자극한다. 수저문화에 익숙한 우리에겐 손으로 먹는 것은 좀 생경한 상황이지만, 생전의 라마나께서도 이렇게 맨손으로 드시지 않으셨는가! 아쉬람의 식사는 단연 최고의 맛이다.

대개 식사를 끝낸 이들은 각자의 일정에 따라 아루나찰라 산책을 하던지, 명상실이나 사마디 홀에서 시간을 보낸다. 아쉬람을 찾아오는 많은 방문객들을 구경하거나 아쉬람내의 원숭이나 공작 등의 동물들을 구경하며 소일하는 것도 재미나는 일이다. 그러다가 시간을 내어 티루반나말라이 시내를 구경하던지, 스칸드 아쉬람이나 비루팍사 동굴로 산책을 가거나 아니면 아루나찰라산 등산을 하기도 한다. 아루나찰라산 등산은 사람에 따라 왕복 4-5시간에서 한나절은 걸리는 먼 길이라 몇몇이 함께 조를 이루어 동행하기도 한다. 또 아쉬람의 일정에 충실한 사람들은 아쉬람의 스케줄에 잡힌 강독이나 푸자, 베다 챈팅에 적극 참여하기도 한다.

나도 계획을 세워 아쉬람을 살펴보고 스칸드 아쉬람과 비루팍사 동굴로 산책을 떠난다. 스칸드 아쉬람이나 비루팍사 동굴은 라마나 마하르쉬께서 라마나스라맘이 만들어지기 전에 주로 머문 아루나찰라 산기슭의 동굴이다. 그곳으로 가려면 아쉬람내 식당 앞으로 난 작은 문을 통과해서 가는 길이 편하다. 스칸드 아쉬람으로 가는 작은 쪽문을 통과해 조금 올라가자 아루나찰라산의 녹화사업을 추진하는 단체에서 세운 커다란 입간판이 나온다. 폭포수가 흐르는 아루나찰라산을 배경으로 라마나 마하르쉬께서 앉아 있고 옆에는 랑구르 원숭이가 친구처럼 앉아있다.

 이정표를 따라 고즈넉한 산길을 올라간다. 길가에는 작은 관목들과 간혹 키 큰 나무들이 보인다. 산길은 아주 험하지는 않고 군데군데 돌을 깔아놓아 발 디디기도 좋다. 가는 길은 산새들도 지저귀고 바람도 선선히 불어와 산책하기엔 그만이다. 얼마쯤 왔을까 커다란 너럭바위가 나온다. 바가반께서 아루나찰라 산책 중에 쉬셨다는 바위다. 그곳에 앉아보니 시원한 바람이 불어오고, 아래로는 읍내의 풍경들이 한 눈에 들어온다. 티루반나말라이 시내 중심에 위치한 아루나찰레스와라르 사원(안나말라이야르 사원)의 모습도 모두 보인다. 멀리로는 지평선 끝까지 펼쳐진 평원에, 도로며 점점이 박힌 집들까지도 다 보인다. 경관이 참 뛰어난 곳이다.

 바위 위에 잠시 쉬는데 어디선가 부스럭 소리가 들린다. 고개를 돌려보니 작은 돌 위에 일광욕을 하려는 듯 도마뱀이 한 마리 쉬고 있다. 가까이 다가가도 꿈쩍을 않는다. 일광욕을 하다 그새 잠이 들었나? 아니면 침묵의 명상중일까? 눈은 멀뚱멀뚱한데 미동을 않는다. 산길을 올라가다 간간이 내려오는 순례객들을 만난다. 서로 가볍게 눈인사를 한다. 맨발에 인도바랑을 맨 사람, 황색 숄을 걸친 사람, 검은 우산을 들고 햇볕을 피하는 사람, 모두들 진지한 눈빛에 시선은 안으로 향하고 있다. 아마도 이 길을 걷는 모두는 스스로에게 묻고 있을 것이다.

 나는 누구인가? 그리고 나는 어디로 가고 있는가?

한낮의 더위에 지쳐갈 즈음 저 멀리 스칸드 아쉬람의 초록색 대문이 보인다. 아쉬람 안으로 들어서자 수령이 수십 년은 넘었을 잭플룻 나무가 보인다. 나무 위에는 잭플룻들이 달려있고, 원숭이들이 잭잭 소리를 내며 나무 위를 오간다. 아쉬람의 작은 마당에 서니 건물들 사이로 높은 절벽이 보이고, 그 절벽의 작은 동굴이 바로 바가반께서 수행하시던 곳이다.

건물 안으로 들어서니 어두운 안쪽 저편에 작은 기름불이 켜져 있고, 어느 순례객이 앉아 묵상중이다. 슬그머니 안으로 들어가 좌정해 본다. 안은 바깥과는 달리 시원하고 밝기도 적당히 어두워 묵상하기엔 좋아 보인다. 벽은 하얀색으로 칠해져 있고, 그 앞에 젊은 시절 라마나의 사진이 있다. 가만히 있어보니 하얀색의 벽으로부터 시원한 바람이 나오는 것 같다. 거대한 아루나찰라의 원석으로부터 나오는 생기일까? 그 바람에 얼굴에 솟은 땀이 일순간 사라진다. 어두운 동굴 안 작은 호롱불은 순례자의 맘을 밝히는 불씨일까? 나도 그 불빛에 서서히 밝아져 간다.

얼마쯤 있었을까? 원숭이들이 양철 지붕을 두드리는 소리에 밖으로 나온다. 마당에 서니 앞으로는 티루반나말라이 시내에 위치한 천년의 사원이 위용을 자랑하고 있다. 아루나찰레스와라르 사원, 네 개의 거대한 고푸람과 다섯 개의 작은 고푸람이 보인다. 저 곳도 라마나께서 깊은 삼매에 들어 수행하던 곳이다. 타밀 지방의 전승 그대로 여기 아루나찰라산 부근은 어디나 다 신성한 곳인 모양이다. 망고가 주렁주렁 달린 망고나무를 사이에 두고 장난치는 원숭이를 구경하다 비루팍사 동굴로 향한다.

비루팍사 동굴은 스칸드 아쉬람에서 아랫길로 걸어서 몇 분이면 도착하는 거리다. 돌계단을 내려가자 큰 바위 위에 비루팍사 동굴을 가리키는 표시가 되어 있고, 그 길을 따라가니 비루팍사 동굴의 작은 문이 보인다.

마당 안에는 웃통을 벗은 순례객이 단정히 앉아 묵상중이다. 조용한 발걸음으로 동굴 안으로 들어가니, 작은 동굴 안에는 라마나께서 사용하시던 침대가 있고, 벽에는 라마나의 흑백사진이 나란히 걸려 있다. 라마나의 흑백사진들에서 강렬한 파워가 흐르는 듯하다. 스칸드 아쉬람이나 비루팍사 동굴들 모두 더위를 피하기에 안성맞춤이고 조용히 묵상하기엔 참 좋은 곳이다. 진지한 순례자들 모두에게 권장할만한 곳이다. 거기다가 이런 곳은 위대한 성자들의 신성한 향기가 늘 넘치는 곳이라 길을 찾는 나그네들의 발길이 끊이지 않는다.

묵상에 잠긴 순례객을 고요 속에 남겨둔 채 비루팍사를 내려온다.

야간산행과 기리발람

느리듯 흘러가는 아쉬람에서의 시간은 돌아보니 어느새 며칠이 훌쩍 흘러가 버렸다. 이번에는 작심하고 아루나찰라 정상을 오르기로 한다. 더위가 찾아오기 전 새벽이나 아침에 출발하는 대부분의 사람들과 달리 늦게 일어난 나는 아쉬람에서 점심을 먹고 느긋이 산에 올랐다.

스칸드 아쉬람을 지나 산 정상으로 향하는 길로 들어선다. 그런데 얼마쯤 가다 길이 헷갈려 헤맨다. 이때 산 위에서 우리를 보고 부르는 소리가 들려 돌아보니, 며칠 전 시내에서 만났던 조띠다. 그날 나는 오토바이를 빌려 타려고 근처 사람들에게 수소문하던 중이었다. 그때 마침 오토바이를 타고 지나가던 조띠가 도움을 줬던 것이다. 조띠는 비루팍사 동굴 바로 아랫마을에 사는 청년으로, 지금은 산 정상에서 수행한다는 스와미를 돕고 있다고 한다. 그는 어릴 때 부모님이 돌아가셔서 지금은 스와미를 선생으로 모시며 지내고 있다고 한다. 다행히 조띠가 나타나 엉뚱한 방향으로 가고 있는 우리에게 지름길을 알려준다. 장보러 시장을 간다는 조띠는 산 위에서 밤을 샐 계획이냐고 묻는다. 밤을 새지는 않고 바로 내려올 거라고 답하니, 지금 올라가면 부지런히 가야할거라고 조언한다. 시간이 좀 걸리더라도 오늘은 꼭 올라갈 거라고 답하니, 조띠는 행운을 빌어준다. 조띠와 헤어진 후, 다시 산을 어기적어기적 올라간다.
　산을 오를수록 거대한 화강암의 바위들과 암벽들이 곳곳에 널려 있다. 잘생긴 너럭바위와 가파른 암벽 사이로는 티루반나말라이 시내가 훤히 보인다. 더운 날씨에 돌산을 오르는 것은 쉬운 일은 아니다. 땀은 몸에 흐르고 숨은 턱까지 차오른다. 그렇게 얼마쯤 올랐을까? 드디어 산 정상에 도착했다. 신성한 성화(聖火)의 산 아루나찰라, 주변을 둘러보니 사방으로 평원이 아득히 펼쳐져 있고, 그 중심에 아루나찰라가 우뚝 서 있다. 산 아래로는 티루반나말라이 시내와 천년의 사원 아루나찰레스와라르 사원도 모두 보인다. 산에서 보는 경관은 그야말로 장관이다.
　정상 부근에는 시바신을 상징하는 삼지창이 하늘을 향해 의연히 꽂혀있고, 커다란 바위에는 푸자를 드린 듯 검게 그을려져 있다. 아마도 해마다 열리는 디팜축제 때 성화를 켜는 행사 때문일 것이다. 정상 바로 아래에는 조띠가 모신다는 스와미의 초막이 있다. 그런데 초막에는 아무도 없고 집을 지키는 강아지가 외로이 있다. 스와미는 며칠 전 다른 곳으로 볼일을 보러 갔다고 한다. 저물어가는 석양의 햇살을 맞으며 정상의 바윗돌에 앉아 잠시 묵상에 잠겨본다.

　아루나찰라와 관련해 전해 오는 전설에 따르면 태고의 옛적에 브라마신과 비시누신이 누가 우주에서 가장 우월한지를 두고 서로 힘을 다해 겨루었다고 한다. 신들의 싸움에 지상과 천상의 존재들은 고래 싸움에 새우 등 터지는 격으로 재난을 겪고 있었다. 이때 시바신이 찬란하고 무한한 빛기둥의 모습으로 등장한다. 시바신은 다투고 있는 비시누와 브라마를 중재하고 스스로 우주의 창조주임을 드러낸다. 그리고 아루나찰라산의 모습으로 화했다고 한다. 그리하여 많은 경전에서는 아루나찰라산을 시바신의 현현으로 기록하고 있으며, 시바신의 모습을 상징적으로 표현한 시바링감을 만들었고, 티루반나말라이 지역에서는 이때의 일을 기념하여 매년 산 정상과 아루나찰레스와라르 사원에 불을 밝히는 축제를 연다고 한다.

 시바신의 전설이 깃든 아루나찰라, 산 정상에서 바라보는 석양은 눈부시게 아름답다. 지평선을 물들이는 붉은 석양을 보는 사이 날이 어두워져 이제는 하산하기로 한다. 산을 오르는 것보다는 내려가는 것이 좀 수월하긴 하다. 그러나 한줌 남아있던 햇볕이 사라지자 이내 산은 어둑어둑해진다. 그렇지만 왔던 길이라 미명을 더듬으며 간신히 스칸드 아쉬람 근처에 왔을 즈음, 드디어 온 산이 어둠에 묻힌다. 그때 우리 눈앞에는 놀라운 광경이 펼쳐졌는데, 그것은 바로 온 우주의 별들이 바로 코앞에 보이는 것이 아닌가!
 눈을 들어 산 아래를 내려다보니, 조금 전까지 보이던 티루반나말라이 시내의 집들과 건물들은 어느새 사라지고, 그 자리에 영롱하게 빛나는 별들이 가득한 것이 아닌가! 아루나찰라산에서 우주를 보았다는 어느 누군가의 이야기처럼 진짜 우주의 찬란한 모습이 펼쳐져 있다. 반짝이는 가로등들은 은하수를 만들고 있고, 그 은하수 끝에는 찬란하게 밝은 거대한 우주선이 떠 있다. 진짜 넓은 평원의 어둠 한가운데 밝게 빛나는 티루반나말라이 시내의 모습은 밤하늘에 빛나는 별들과 다를 바 없었고, 높은 고푸람의 천년의 사원은 거대한 우주선이었다. 마치 우주에서 바라본 지구처럼 티루반나말라이의 야경은 신비로움과 더불어 경이롭기까지 하다. 살랑살랑 부는 바람에 별들도 흔들리고, 이제는 둥근 달이 길을 밝히고 있다.

 등산을 끝내고 아쉬람에 돌아오니, 이미 늦은 밤이다. 방에서 잠시 쉬고 아쉬람 뜰 안을 거닐어 본다. 사람들 모두 잠든 깊은 밤, 아쉬람엔 인적은 없고 고요만이 가득하다. 간간이 그 정적을 깨려는 듯 어디선가 공작이 운다. 훤한 달빛 아래 참빠꽃 피어 향기를 날리우고, 높다란 야자수엔 잠 못 이룬 산새만이 지저귄다. 감히 다가갈 수 없는 어떤 신성함일까? 이 고요 속에 알 수 없는 경이로움과 신비가 있다. 생각은 잦아들고 마음은 평화롭다. 아득한 그리움 같은 그 무엇이 내 속에서 솟아난다. 달이 너무 밝기 때문일까? 아니면 참빠꽃 향기 때문일까?

 다음날, 라마나 마하르쉬께서 아루나찰라에 도착한 이후 처음 머무신 아루나찰레스와라르 사원을 방문한다. 사원은 티루반나말라이 시내 중심에 있으며, 건립한지 천년이 넘었다는 고찰이다. 사원에 새겨져 있는 명문상으로는 9세기 촐라왕조시대까지 그 역사가 올라가며, 페리아푸라남 등의 경전에는 7세기의 기록도 있다고 한다. 또 시바신의 전설을 다룬 경전들에서 아루나찰라를 언급한 것까지 포함한다면 그 역사는 신화시대까지 올라간다고 하니 과연 그 역사가 유구한 곳임에 틀림없다. 특히 사원에서 모신 시바링감은 시바신을 상징하는 흙, 물, 불, 공기, 에테르 다섯 가지의 원질적인 원소 중에 불을 상징하는 링감이라고 한다. 그래서 이 사원은 시바신을 따르는 시바종파의 다섯 성지 중 하나여서 연중 순례객들이 끊이지 않는다.

 시내 중심에 우뚝 솟은 고푸람을 지나 맨발로 입장한다. 방문한 시간이 한낮이라 그런지 사원 안에는 사람들이 뜸하다. 한낮의 이글거리는 태양을 피해 그늘에 쉬는 참배객들과 사두들이 보인다. 주위를 둘러보다 어느 사두와 시선이 맞았다. 한눈에도 사두는 형형한 눈에 백발의 머리칼을 날리는 진짜 수행자다. 쭈글쭈글한 갈색 피부에 피골이 상접한 차림새는 마치 고대의 신화 속에서 막 튀어나온 전설의 현인 같다. 호기심에 다가가니 사두는 주섬주섬 바랑을 펼쳐 신성한 재 비부티를 이마에 찍어준다. 약간의 박시시를 두 손으로 드리자 내 머리에 손을 얹고는 다시금 무언가를 중얼거린다.

 내가 "옴 나마 시바"라고 감사드리자 사두는 손을 저으며, "옴 나마 치와"라고 말씀하신다. 아마도 옴 나마 시바라는 표현보다 좀 더 오래된 표현이거나 타밀 지역에서 많이 쓰는 발음인 모양이다. 하기야 시바신을 말할 때도 곳에 따라 시와라고 발음하기도 하니 그러려니 한다. 그런데 사두가 말하는 대로 따라해 보니 왠지 좀 더 오래되고 포스가 있는 느낌이다. 특히 일설에는 시바의 그 원래의 어원이 본래의 원초적인 순수의식을 뜻하는 칫(Cit)에서 나왔다고 하니, 순수의 투명한 의식이나 그 상태를 의미하는 뜻에서는 좀 더 합당한 표현이 아닌가 한다. 그리하여 시바는 만물이 탄생하고 또 돌아가야 할 그 근원적이고 본래적인 순수의식 또는 그것에 머무는 자를 뜻하는 것은 아닐까? 존재의 본래적인 세 가지 측면을 Sat(존재) Cit(순수의식) Ananda(지복)로 볼 때 치와라는 표현은 순수의식을 강조한 것으로 볼 수 있지 않나 생각해 본다. 그렇게 생각하니 갑자기 사두가 말하는 옴 나마 치와가 본래적인 의미에서는 가까운 표현이라 생각돼 나도 사두를 따라 옴 나마 치와라고 인사한다. 온 몸이 피골이 상접하고 눈이 퀭하니 들어간 모습이지만 두 눈은 반짝이는 고행의 사두, 그 두 눈에 힘과 확신이 있다.

 노사두의 축복에 감사히 인사드리고 이제는 사원 경내를 둘러본다. 사원은 예전에 방문했을 때보다 많이 달라진 느낌이다. 예전에는 낡고 퇴색한 느낌이 많았는데 지금은 화려하고 분위기도 활기차다. 아마도 사원을 방문하는 많은 순례객들의 활기찬 모습 때문은 아닐까? 몇 군데 둘러보다 기억을 되살려 라마나께서 수행하시던 지하실로 향한다. 천 개의 기둥이 있다는 회랑 아래 지하실, 이곳이 바로 청년 시절 라마나 마하르쉬께서 벌레에 물리며 온몸의 살점이 문드러지고 고름이 나와도 범치 못할 깊은 삼매에 빠졌다는 지하실이다. 지하실 안에는 예전과는 달리 창살을 만들어 보호하고 있다. 예전에는 링감을 만지고 근처에 앉아 볼 수도 있었는데, 지금은 먼 거리에서만 참배할 수 있다. 아쉬운 마음이 들었지만 나도 사람들을 따라 참배한다. 비록 그 옛날처럼 신비한 분위기는 많이 사라졌지만 신성한 느낌은 여전하다. 계단을 올라와 회랑의 조각들을 살펴보고 지성소에서 다르샨을 가진 후 사원을 나온다. 역시나 시바 신의 성지답게 최고의 지성소도 신비하기 그지없었다.

사원과 시장을 둘러보고 아쉬람으로 오니, 아쉬람 앞 도로에는 보이지 않던 장사꾼들과 사람들이 가득하다. 무슨 큰 행사라도 있는지 경찰들도 배치되어 차량들과 사람들을 단속한다. 오토바이를 빌린 샹카에게 물으니 오늘이 타밀 음력으로 보름이라고 한다. 그래서 매월 음력 보름마다 있는 마하기리발람이 있다고 전한다.

기리발람(Girivalam)은 기리 프라닥쉬나(Giri Pradakshina)나 말라이발람(Malaivalam)으로도 불리며, 아루나찰라산을 걸어서 도는 것을 말한다. 대개 맨발로 천천히 걸으며 아루나찰라산을 시계 방향으로 도는데, 도는 중에 만트라를 염송하거나 신에 대한 찬가를 부르거나 혹은 마음속으로 명상을 하며 걷는다. 즉 걸으면서 하는 명상이다. 마치 티벳인들이 달라이라마가 거하는 출라깡을 중심으로 코라를 돌 듯 타밀사람들은 시바신의 화현이자 살아 있는 링감으로 간주되는 아루나찰라를 중심으로 기원하며 명상하는 것이다. 이렇게 기리발람을 하면 속세의 죄를 씻고 소망과 바람을 성취함과 동시에 신성한 참지혜 야나(Jnana)를 얻을 수 있다고 한다.

특히 라마나 마하르쉬께서도 기리발람을 적극 권장하셨는데, 기리발람 중에 몸은 고달프고 힘들어도 마음은 자기를 잊고 명상의 상태에 이를 수 있다고 했다. 계속 걸으므로 몸은 자동적으로 요가의 아사나를 취한 상태처럼 조화롭게 되고, 마음도 고요해진다는 것이다. 대체로 기리발람 중에는 단식을 하고 맨발로 걷는 것이 권장된다고 한다. 마치 임산부처럼 천천히 마음으로 기도하며, 명상하며 걷는다면 마음에도 평화를 얻고 몸에도 건강을 얻는다고 하니 참 좋은 걷기명상이라고 생각된다.

해가 지고 저녁이 되자 사람들의 물결은 그야말로 물밀듯이 밀려온다. 아쉬람 앞 도로에는 이제는 차량이 다닐 수 없을 정도로 많은 사람들로 북적인다. 어린 아기를 안은 시골 여인에서부터 어린이, 청년, 노인에 이르기까지 모두들 맨발에 웃는 얼굴이다. 간혹 금발의 서양인들도 보인다. 왁자지껄 노래도 부르고, 박수도 치면서 혹은 "아루나찰라 시바, 아루나찰라 시바"라며 챈팅도 하면서 걷는다. 나도 가만히 그들 대열에 합류한다.

아루나찰라산 기슭을 따라 나 있는 도로에는 수많은 장사꾼들이 진을 치고 있고, 길가의 작은 사원에는 기리발람 하는 사람들로 넘친다. 군데군데 사원이나 종교 단체에서 걷기에 참여한 사람들을 위해 음식이나 음료수도 무료로 주고 있다. 어디선가 악기 소리가 들려 다가가 보니, 몇몇의 사두들이 작은 종과 북, 바라를 들고 바잔을 하고 있다. 신나고 흥겨운 그들의 노랫소리에 지나가던 사람들도 아낌없이 박시시를 한다. 다섯 명이 팀을 맞춰 노래 부르는 그 모습은 티루반나말라이의 아이돌 가수와 다름없다. 모두들 흥겹고 즐거운 가운데 신을 향한 신심 또한 솟아나는 모양이다. 사람들은 사두들에게 손을 모아 인사하고 사두들은 웃음으로 축복해준다.

자정이 넘어 밤이 깊을수록 사람들의 물결은 더욱 거세진다. 가만히 지나가는 사람들을 헤아려보니 1분도 안된 시간에 수백 명이 넘는다. 말 그대로 인산인해다. 보름이 되면 티루반나말라이 뿐만 아니라, 첸나이나 마두라이 등에서도 신심 깊은 이들이 온다고 한다. 태생적으로 인도인들이 종교적이란 것을 받아들인다 해도 이렇게까지 신심이 깊은 줄은 미처 몰랐다. 어느 기사에는 기리발람에 참석하는 사람들의 수는 한번에 10만 명이 넘는다고 하는데, 아마도 그 이상은 될지언정 그 이하는 아닐 것이다.

맨발로 기리발람 하는 순박한 행렬들 위로 둥근 보름달은 두둥실 떠 있고, 밤의 아루나찰라는 지긋이 이들을 지켜보고 있었다.

아루나찰라의 전경

어느 싯다와의 짧은 만남

평화로운 라마나스라맘에서의 자유롭고 아늑한 시간들은 아루나찰라 등정을 하고, 둘레길을 도는 등 분주한 가운데 훌쩍 흘러가 버린다. 그러던 어느 날, 산 아래 작은 찻집에서 우연히 한 미국인 만나게 되었다. 방금 짠 우유로 만든 달콤한 커피를 마시는데, 길을 건너오는 한 미국인과 눈이 마주쳤다. 앞머리가 조금 벗겨진, 호리호리한 체구의 미국인 서로 인사하며, 찻집의 작은 탁자에 걸터앉아 담소하는 중에 "예전에는 인도에도 신기한 사람들이 많았는데......"라는 나의 말에 갑자기 그 미국인은 정색하고,

"싯다스(Siddhas)라고 들어보셨나요?"라고 반문한다.
"예스, 당연히 알고 있죠. 싯다라면 요가 수련을 통해 신통한 능력(싯디 Siddhi)을 성취한 분들 아닙니까? 아는 싯다스가 있으신가요?"
그러자 그 미국인은 얼굴에 미소를 띠며 자신 있게 "마이 구루 이즈 싯다스. 히즈 리얼 싯다스! (우리 선생님이 싯다스입니다. 그는 진짜 싯다스죠.)"라고 말한다.
"엇 그래요? 리얼리?" 반문하는 나에게

"예스, 리얼리"라고 자신 있게 답한다.

 일반적으로 싯다스라면(싯다로 불리기도 한다.) 명상이나 요가 등의 수련을 통해 일반인들이 모르는 신비한 능력 즉 싯디(Siddhi)를 성취한 이들을 말한다. 대부분의 정통적인 수련에선 이러한 싯다나 초자연적인 능력의 성취를 수행 중 자연히 생기는 부차적인 것으로 보는 시각이 많다. 심지어 라마나 마하르쉬나 샹카라차리야 같은 분들은 이러한 싯디에 관심을 두지 말고 더 나아가 진아의 참모습을 발견하라고까지 말하기에 이른다. 아마도 수행을 통한 싯디에의 관심이 수행의 길에 방해가 될 수 있다는 것을 간파한 것이 아니겠는가.
 그러나 싯다스 전통을 따르는 싯다들은 이러한 싯디는 수행을 통해 얻은 능력이지만, 그것 자체로 스승과 제자를 통해 수천 년 동안 이어져 내려온 수행의 하나로 신과 스승의 축복이 있어야만 가능하다고 말한다. 그들은 대개 스승과 제자의 관계를 통해 비밀스럽게 전통이 이어져 왔으며, 참된 싯다들은 자신의 능력을 함부로 사용하지 않고 오직 진실되고 필요한 경우에만 신의 사랑의 일환으로 드러낸다고 한다.

 전해 오는 바에 따르면 싯다들은 초자연적인 능력을 지녔거나, 병을 치료하는 능력이 뛰어났다고 한다. 특히 타밀나두 지역은 이런 싯다들의 주 활동 무대였다. 대개 싯다의 전통은 민간의 전설이나 민담으로는 널리 퍼져있지만 실제로는 대부분 은밀하게 숨어있어 진짜 싯다를 만나기는 쉽지 않다고 한다. 그들은 다만 인연이 있는 극소수의 사람들과 교류하기 때문이다.
 이런 사정을 대략 알고 있는 나에게 그 미국인은 자기의 선생이 진짜 싯다스라고 강조하니 반신반의 한다. 사실 인도를 여행하는 많은 서양인들은 그들의 생각과 경험을 넘어서는 일을 겪으면 사소한 것도 쉽게 믿어버리는 경향이 많은 것 같다. 그래서 나는 서양인들의 요가나 수행에 관한 견해만은 좀 격하시켜서 받아들이는 습성이 생겼는지도 모른다. 수행이 그리 쉬운 것도 아니고, 거기다가 신비의 싯다스라니…….

그러나 그 미국인의 말에 따르면 그의 싯다스 선생은 아주 겸손하고 소탈하며, 놀라운 능력을 가지고 있다고 한다. 자기 스스로도 그런 놀라운 능력을 직접 목격했다고 말한다. 그래서 그는 싯다스 전통에 관심을 가지게 되었고, 지금은 싯다스로부터 전통의 싯다의학을 배우고 있다고 한다. 이번에 인도로 온 이유도 가르침을 받기 위해서 왔으며, 해마다 시간을 정해 가르침을 받으러 미국에서 인도로 온다고 한다.

그의 말에 반신반의하며 "나도 그 분을 직접 만날 수 있겠어요?"라고 청하자, 그는 "진실하게 배움을 원하는 이들이라면 만남도 가능할 것 같습니다. 일단 선생님께 전화를 해서 확인해보겠습니다."라고 말하며 잠시만 여쭈어보자며 주머니에서 휴대폰을 꺼내 전화를 한다.

'아 진짜 그런 싯다가 존재하긴 하는 모양이구나.' 하며 쳐다보는데 그 미국인은 웃는 얼굴로 잘됐다며 내일 다시 만나자고 한다.

"옴 나마 치와!" 저절로 내 입에서 가느다란 신음이 새어 나온다.

그 미국인과 약속 시간과 장소를 정하고 돌아오는 길, 여러 생각이 흘러간다. '힘겹던 아루나찰라 야간산행이 효험이 있어서 그럴까? 그의 선생님은 진짜 싯다가 맞을까? 도대체 싯다스들은 어떤 모습으로 있을까? 그 미국인이 말한 것의 반에 반 정도만 되어도 아주 좋은 만남일 텐데……'

그러나 소탈한 성품에 맑은 눈동자를 한 그 미국인을 믿어보기로 한다. 사실 세상에는 우리가 알 수 없는 신비가 많고, 더군다나 여기는 불가능도 없고, 불가능이 없음도 없다는 신들의 나라 인도잖아!

다음날 약속 시간이 되어 어제 만났던 그 찻집으로 가서 기다린다. 이제 여행 일정상 티루반나말라이를 떠나야 할 시간도 되었고, 떠나기 전에 행여나 행운의 만남도 가능할 지도 모르겠다 싶어 기대 반 설레임 반으로 커피를 마시며 기다린다. 드디어 약속 시간이 되자 저 멀리 그 미국인이 반팔 셔츠 차림으로 나타난다. 그와 함께 우리는 근처 가게로 가서 약간의 꽃과 과일을 산다. 대개 사원을 참배하거나 요기나 스와미 같은 수행자를 만날 때엔 꽃과 과일을 준비하는 것은 인도인들의 오래된 미풍양속이다.

이제 릭샤를 타고 그 미국인을 따라 싯다스 선생님을 만나러 가는 길, 밤새 내린 비로 울퉁불퉁한 길에는 물웅덩이가 가득하다. 고개 들어보니 구름 속의 아루나찰라가 신비롭게 내려다보고 있다.

주택가 골목길을 이리 돌고 저리 돌아 마침내 도착한 작은 집. 싯다스의 집 앞에는 그 미국인의 딸과 머리를 뒤로 묶은 잘생긴 도인풍의 서양인이 기다리고 있다. 그들은 모두들 함께 싯다스로부터 가르침을 받고 있다고 한다. 갑자기 미국인의 딸이 손을 들어 "어머 저기 파랑새가 앉아 있네요."라고 말한다. 가리키는 곳을 보니 파랑색의 새 한마리가 담벼락에 앉아있다. 자세히 보니 푸른색 날개를 단 물총새가 아닌가? 사진을 찍으려 카메라를 내어 켜는 소리에 물총새는 전깃줄 위로 날아가 앉는다. 상서로운 징조일까? 보기 드문 물총새를 보다니.......

아직 대문이 열리지 않아 잠시 기다리는데 어디선가 흰색 꾸르따를 입은 검은 얼굴의 건장한 인도인이 나타나 대문을 열고 있다.
'이 사람은 누구일까? 우리가 만나려는 싯다스는 집 안에 있는 걸까?'
서성이는 우리에게 집 안으로부터 강한 자석 같은 끌림이 온다. 잠시 주저하다 들어가니, 방안은 온통 약병과 제약 기구들로 가득하다. 이윽고 문을 연 그 사람이 의자에 앉으라고 권한다. 자세히 보니 검은 얼굴에 소탈한 느낌과 강인한 느낌이 동시에 든다. 그때서야 나는 대문을 열던 그가 바로 싯다스인 것을 발견한다. 그에게서 무언가 알 수 없는 강한 자석 같은 끌림이 온다. 나마스떼라고 인사하고, 가지고 온 꽃과 과일을 두 손으로 드리니, 그도 두 손으로 공손히 받는다.
'아. 이 분이 바로 저 미국인이 말한 싯다스구나. 사람이 참 소탈하고 겸손한 게 미국인의 말 그대로구나!'
인사와 더불어 간단한 질문이 오고 간다. 그런데 무언가가 나를 안개처럼 감싸오는 게 느껴진다. '프라나인가?' 문득 말보다는 가만히 느껴보는 것이, 침묵하는 것이 현명하다는 생각에 잠시 말을 멈추어 본다. 그에게서 방사되는 강한 그 무엇!
이윽고 그가 말을 한다. 가슴과 허리 쪽에 어떤 느낌이 있다고.
'엇 어떻게 아셨지? 이번 여행은 무거운 책을 많이 들고 다니느라 왼쪽 허리에 무리가 오는 게 사실인데, 그리고 가슴은 어릴 때 아팠던 거고.'
그 말을 마치자마자 갑자기 어디선가 강한 무엇이 발끝으로부터 올라온다. 그것은 아픈 왼쪽 허리를 감싸고 이내 등을 타고 오른다. 앞으로는 아랫배로 힘이 들어가고, 가슴으로 흘러 이제는 머리끝까지 그 무엇이 가득 찬 느낌이다. 그리고는 한마디 한다.
"규칙적으로 허리를 곧게 펴고, 바르게 정좌하여 앉으십시오."

다시 침묵하는 그가 두 손을 공손히 모으고 허공을 향해 "나마스떼"라고 인사한다.
'무슨 의미일까?'

 다시 간단한 대화가 오고가고 그는 옆방으로 가서 두꺼운 갈색의 책을 한권 들고 온다. 그리고는 "이렇게 만난 것도 좋은 인연"이라며 웃으며 책에 사인을 하고 무언가를 적어준다. 나는 두 손으로 감사히 받고, 몇 장을 넘겨보니 싯다스에 대한 이야기들과 흥미로운 그림들이 보인다.
'아 이것은 말로만 듣던 싯다스의 전통에 관한 책이구나.'
"아 엠 비지맨"이라고 말하는 그의 완곡한 어투에 우리는 이제 돌아가야 할 때임을 알고 물러나온다.

 다시 그 찻집으로 되돌아와 만남의 여운을 느껴보는 데, 커피를 마시는 중에도 여전히 그의 느낌이 강하게 느껴진다. 그 에너지는 몸을 타고 내 위로 올라간다. 아픈 허리 쪽으로, 머리 위로, 따끔따끔 아프던 허리는 이제는 전혀 이상이 없다!
이것은 아마도 그의 축복인가?
옴 나마 치와!
오, 시바시여!

그에게 마음으로 감사를 드린다.

＊싯디(Siddhi) : 싯디는 완전, 성취, 깨달음 등을 의미하는 말로 수행으로 성취한 초자연적인 능력이나 파워 등을 의미하기도 한다.

＊싯다스(Siddhas) 혹은 싯다(Siddha, Siddhar)의 개념은 몇 가지로 나누어 볼 수가 있는데, 깨달음을 얻은 자, 완전한 자, 완전한 스승, 초능력자 등의 의미로 주로 쓰이며, 특히 남인도나 타밀나두에서는 전통적인 수련을 통해 싯다의학을 베푸는 전통 의사를 지칭하기도 한다. 이 글에서 말하는 싯다스는 일반적인 수행에서의 신비한 능력(싯디 Siddhi)을 획득한 사람을 칭하는 동시에 요가의 한 근간(根幹)으로서의 싯다스 전통(Siddhas Tradition)을 따르는 수행 집단을 말한다. 이들은 의사이기도 하며, 은둔 수행자이기도 하고 또한 이적을 행하는 초능력자이기도 하다. 물론 이 싯다스들도 요가의 대의(大義)를 따르고 있으며, 만법귀일(萬法歸一)의 절대진리(絶對眞理)를 설파한다.

＊내가 만난 싯다스 선생이 바로 마두라이 지역에서 "맨발의 싯다스"라고 불리는 전통 의사이자 싯다스인 팔 빤디안(PAL PANDIAN) 선생님이다. 그는 각고의 노력으로 비전(秘傳)의 싯다스 전통을 찾아 공부했고, 마침내 은둔의 스승들을 만나 가르침을 받았다. 그는 현재 인도 전통의사로 활동하며 싯다스의 가르침을 펼치고 있다.

＊팔 빤디안 선생은 탄트라수행을 하는 친구 마니깜 선생과 더불어 아루나찰라 산자락에 아름다운 아쉬람을 열고 있으며, 인연 있는 사람들에게 전통의 싯다의학을 가르치고 있다. 이 아쉬람에는 원하는 이들이 숙식하며 명상에 잠길 수 있다. 특히 아쉬람에서 나오는 남인도 전통의 밥은 그야말로 꿀맛이고, 평화로운 아루나찰라 산기슭을 산책하는 것은 그 자체로 이미 명상이 아닐까 싶다.

싯다스 전통의 비조(鼻祖) 아가스띠야

빛으로 사라진 라마링감

아루나찰라에서 기리발람을 하던 중 만난 어느 스와미의 권유로 빛으로 화해 사라졌다는 라마링감(Ramalingam Swamigal)의 흔적을 찾아 와달루를 향해 떠난다. 그 스와미는 친절하게도 위대한 싯다이자 요기인 라마링감에 대해 많은 것을 알려줬는데 그가 적어 준 글들을 바탕으로 버스를 타고 물어물어 간다. 티루반나말라이를 떠난 버스는 이내 사탕수수를 수확 중인 들녘을 지나 유유히 흐르는 강을 사이에 낀 평원을 달린다. 이윽고 사원의 거대한 고푸람들이 있는 몇 개의 마을을 지나 와달루에 도착했다.

버스에서 내리자마자 손님을 기다리던 오토 릭샤꾼들이 몰려온다.
"와나깜 바바?" 타밀말로 인사하자,
여기저기서 웃으며 "와나깜, 와나깜" 하고 대답이 온다.
"어디로 가십니까? 제가 모셔드리죠."
"걱정마시고 제 릭샤를 타세요."라며 말하며 나름 친절한 척하며 나의 팔을 잡아끈다.
"라마링감 템플 아세요?"라고 묻자,

모두들 이구동성으로
"당연하죠. 와달루에서 라마링감 모르는 사람 없어요. 그런데 라마링감 템플이 몇 군데인데 어디로 갈 겁니까?"
"제일 큰 곳으로요."라고 말하자,
그들 중 한 명이 "알겠어요. 따라오세요."라며 나의 배낭을 집어 든다.
 나는 순번을 기다리며 줄지어 서 있는 오토 릭샤의 젤 앞으로가서 그의 릭샤를 탄다. 이 곳 와달루의 오토 릭샤꾼들은 인상이 북인도나 다른 지역의 릭샤꾼들에 비해 양반처럼 보인다. 그래도 믿을 수 없는 인도라 한 번 더 다짐을 받는다. 그의 검은색 오토 릭샤는 길길 소리를 내며 도로를 달려가더니 이제는 비포장의 좁은 길로 들어선다. 울퉁불퉁한 황토색의 길을 달려가며 릭샤꾼 샹카가 묻는다.
"지금 가는 곳은 사티야 가냐 사바이로 사람들이 숙박할 수 있는 곳입니다. 그런데 외국인들은 거기에 머물기가 쉽지 않을 텐데요. 시내로 다시 나올 겁니까?"
"일단 그곳에 한번 가보고 판단할게요."
"예 알겠어요. 여기는 어떻게 아셨는지요? 와달루에는 외국인들이 별로 안 오는 곳인데요."
"여행 중 만난 스와미가 추천해 준 곳이라서 가보는 겁니다. 라마링감이 유명하다고 해서요"
"그렇군요. 라마링감은 위대한 스와미갈이죠. 이 근처엔 라마링감의 유적이 몇 군데 있습니다. 저기 팔각형의 건물이 보이는 곳이 이 근처에서 제법 큰 곳입니다."라며 오른쪽 멀리를 가리킨다. 릭샤꾼 샹카와 이야기를 나누는 사이 팔각형의 정자처럼 생긴 건물(Sathya Gnana Sabai)이 있는 곳에 도착한다. 그러나 릭샤가 도착해 주변 건물을 잠깐 둘러보는 사이 근처 여기저기에 있던 남루한 차림의 거지들이 우르르 몰려온다.
'헉, 아직도 이렇게 거지들이 우르르 몰려오는 곳이 있구나!' 생각하며 잠잘 방을 알아보기 위해 샹카가 가리키는 사무실 건물로 간다.
'지금의 인도는 옛날의 인도가 아닌데 아직도 시골에는 이렇게 거지들이 많구나. 그런데 거지들이 일반적인 사원의 조용한 거지들보다 더 적극적인데 이거. 아마도 와달루가 가난해서 그런 모양이겠지' 생각하며 사무실 문을 열려는 순간 릭샤꾼에게 다시 물어본다.
"그런데 순례 온 사람들은 어디서 자죠?"
그러자 "여기 사무실에 등록하고 이 건물에서 자거나 저기 팔각정에서도 잡니다."라며 같은 건물을 가리킨다. "아, 그렇군요." 대답하며 나는 사무실 문을 도로 닫는다.
잠시 건물의 여기저기를 둘러보곤 샹카에게 묻는다.
"라마링감이 빛으로 변해서 사라졌다는 곳 아십니까?"
"예스, 메듀굿팜(Mettu Kuppam)입니다. 거기도 잘만한 숙소는 마땅찮을 텐데요."라며 머뭇거리다,
"메듀굿팜은 그래도 템플 내에서 자던가 아니면 템플 뒤쪽에 작은 아쉬람이 괜찮습니다. 여기보다는 나을 겁니다."라고 대답이 온다.
"그렇습니까? 그러면 메듀굿팜으로 갑시다."라고 대답하고 릭샤에 다시 오른다. 거지들은 시동을 켜고 출발하려는 나에게로 여전히 다가온다. 한두 명이라면 모를까 이렇게 많은 거지들이라니.......
 사실 인도에 처음 왔을 때보다는 요즘은 인도의 사정이 많이 나아진 것은 사실이다. 인도의 경제가 발달함에 따라 거지들도 차츰 직업을 가지게 된 모양이다. 그러나 수많은 인구에 카스트가 엄연히 존재하는 인도에선 거지들이나 빈한한 사람들은 사라지기 힘들 것이다. 거기다가 여기

처럼 궁벽한 시골에는 거지들이 늘 있게 마련이다. 그런데 릭샤꾼은 여기에 거지들이 많은 이유는 라마링감이 세운 무료급식소가 있기 때문이라고 말한다. 이곳 사티야 갸냐 사바이에서는 비록 고급은 아니지만 언제나 무료급식을 하기 때문에 근처의 가난한 이들이나 거지들이 많이 찾는다고 한다. 라마링감은 사랑과 자비의 실천을 중요시했으며 그래서 가난한 이들이나 거지들, 순례자들을 위해 무료급식소를 차렸다고 한다. 원하는 모든 사람들이 와서 식사를 할 수 있다고 한다. 그의 말을 들으니 왜 거지들이 시내도 아닌 외딴 시골 변두리에 진을 치고 있는지가 이해되었다.

릭샤는 다시 울퉁불퉁한 비포장길을 달린다. 차들도 다니기 힘든 좁은 길을 달리며 릭샤꾼 샹카는 한 곳을 가리키며 "저기가 바로 라마링감께서 기적을 일으킨 곳입니다. 어느 해 심한 가뭄이 들었는데 라마링감께서 저곳에 마르지 않는 샘물이 흐르도록 하셨죠."라며 한곳을 가리킨다. 그의 친절한 설명은 좋았지만 시내와 멀리 동떨어진 들판을 달리는 나에게는 '아니 다시 나갈 땐 어떻게 나가지? 걸어서 나가야하나? 지나가는 릭샤나 차도 한 대도 안다니는데. 라마링감은 참 험한 곳에서 살았군.'이라며 고민이 되었다. 진짜 메듀굿팜으로 릭샤를 타고 가는 동안 걸어가는 사람 몇 명 외엔 다니는 차량은 전혀 없었다. 나의 마음을 알아차렸는지 샹카는 메듀굿팜에서 시내로 나올 땐 전화를 하라고 한다. "전화를 주시면 언제든지 달려오겠습니다. 프랜드, 돈 워리!"라고 말한다.

들길을 한참을 달려 드디어 메듀굿팜을 알리는 표지판이 나오고, 라마링감이 수행하며 머물렀다는 싯디 발라감 아쉬람(Siddhi Valagam ashram)이 나왔다. 흰색, 노랑색으로 칠한 건물 안으로 들어가자 정면에는 유리 상자 안에 작은 기름램프가 불을 밝히고 있다. 스와미의 말로는 라마링감이 직접 불을 밝힌 이후로 한 번도 꺼진 적이 없다는 신성한 호롱불이다. 스와미의 안내로 라마링감이 빛으로 변해 사라졌다는 방으로 갔다. 황금색으로 칠한 라마링감의 방은 자물쇠가 채워진 채로 굳게 닫혀 있고, 문틈과 문설주에는 누군가가 꼽아 놓았는지 붉은 꽃, 하얀 꽃들이 꼽혀 있다. 작고 귀여운 꽃을 보는 순간, 그 꽃을 헌사한 이의 소박한 마음이 전해져 오는 듯 했다.

 제자들의 이야기에 따르면 라마링감은 평소에 이 방에서 명상하며 사마디에 들곤 했다고 한다. 그러다가 어느 날 방안에서 홀연히 사라졌다고 한다. 1874년 1월 30일 라마링감은 제자들에게 영적인 추구를 그치지 말며, 사물의 이면에 있으면서 세상을 움직이는 신비한 힘의 본질에 대해 궁구하고, 이곳 싯디 발라감의 신성한 등불 아래서 명상할 것을 당부하는 등 그의 마지막 가르침을 설했다. 그리고는 "나는 이 육체 안에 머물러 왔다, 그러나 지금부터는 모든 물질의 근원 속으로 들어가겠다."라고 선언한 이후 방안으로 들어갔다. 그는 스스로 자물쇠로 문을 잠근 후에 제자들에게 열지 말라고 하였다. 그러나 그가 방안으로 들어간 지 몇 달이 지나도록 문이 열리지 않자 주변 사람들 사이에는 많은 루머가 생겼다. 급기야 이런 사실을 안 정부기관에서는 헛소문도 잠재우고, 사실을 확인하기 위해 강제로 문을 열도록 했다. 그러나, 정부기관의 사람들과 제자들이 문을 열자 방안은 완전히 비어있는 상태였다. 아무런 흔적도, 단서도 발견되지 않았다. 빛으로 변해 완전히 사라진 것이다!
이때가 1874년 5월이었다.
 라마링감이 빛으로 변해 사라졌다는 방을 둘러보고 나오니 밖은 이미 캄캄한 어둠이었다. 릭샤 운전수 샹카는 우리가 걱정되서인지 아직도 돌아가지 않고 밖에서 기다리고 있었다. 아마도 이 멀고 외진 곳으로 오는 외국인들이 거의 없는 차에, 방문한 우리가 걱정되어서 기다리고 있었던 모양이다. 안내를 한 노스와미께 "잠은 어디서 잘 수 있나요?"라고 묻자 스와미는 "여기 홀과 복도에서 잘 수 있다네. 모기가 좀 있어서 그렇지 잘만하다네."라고 말한다. 실제로 쉬린의 홀과 복도에는 자리를 깔고 잠을 청하는 사두와 순례객들이 몇 명 보인다. 이때 샹카가 "아니 여기 말고도 저쪽으로 가면 숙식이 가능한 작은 아쉬람이 있습니다. 그곳의 작은 방에서 잘 수 있죠. 그리로 가보시죠" 한다. 우리는 "아 그렇습니까? 그럼 거기로 갑시다."라고 말하며 따라 나선다.

 샹카를 따라 템플의 작은 쪽문을 나가니 왼쪽에 라마링감의 얼굴이 새겨진 간판이 보인다. 그곳이 릭샤꾼이 말하는 숙소가 있다는 곳이다. 릭샤꾼이 안으로 들어가 아쉬람 관계자를 불러온다. 두꺼운 안경에 구리빛의 피부를 한 스와미가 웃통을 벗은 채로 나온다.
"나마스떼 스와미지"인사하자
"어디서 오셨나요? 반갑습니다. 나타라자라고 합니다."라며 반갑게 맞아준다.
"라마링감 스와미갈께서 사라진 사마디 쉬린을 보러왔습니다."
"예. 좋은 곳이죠. 비록 외진 곳이지만 성스러운 곳이라 많은 이들이 오곤 합니다."
"잠잘 방이 있을까요? 밤이 깊어 와달루로 다시 나가기도 좀 그렇고……"라고 물으니,
"물론이죠. 따라오세요."라며 흰색의 사리를 입은 할머니의 사진을 모신 쉬린을 지나 작은 골방으로 안내한다.

"향냄새가 좀 나서 그렇지 지낼 만은 할 겁니다."
내가 잠시 머뭇거리며 주위를 살펴보자 구리빛의 스와미는 안경 너머로 나를 쳐다보며,
"여기 말고도 다른 방도 있습니다. 조용한 독채라서 지내기가 괜찮을 겁니다. 따라오세요."한다.
 그를 따라 골목길로 십여 미터를 가니 밭가에 독채가 한 채 있다. 스와미는 잠겨진 문을 열고 들어가 불을 켠다. 화장실과 작은 부엌이 딸린 방이다. 방 입구에는 따다놓은 코코넛들이 가득하고, 방안에는 시멘트 바닥에 잡동사니가 널려져 있다. 스와미는 널려진 잡동사니들을 얼른 치운다. 조금 전 봤던 쉬린 뒤의 골방보다는 훨씬 넓고 좋아 보였다.
"괜찮은 방이군요. 이곳이 훨씬 넓고 좋습니다. 이곳에 있도록 할까요?"
"예 그렇게 하십시오. 식사는 하셨는지요? 이제 저녁 식사 시간인데 짐을 챙겨놓고 식당으로 오시죠."
"예. 얼른 짐을 내려놓고 가겠습니다."

 내가 짐을 챙기며 방을 정리하는 사이 나타라자 스와미는 분주히 이것 저것을 가져온다. 마실 물이라며 커다란 생수통을 가져오고, 또 전기스토브도 가져온다. 아마도 외국인이 이렇게 먼 곳까지 와서 자고 가는 경우는 거의 없는 모양이다. 처음 온 우리에게 이렇게 저렇게 세심하게 배려해 주는 그의 모습에서 순박한 우리네 시골 인심을 느낄 수 있었다. 식사 시간이 되어 아쉬람의 식당으로 가니, 말이 식당이지 공사 중인 건물의 맨바닥에 돗자리를 깔아놓고 그 위엔 나뭇잎으로 만든 쟁반이 줄지어 놓여 져 있다. 자리에 앉자 나뭇잎 쟁반에 남인도식의 소박한 밥과 달이 배급된다. 함께 식사를 하는 사람들은 싯디 발라감에 순례 온 사두들과

순례객들이다. 싯디 발라감에 식당과 숙소가 마땅찮아 순례 온 사람들은 이곳에서 식사를 하고 템플에서 잠을 잔다고 한다. 밥은 아쉬람 특유의 심플하고 소박하지만 시장이 반찬이라 맛있게 먹는다. 식사 중에도 나타라자 스와미는 두꺼운 안경을 쓴 채 땀을 뻘뻘 흘리면서도 더 필요한 것이 없냐며 친절히 물어본다. 식사를 끝내고 다시 내 방으로 돌아오자 이번엔 티타임이라며 뜨거운 우유를 배달해 준다. 뜨거운 우유를 한 모금 들이키며 "와 참 맛있는데요. 그런데 여기 코코넛은 어디에 쓸려고 둔 것이죠?"라며 내가 코코넛을 쳐다보자 나타라자 스와미는 내 마음을 눈치채기라도 한 듯, 얼굴 만면에 웃음을 띠고 날이 굵은 인도낫을 꺼내 코코넛 몇 개를 쪼개기 시작한다. 일반적인 초록색 코코넛이 아닌 노란색의 코코넛은 훨씬 달고 과육도 맛이 좋다. 코코넛을 쪼개면서 나타라자 스와미는 "스리 오로빈도를 아십니까?"라고 묻는다.

"예 알고 있습니다. 폰디체리의 성자가 아닙니까? 독립운동도 하고 영적으로 위대한 분으로 알고 있습니다. 나중엔 후인들이 오로빌을 건설하기도 하죠"라고 말하자, "잘 알고 계시는 군요. 나는 오로빌 출신입니다. 오로빌에 한동안 머물렀습니다."라며 웃으며 자랑스럽게 말한다. 적어도 그가 아는 오로빈도는 모든 이들이 존경해 마지않는 위대한 영혼이고 그의 고매한 인품과 정신을 따르는 이들이라면 누구라도 신뢰할 수 있을 것이라고 나타라자 스와미도 생각한 모양이다. 그처럼 나타라자 스와미는 오로빌 출신임을 자랑스럽게 생각하고 있는 듯 했다.

 사실 스리 오로빈도는 첸나이나 타밀나두뿐 아니라 전 인도에서 인도의 독립운동과 영적인 스승으로 유명한 분이다. 이번에는 오로빈도 아쉬람으로 가려고 폰디체리로 가는 중이라고 말하니, 스와미는 "오리빈도 아쉬람은 멋진 곳입니다. 성스러운 곳이지요."라고 말한다.

그가 쪼개 준 코코넛은 맛이 달고 참 시원했다. 노란색 코코넛은 다른 곳에서는 초록색의 일반 코코넛보다 가격도 비싸게 받는 것이다. 아마도 이 코코넛들을 모아두었다가 식사나 간식으로 사용하는 모양이다. 방 한쪽에 노란색, 초록색의 코코넛을 가득 모아놓은 것을 보니 개미처럼 부지런한 나타라자 스와미의 성실함이 느껴졌다. 그의 성실하고 순박한 모습과 검게 탄 구릿빛 얼굴에서 비록 궁벽한 시골의 초야에 머물지만 상록수처럼 푸른 기상과 오로빈도의 고매함, 라마링감의 자애로움이 느껴져 왔다. 나타라자 스와미의 따뜻한 환대에 나그네의 마음은 평화롭고, 메듀굿팜의 밤은 깊어만 갔다.

다음날, 오전 눈을 뜨니 해는 이미 중천에 떠 있다. 방을 나와 다시 싯디 발라감 템플로 가니, 영원히 꺼지지 않는 신성한 등불은 내가 잠든 그 밤에도 꺼지지 않고 타올라 가녀린 춤을 추고 있다. 홀 안에는 몇 명의 사두와 순례객들이 무언가를 읊조리며 명상 중이다. 신성한 등불이 있는 벽 위에는 커다란 필체로 라마링감이 남겼다는 만트라가 적혀 있다

아룻 페럼 조디 (Arutperum Jothi)
아룻 페럼 조디 (Arutperum Jothi)
타니 페럼 카루나이 (Thanipperum Karunai)
아룻 페럼 조디 (Arutperum Jothi)

라마링감은 우주의 절대자며 존재의 참된 실재인 신의 본성을 광대무변의 신성한 빛으로 받아들였다고 한다. 그것은 무한한 사랑의 빛이며, 지혜이며, 지고의 순수한 절대의식이다. 진정한 실체이자 유일자인 신성한

빛은 모든 만물을 움직이는 동인이자 근본원인이다. 그리하여 라마링감은 그 상징으로 꺼지지 않는 호롱불을 밝히고, 신성한 빛에 대해 명상하고 빛의 만트라인 아룻 페럼 조디 (Arut perum Jothi) 만트라를 전했다고 한다. 누구든지 이 신성한 등불 앞에서 빛의 만트라를 외우며 명상을 한다면 지고한 분의 큰 은총을 받을 수 있다고 한다. 그래서 그런지 이곳을 찾는 순례객들은 만트라를 외우며 명상에 열심인 모양이다.

벽을 따라 눈을 돌리니, 라마링감이 빛으로 변해 사라졌다는 100년도 넘은 지역 신문의 신문 기사 내용이 적혀 있다. 그 글을 대충 읽다가 끝부분에 가서 눈이 고정된다.

"나는 아룻 페럼 조디(지고의 신성한 빛, 즉 신)의 허여를 받아 결코 파괴할 수 없는 불사(不死)의 몸을 얻었다!"

불사의 몸을, 불사의 육체를 얻다니........놀라운, 믿기지 않는 말이다. 그렇지만 팔 빤디안 선생의 책에서는 그가 이룬 업적에 대해 이렇게 기술하고 있다.

"그는 인간의 육체적인 몸을 무 흠결의 순수한 몸인 슛다 데하로 변형시켰고, 그 미묘한 몸을 다시 최초의 소리의 몸 -음질체-로 바꾸었다. 그리고는 지혜의 몸인 야나 데하를 이루었으며, 마침내 빛의 몸인 올리 우담부(Oli Udambu)를 이루었다." 그리고 그는 시를 남겨 신성한 빛을 찬미한다.

"오, 신성한 빛이여!
당신은 나로 하여금 싯다스 중에서도
위대한 싯다가 되게 했으니,
모든 싯다들이 나에 대해 놀라워하며 칭송합니다."

불사의 몸을 얻었다는 라마링감의 확신에 찬 선언의 의미를 속으로 새기며 라마링감이 명상하던 방 앞으로 간다. 라마링감이 빛으로 변해 사라진 방 앞에는 사두들과 순례객 몇 명이 앉아 명상 중이다. 지그시 눈을 감고 명상에 든 사두와 순례객을 보니 갑자기 구도자의 열정과 진지함, 신성한 아름다움이 어떤 것인지를 느낄 것도 같았다. 나도 외따로 그들처럼 가만히 앉아본다. 푸른 하늘이 보이는 열린 지붕 위에서는 몇 줄기의 밝은 햇살이 내려 비추고, 정원의 나무 위에선 새소리가 들려온다. 고요한 가운데 정신은 맑아오고, 숨소리도 잦아든다. 감각도 멈추고, 프라나도 멈출 즈음, 오직 맑은 느낌만이, 투명한 눈빛만이 남아 있다. 이윽고, 눈을 크게 뜨고 고개를 들어 정면을 바라보니, 라마링감이 사라진 방 문설주에 놓인 자스민 꽃잎이 보인다. 하얀색 꽃잎에 한줄기 밝은 햇살이 서려 있다.

"오, 세상 사람들이여,
 어서 오시오. 여러분도 불사(不死)의 생(生)을 이룰 수 있으니,
 과장도 아니고 거짓도 아닌,
 진실을 말하노니,
 엄숙한 진실만을 말하노니
 와서 나와 함께
 황금의 전당,
 신성한 지혜의 전당으로 갑시다."

그가 그토록 사랑하고 연민을 가졌던 세상 사람들을 위한 라마링감의 시를 음미하며 라마링감 아쉬람을 떠나온다.

*아룻 페럼 조디 (Arut perum Jothi) 는 신성한 빛의 지극한 은총, 혹은 신성한 빛의 무한한 은총으로 해석할 수 있다. 즉 무한한 신의 빛으로 볼 수 있을 듯하다.
*라마링감의 시는 팔 빤디안(Pal Pandian) 선생의 'Siddhas, Masters of the Basics'에서 인용함.

불사의 몸을 얻었다는 싯다 라마링감

빠띠나따르 사마디 코일

싯다 빠띠나따르(Pattinathar)를 모신 코일(Koil, Kovil 사원)은 첸나이 외곽의 변두리에 있었다. 티루반나말라이에서 우연히 만난 싯다 팔 빤디안 선생님께서 주신 책에서 읽고 어떤 곳인지 직접 확인 하고 싶었다. 첸나이 마리나 비치 근처에 숙소를 잡고 주변 사람들에게 빠띠나따르에 대해서 묻는다. 그런데 숙소 주변의 사람들에게 물어도 대부분 모르고 있었다. 다행히 어느 작은 여행사의 연세 지긋한 사장이 알고 있어 가는 방법을 전해 듣는다.

"빠띠나따르라는 분에 대해서 알고 계십니까?"
"예? 빠띠나따르요? 그 분은 어떻게 알게 되었습니까? 외국인이라면 알기 힘든 분인데……"
"어떤 책을 통해 우연히 알게 되었습니다. 책에는 티루와트리유르라고 적혀 있던데, 그곳에 사마디 코일이 있다고 해서 가보려고 합니다. 빠띠나따르는 어떤 분인지요?"
"참 훌륭한 분이지요. 위대한 싯다였습니다. 템플은 작은 곳이지만 찾는 이들이 많습니다. 그곳에 가면 늘 은총이 있는 곳이지요. 그분의 링감이 영험하다고들 합니다."
"사장님은 그곳에 가보셨는지요?"
"예 물론이죠. 저는 해마다 몇 번씩 방문한답니다. 외국분이 이렇게 먼 나라에서 오셔서 인도의 신성한 곳을 찾으시다니 대견하십니다. 그곳에 가는 방법을 알려드리지요."라며 메모지를 꺼내어 친절히 뭐라고 쓴다. 내미는 메모지 위에는 영어와 타밀어가 함께 적혀있다.
"여기 경기장 바로 앞에 그곳으로 가는 버스가 있습니다. 그걸 타고 가시면 됩니다. 잘 모르시면 버스 차장에게 이 메모지를 보여주세요."라며 친절히도 버스 번호며 내리는 곳을 설명해 준다. 많은 경우 인도인들이 성가실 때가 있지만 가끔 그들의 맘에 드는 사람을 만나면 과도하게 친절을 베푸는 경우도 있다. 이번의 친절은 아마도 빠띠나따르 사마디 코일에 가려는 나의 동기 자체가 그의 맘에 든 모양이다.

그의 설명대로 버스를 갈아타며 물어물어 간다. 코일이 있다는 버스 정류장에 내려 근처의 찻집에서 커피를 한잔하고 다시 빠띠나따르 코일이 어디 있냐고 묻는다. 그러자 찻집 주인은 "이 옆의 골목길을 따라 계속 가면 해변이 나옵니다. 그 근처에 템플이 있습니다. 아차합니다.(좋습니다.)"라고 말한다.
찻집 주인이 가르키는 대로 좁은 골목길을 따라 걸어간다. 골목길 양편으로 주택들이 늘어서 있고, 중간쯤에 작은 힌두 사원이 하나 있다. 그런데 골목길을 다 통과하자 해변은커녕 2차선의 도로 위에는 대형 트레일러들만 가득하다. '어라 골목길을 잘못 고른건가? 그렇지만 바닷바람이 불어오니 트레일러들 너머 어디쯤에 해변이 있겠지' 하며 계속 걸어간다.

그러나 트레일러들 사이를 통과해 길을 따라 가도 코일의 모습은 보이지 않는다. 왔던 길을 다시 되돌아가며 한참을 헤맨다. 다행히 현지인에게 물어 다시 되돌아가는 길에 작은 표지판을 발견한다. 그 표지를 따라 몇 발짝 움직이자 철로 된 커다란 대문 위에 사탕수수를 한 손에 쥐고 늠름하게 서 있는 빠띠나따르의 모습이 있다. 안으로 들어가니 대형 화물차들이 주차되어 있고, 주변에는 비닐봉지며 쓰레기들이 날리고 있다. 지난 2004년 인도네시아 해역에서 발생해서 동남아, 인도를 휩쓴 거대 쓰나미의 흔적이다. 주차된 차들 옆으로 하얀색 담장에 빨간 기와를 얹은 작은 코일이 보인다.

 코일 안에는 눈이 퀭하게 마른 스와미가 웃통을 벗은 채로 법당을 청소하는 중이었다. 잠시 인사하고 코일 안을 살펴본다. 서너 평 남짓의 작은 사원 안에는 중간에 빠띠나따르의 링감이 모셔져 있고, 그 앞에는 검은 소 난디가 시좌하고 있다. 벽에는 사탕수수를 손에 쥔 빠띠나따르의 얼굴이 그려진 달력이 붙어져 있다. 법당 바닥을 물청소 하는 중이라 밖으로 나와 입구의 시멘트 바닥에 앉는다. 코일 입구는 우리나라의 작은 암자처럼 나무로 서까래를 만들었고, 벽 위에는 빠띠나따르를 그린 벽화가 있다. 연한 노란색의 페인트로 한손에 사탕수수 줄기를 쥔 빠띠나따르, 양쪽에는 두 손을 모은 참배객을 그려놓았다. 코일 앞마당에는 커다란 나무들이 몇 그루 자라고 있고 바닥은 해변처럼 해변의 모래 바닥이다. 잠시 앉아 있는 사이에 사리를 입은 검은 얼굴의 인도 아낙들이 들어온다. 그들은 두 손을 모아 절을 하고, 향을 사른다. 그것을 지켜보는 사이 나에게도 뭔가 강한 끌림이 느껴진다. 무엇일까? 미나찌 여신의 성소 같은 강한 자력은 아니지만, 잔잔한 물결 위에 반짝반짝 빛나는 햇살처럼 무언가가 반짝반짝 빛나며 다가오는 느낌이다. 신기하다.

타밀나두 지역에 전해 오는 이야기에 따르면 빠띠나따르는 무역에 종사하는 수완 좋은 상인이었다고 한다. 그러나 나이가 들도록 자식이 없어서 고민이었다. 그러던 어느 날 꿈에서 어느 브라만 부부로부터 아들을 얻는 꿈을 꾼다. 빠띠나따르 부부는 아기를 얻기 위해 순례를 가는 중, 실제로 꿈에서 본 것처럼 나무 아래에서 갓난아기를 안고 울고 있는 브라만 부부를 만나게 되었다. 브라만 부부는 다가와 시바신께서 꿈에 나타난 이야기와 사정을 이야기하며 아기를 데려가 줄 것을 부탁했다. 그들의 딱한 사정을 들은 빠띠나따르는 신의 뜻으로 알고 아기를 데려와 키운다. 그날 이후로 아기는 무럭무럭 자랐으나, 어릴 때부터 학교 공부나 세속적인 일에는 무관심하였다. 그렇지만 장성하여서는 빠띠나따르의 사업을 돕게 되었다.

그러던 어느 날, 장성한 아들은 아버지 대신으로 다른 나라에 진주를 다른 보석들과 바꾸는 무역을 하러 가게 되었다. 그런데 몇 달 후, 아들이 돌아왔을 때 배 안에 가득한 자루에는 소똥들뿐이지 않은가! 실망한 빠띠나따르는 화를 내며 소똥을 바닥에 던졌다. 그러자 마른 소똥 속에서 귀하고 값비싼 보석들이 수없이 쏟아지는 것이 아닌가! 성급한 맘에 화를 낸 빠띠나따르는 후회에 잠기지만, 아들은 차분한 목소리로 "이것들보다 더 귀한 것이 들어 있습니다."라며 작은 상자를 내밀고 사라진다. 빠띠나따르가 상자를 열자 상자 속에는 야자수 잎으로 만든 작은 종이와 실을 꿸 귀가 없는 바늘이 들어 있었다. 종이에는 "심지어 귀 없는 바늘조차도 생의 마지막 날에는 뒤쫓아 갈 것입니다."라고 적혀 있었다. 그것을 보자 빠띠나따르는 즉시 그 의미를 알고 세속적인 삶에 집착한 자기 모습을 돌아보고, 세속적인 삶의 덧없음을 깨닫는다. 그리고 후회하며 아들을 찾아 나선다. 그러나 아들의 모습은 그 어디에도 없었다. 그날 이후 빠띠나따르는 세상을 떠나 수행자로 살게 된다. 세상을 떠나 은둔 수행자가 된 이후 빠띠나따르의 생은 숭고하게 변하였다고 한다. 그는 걸식을 하며 방랑했으며, 신을 찬미하고 세상사의 덧없음을 노래했다. 특히 철학적이고 어려운 주제를 보통의 서민들이 이해하기 쉽게 노래해 서민들의 사랑을 많이 받았다고 한다.

그러던 어느 날 그는 첸나이 바닷가를 거닐다 근처 마을 어부들의 아이들과 어울려 숨바꼭질을 하게 된다. 숨을 차례가 되자 빠띠나따르는 사탕수수로 만든 바구니 안으로 숨는다. 그런데 마을 소년들이 바구니를 들추자 놀랍게도 거기에는 시바링감이 하나 서 있는 게 아닌가? 빠띠나따르의 흔적은 그 어디에도 없고 링감만이 있게 되자, 마을 사람들은 이 신성한 링감을 모시고 빠띠나따르 코일을 세우게 된다. 이것이 빠띠나따르 사마디 코일의 유래이다.

코일을 살피다가 입구에 그려진 벽화에 다시 눈이 멈춘다. 한 손에 사탕수수를 쥐고 흰색 천 조각만으로 몸을 가린 빠띠나따르, 코일 안의 달력에도 사탕수수를 쥔 모습이 선명하다. '저 사탕수수를 쥐고 있는 까닭은 무엇일까?'라는 의문이 들어 마침 방문한 한 청년에게 묻는다.
"빠띠나따르 손에 쥔 사탕수수의 의미는 무엇이죠?"
"그것은 시바신께서 주신 거랍니다. 방랑하던 어느 때 시바께서 나타나셔서 저 사탕수수를 주었다고 합니다. 아직 덜 익어 쓴 사탕수수가 달콤하게 바뀔 때가 되면 깨달음을 얻게 된다고 말하면서요."
"그렇습니까? 시바신께서 주셔서 저렇게 쥐고 있군요."
"예. 그렇습니다. 빠띠나따르의 깨달음을 의미하는 것이지요. 그리고 그 깨달음과 사랑을 구하는 이들에게 나누어 주겠다는 것을 상징하는 것입니다."

 청년의 친절한 설명에 사탕수수를 쥐고 있는 이유를 알게 되어 기뻤다. 사실 인도를 돌아다니다 보면 수많은 신들과 그 신들이 가지고 있는 물건이 무엇을 의미하는지 참 궁금했었다. 더군다나 국회의원을 뽑는 투표를 할 때도 각 정당이나 후보들은 그들만의 상징을 나타내는 그림이나 동물, 나무, 표식 등을 하니 말이다. 처음에는 인도에 글을 못 읽는 사람들이 많아서 그런가했지만 청년의 말을 듣고 보니 다 이유가 있었던 것이다. 그림 하나에도 다 이유가 있는 법, 그 그림이나 상징의 의미를 알아간다면 인도를 더 잘 이해하리라 생각하며 소박한 빠띠나따르의 코일을 나온다.

 아마도 그는 가난한 이들의 친구였던 모양이다. 가난하고 괄시받는 이들의 곁에 있고자 그는 이곳을 택했는지도 모른다. 그래서 그의 사마디 코일에는 근처의 가난한 어부들, 농부들, 서민들의 발길이 끊이지 않는다고 한다.
 어쩌면 빛은 낮은 곳으로부터 빛난다는 그 말이 사실인지도 모를 일이다.

*빠띠나따르의 일화는 팔 빤디안(Pal Pandian) 선생님의 'Siddhas, Masters of the Basics'에서 인용함.

위대한 연금술사 싯다 보가르

"한 알의 영약을 먹고 나는 세계의 여덟 방향으로 여행했다네.
나는 첩첩한 산맥들을 보았고
금광으로 빛나는 평원을 보았네.
구리광이 넘치는 광산들을 보았고
또 나는 푸른 산들과 끝없는 언덕들을 보았네.
중국인들의 땅에서 놀라운 것들을 목격했고,
카일라스 산과 그 너머 붉은 언덕들도 보았다네.
장엄한 메루산을 보았고 그곳에서 싯다 로마 리쉬도 만났다네
그분에게서 모든 비밀들을 배웠으니,
그리하여 모든 학문들의 비전을 드러내고자
또 다른 한 알의 영약을 먹고 중국으로 날아가 그곳에서 머물렀다네."

싯다스의 전통에 따르면 보가르는 위대한 연금술사였으며, 위대한 싯다로 존경받는 수행자이다. 그의 가르침은 수 천 년이 지난 지금까지도 비밀리에 면면이 전수되고 있다고 하며 그리하여 그는 싯다 전통을 대표하

는 18인의 싯다에도 빠지지 않고 포함되는 수행자이다. 특히 그는 신비한 약초와 광물질로 영약을 만들었으며, 그것을 복용하고 하늘을 날아서 세계를 여행했다고 한다. 유럽의 로마도 방문했으며, 멀고 먼 카일라스 산을 비롯 그 너머 중국에까지 여행했다고 한다. 윗글은 그가 남긴 보가르 삽타칸담에 나오는 그의 여행을 묘사한 부분이다.

대개 어느 나라, 어느 민족이던지 이러한 신비한 여행담이나 모험담은 있기 마련이다. 인도 또한 이런 유의 이야기들이 넘치고 넘치는 곳이 아니겠는가? 거기다가 살아 있는 신들과 신화들이 아직도 숨 쉬고 있는 곳이 바로 인도라서 처음 보가르의 이야기를 접하고선 그러려니 했다. 그렇지만 다른 경우와는 달리 보가르의 경우에는 이상하게 끌림이 있었다. 그의 외모 때문이었을까? 남인도의 거리에서 볼 수 있는 사진 속의 보가르는 인도인이라기보다는 차라리 도교의 신선 같은, 한국의 산신 같은 풍모를 하고 있었다. 그래서 이번에도 끌림을 따라 보가르의 흔적을 찾아 길을 나섰다.

싯다 보가르가 노년의 마지막 생을 마쳤다는 곳은 마두라이에서 서너 시간 거리에 있는 팔라니(Palani)이다. 인도 친구들의 조언을 받아 먼저 남인도의 고도 마두라이로 향했다. 늦은 밤에 도착한 마두라이는 내 예상과는 달리 거리의 가로등이 환히 비추고 있었다. 밤 12시가 넘은 늦은 시각이었지만 시외버스 터미널에는 사람들로 북적이고 거리에는 시내버스가 분주히 왕래하고 있었다. 팔라니로 가기 위해선 올드 버스스탠드로 가야한다. 새로 만든 뉴 버스스탠드에서 시티버스(시내버스)를 타고 한 이 십 여분 가니 팔라니행 버스가 서는 올드 버스스탠드가 나온다. 한 시간 정도를 기다려 팔라니행 버스에 오른다. 팔라니는 무르간 템플로 유명한 곳이라 사시사철 순례자들이 넘치는 곳이다. 그래서 교통편도 거의 하루 종일 끊김이 없다고 한다. 야간버스를 타는 것은 이미 익숙해진 탓이라 로컬버스의 비좁은 좌석에 최대한 편하게 앉아 다가올 팔라니의 모습을 생각하며 휴식을 취한다. 몇 시간이 지났을까 버스는 깜깜한 밤길을 달려 마침내 팔라니에 도착한다. 하늘은 이미 밝아 아침의 시원한 서기가 대지를 드리우고 나지막한 팔라니 시가지들은 그 모습을 드러내고 있다. 터미널을 나와 고개를 들자 눈앞에 보이는 커다랗고 우뚝한 산. 그 산의 정상에 무르간 템플이 있고, 거기에 싯다 보가르의 사마디 쉬린이 있다. 아침 햇살에 서서히 위용을 드러내는 산과 산 정상의 사원 건물은 이때까지 보지 못한 특이하고 위엄 있는 모습이다. 터미널 근처에 숙소를 정하고 잠시 휴식을 취한 후 무르간 템플과 보가르 사마디 쉬린을 답사하기로 한다.

몇 시간 잠을 자고 다시 눈을 뜨니 밖은 온통 훤한 햇살이 가득하다. 간단히 요기를 하고 팔리니의 센터인 산 정상 무르간 템플로 향한다. 정상으로 가기 위해선 걸어서 가는 방법과 케이블카를 타고 가는 법 그리고 산악용 기차처럼 생긴 윈치카를 타는 방법이 있다. 걸어서 가려다 케이블카를 타는 것이 경관을 구경하기도 좋을 듯하여 산 왼쪽의 둘레길을 돌아 케이블카를 탄다. 말끔하고 단정한 신식 케이블카에 오르니 고도가 높아질수록 팔라니힐 주변의 경관이 한눈에 들어온다. 초록의 평원에 지평선을 이루고 있는 산맥들, 그 한 가운데 우뚝 솟아 있는 팔라니힐의 멋진 풍광은 그야말로 장관이다. 산 정상에 도착하니 사면으로 보이는 팔라니 지역의 모습은 참 평화롭고 아늑하게 보인다. 지평선 아득한 곳에는 높디높은 산들이 있고, 그 아래 분지의 평원들, 그 중간에 우뚝 솟은 팔라니힐은 누가 봐도 명당에 해당할 것이다. 어쩌면 링감의 형상처럼 평원 가운데 볼록 솟은 팔라니산은 이 자체로 링감을 상징한다고 볼 수 있지 않을까? 그래서 그런지 이 곳 사람들은 이 산을 시바기리 즉 시바의 산이라고 부르기도 한다. 멀리 보이는 높은 산들도 그 위용이 멋지고 늠름하다. 아마도 인도의 옛 선인들도 혜안이 있었던 모양이다. 이렇게 좋은 위치에 그들의 가장 소중한 사원을 건설했으니 말이다.

산 정상에는 산 아래서 보았던 것보다 훨씬 넓고 평평한 공간이 있고 거기에 석조의 고색창연한 무르간 템플이 있다. 사원 앞에는 청록색의 사리를 입은 순례자들이 보인다. 그들과 함께 템플 안으로 들어가 다르샨을 기다린다. 이곳 무르간 템플은 시바신의 아들인 무르간을 모신 사원으로 특이한 것은 스님처럼 머리를 박박 깎은 모습에 지팡이를 쥐고 있는 고행자의 모습을 한 무르간 신상이 특징이라고 한다. 이 신상이 바로 연금술의 대가 싯다 보가르가 병으로 고통 받는 인류를 위하여 아홉 가지의 독성이 있는 물질을 합성하여 만들었다는 신상이다. 마치 불교의 약사여래불처럼 이 신상은 병으로 고통 받는 이들에게는 만병통치약 같은 효과를 지녔다고 하며 많은 이들이 우유나 음료를 부어(아비세감 의식) 그 물을 마시거나 바름으로 병을 치료한다고 한다. 그래서 그런지 이곳을 찾은 순례객들의 머리에는 우유나 물을 넣은 물동이를 이고 있는 사람들이 많이 보인다. 또 신상처럼 머리를 박박 깎은 사람들도 자주 보인다. 머리칼을 자른다는 것은 세상의 모든 것을 버리는 혹은 세속적인 욕망을 버리는 것을 상징한다고 하며, 그렇게 자기의 모든 것을 버릴 때 진정한 신을 만나고 지혜를 얻는다는 것이다.

여기 무르간 사원도 다른 오래된 사원들처럼 어떤 신성함과 경건함이 살아 있는 듯하다. 지성소 앞에 서자 나에게도 어떤 신의 은총이 내려오는 것만 같다. 소박하고 신실한 인도인들과 함께 있어서일까? 그들의 눈에 보이지 않는 마음의 파동이 나에게 전이된 것일까? 마치 전기에 합선된 듯 찌릿찌릿한 느낌이 내 머리를 관통한다. 그 느낌을 오래도록 느껴보고 싶었지만 밀려오는 참배객들에게 떠밀려 바깥으로 나온다.

 성소 바깥에는 돌로 된 회랑이 있고 사람들은 그 아래 여기저기 앉아 가져온 음식을 나누거나 휴식을 취하고 있다. 그 회랑 우측에 싯다 보가르의 사마디 쉬린이 있다. 쉬린 정면에는 덥수룩한 수염에 가부좌를 틀고 앉아 삼매에 빠져 있는 보가르의 동상이 있고, 벽에는 선한 얼굴에 책을 들고 있는 보가르의 벽화가 있다. 페인트로 칠한 벽화는 왠지 정감 있게 느껴진다.
 어두컴컴한 쉬린 안으로 한 발짝 들어서니 벽에는 온통 보가르의 일생을 그린 벽화가 재미있게 그려져 있다. 그중에 인상 깊은 그림 하나는 보가르가 우주에 둥둥 떠서 지구를 바라보고 있는 그림이다. 하늘을 날아 지구를 여행했다는 보가르의 모습을 그린 것으로 마치 만화처럼 그려져서 조금은 신비스럽기도 하고 우스꽝스럽기도 했다.
 벽화들이 그려진 곳을 통과하자 드디어 보가르 사마디 성소가 나온다. 어두컴컴한 벽면 한 곳, 은으로 만든 제단 위에 초록색의 에메랄드 링감이 촛불에 빛나고 있다. 한 삼십여 센티 정도 될까? 신기한 초록의 에메랄드 링감. 에메랄드로 만든 불상은 본 적이 있지만 이렇게 에메랄드로 만든 링감을 이렇게 가까이서 보기는 처음이다. 링감 앞에 서자 스와미는 나에게 링감을 살짝 만질 수 있게 기회를 준다. 차고 시원한 느낌이 든다. 스와미에게 보가르의 쉬린이 어디냐고 묻자 그는 은색의 제단 아래를 가리킨다.

'아, 이 은으로 만든 제단 바로 아래가 보가르가 아직도 죽지 않고 불사의 몸으로 명상하고 있다는 곳이구나!'

 제자들의 입을 통하여 전해 오는 이야기에 따르면 보가르는 그의 생을 마칠 때가 되자 이 에메랄드 링감 아래에 동굴을 만들어 그 속으로 들어갔다고 한다. 동굴의 입구는 천연의 큰 바위로 봉한 채로, 그날 이후로부터 지금까지 그 봉인은 열리지 않았고 사람들은 보가르가 죽음을 넘어서는 최극의 삼매를 이루었으며 아직도 이 동굴 속에서 명상을 하며 인류를 위해 기도하고 있다고 믿고 있다. 그래서 그런지 사원을 찾는 사람들은 무르간 신상과 더불어 보가르 쉬린을 필수로 방문하며, 상식적으로 믿기 힘든 보가르의 전설을 마치 생생한 사실처럼 믿어 의심치 않는다.
 어쩌면 이것은 보가르가 만들었다는 무르간 신상의 신비한 느낌 때문은 아닐까? 보이진 않지만 느껴져 오는 그 무엇. 그것을 느낀 사람들은 이 신상의 영험함을 믿듯 보가르 역시도 신성한 존재로 받아들이고 그의 동화 같은 이야기도 당연하게 받아들이는 것은 아닐까? 어쨌든 신심 깊은 인도인들에게는 신화나 전설 속의 신이나 성자들은 신화 속의 존재만이 아니라 진짜 이 현실에서 실제로 존재(存在)하는 것이며, 현존(現存)하는 것이다.

 템플을 둘러보고 다시 케이블카를 타고 내려오는 길, 마음에 여전히 남는 것 하나가 떠오른다. 그것은 보가르가 행한 연금술이나 수행법이 도교의 신선술 등에서 사용하는 방법과 아주 유사하다는 생각이다. 특히 약초나 광물질을 이용한 연금술은 약초 등으로 외단(外丹)을 만들어 수행과 건강장수에 사용했다는 도교의 비술과도 상응하고 카야칼파(Kayakalpa)라는 행법은 도교나 단학(丹學)에서 내단(內丹)을 만드는 방법과 비슷하다는 생각이다.

 또 보가르를 묘사한 그림에서도 일반적인 인도인과는 다른 느낌이 나는데 일설에는 그가 중국이 고향이라는 설부터 태생은 인도인이지만 중국에서 공부했다는 설 , 중국인 스승으로부터 배웠다는 설, 심지어는 도교의 노자가 보가르 자신이라는 주장까지 있다. 어쨌든 분명한 것은 보가르가 중국과 관련이 있다는 것에 대체로 동의하는 모양이다.

 만약 보가르가 도교의 신선술을 익혔다면 그는 진짜 신선처럼 혹은 산신처럼 아직도 살아 있는 것은 아닐까? 저 팔리니 돌산 아래 은둔의 동굴 속에서 말이다.

치땀바람 사원과 나타라자의 전설

　와달루의 라마링감 사원을 방문하고 춤추는 시바신의 전설이 깃든 치땀바람으로 향했다. 치땀바람(Chidambaram)은 와달루에서 두어 시간 거리의 멀지 않는 곳에 있는 작은 소도시로 전설에 따르면 아득한 태고적 우주가 탄생할 때에 시바신이 몸소 현현하여 나타나, 그의 우주적인 춤인 탄다바(Tandava)를 추었다는 곳이다. 그래서 춤추는 시바신을 춤추는 신 나타라자(Nataraja)로 부르고 있다. 실제로 치땀바람 사원은 시바신을 주신으로 모신 사원으로 사원의 제일 깊은 성소인 나타라자 템플에 춤추는 시바신의 형상인 나타라자를 모시고 있다. 거기다가 치땀바람은 시바신을 따르는 시바종파(Shaivism)의 성지이며, 또 싯다들의 전설이 깃든 곳이기도 하다.

　와달루를 출발한 로컬버스는 몇 군데의 작은 마을을 거쳐 치땀바람에 도착했다. 친절하게도 버스 운전수는 치땀바람 사원 정문 바로 앞에 우리를 내려놓고 간다. 아마도 와달루의 릭샤 운전수 샹카가 우리를 걱정해서 기사에게 당부한 모양이다. 사원임을 알리는 커다란 고푸람을 향해 발길을 옮기자 길가에는 기념품을 파는 가게들과 순례객들에게 연꽃을 파는 상인들이 보인다. 대나무 바구니 속에 차곡차곡 쌓여진 연꽃 송이들은 흰색, 연분홍색으로 참으로 예쁘다. 나도 흰색과 분홍색으로 몇 송이를 고른다. 꽃 파는 할머니는 내가 고른 것을 한 손에 쥐고 다른 한 손으로 꽃송이 끝을 탁탁 치니, 봉오리로 있던 연꽃이 마치 마술처럼 1초 사이에 활짝 피어난다. 바로 눈앞에서 아직 덜 핀 연꽃 봉오리가 활짝 피어나다니 참 신기하다는 감탄이 절로 나온다. 높다란 고푸람의 사원 정문 앞에는 이미 참배를 기다리는 순례객들이 많이 와 있다. 어디 먼 시골에서 단체로 순례를 온 모양인지 똑같은 오렌지 색깔의 사리를 입은 검은 얼굴의 여인들이 수 십여 명 모여 있다. 한낮의 더운 열기에 서서히 지쳐갈 무렵, 드디어 흰색의 승복을 입은 스와미들이 나타나 문을 열고 안으로 입장한다.

치땀바람 사원은 남인도의 전형적인 사원들처럼 높게 솟아난 고푸람들과 기다란 회랑, 넓은 경내 마당, 신들을 모신 템플과 부속 건물들로 구성되어 있다. 인도인들과 함께 천 개의 기둥으로 지어졌다는 기다란 회랑을 통과한다. 이 긴 회랑은 만타팜이라고 불리는데 사원을 참배하는 사람들이 쉬거나 수련도 하고 공부도 하는 곳이라고 한다. 축제 때가 되면 숙소를 못 잡은 참배객들은 이곳에서 숙박을 하기도 한다. 기둥은 화강암을 깎아 거기에 정교한 조각을 새겼고, 천장에는 넓은 화강암 널판으로 올려놓았다. 그 화강암의 천장에는 둥근 만다라며, 꽃 모양으로 온갖 상징들이 형형색색 화려하게 그려져 있다.

이렇게 천 개의 기둥을 세운 회랑을 사원에 배치한 이유는 아마도 인도의 더운 날씨 때문은 아니었을까? 더운 날씨를 피하여 경전 공부도 하고, 모임도 갖고. 그러나 천 개의 기둥을 세운 원래의 이유는 쿤달리니요가에서 말하는 사하스라라 차크라를 상징하여 만들었다고 한다. 우리 몸의 두뇌부에 해당하는 사하스라라 차크라에 만물에 존재하는 우주적인 힘인 샤크티의 변용인 쿤달리니가 상승하여 도달하면 진정한 깨달음이 온다고 한다. 즉 천 개의 기둥은 천 개의 꽃잎을 지닌 사하스라라 차크라를 상징하고 나아가서 진정한 축복, 진정한 지혜인 깨달음을 나타낸다고 한다. 그리하여 남인도의 대부분 큰 사원에서는 이렇게 천 개의 기둥으로 만든 긴 회랑이 있고, 또 가장 중요한 중심의 위치에는 우주의 창조자인 신상을 모셔 놓고 있다. 즉 사원의 거대한 건축물 그 자체가 하나의 만다라이며 얀트라인 것이다.

어둡고 긴 회랑을 통과하며 사원의 여기저기를 둘러보고 치땀바람 사원의 가장 중심에 있는 나타라자 템플로 향한다. 나타라자 템플은 치땀바람 사원의 가장 신성한 장소로 황금으로 도금한 지붕으로 유명하며, 춤추는 시바를 묘사한 나타라자 신상을 모시고 있다. 사람들을 따라 나타라자 템플 앞으로 가니 높다란 단상 같은 곳에서 웃통을 벗은 스와미가 참배객들의 꽃과 과일을 받아 축복을 하고 있다. 그 스와미 뒤로 나타라자의 황홀한 모습이 얼핏 보인다. 나도 연꽃을 스와미에게 건네니 내 이마에 시바신을 상징하는 회색의 비부티(신성한 재, 틸락)를 찍어준다.

그런데 다르샨이 끝난 사람들은 가지 않고 신상 앞에서 무언가를 느끼는 중인 듯 조용히 기다리고 있다. 무엇 때문일까?

나도 사람들을 따라 가만히 있어 보니 나타라자 신상으로 부터 무언가가 방사되어 나오는 것이 아닌가! 마치 해질녘 강가(Ganga)의 물결에 햇살이 반사되어 빛나듯 금빛, 은빛의 물결들이 잔잔히 다가오는 것 같다. 그제서야 사람들이 무언가를 기다리듯, 느끼듯 서 있는 이유를 직감한다.

 이 알 수 없는 물결을 느끼고 있을 때, 이마에 붉은색 물감을 칠한 커다란 덩치의 스와미가 나타라자 템플 옆 무르간을 모신 성소의 커다랗고 육중한 문을 연다. 문이 열리자 거기서 시원한 바람이 확 밀려나온다. 바깥의 공기와 다른 밀도의 시원한 바람은 일순간 내 머리를 관통하고 지나간다.

 엇! 이것은 또 무엇일까?

 바람을 타고 온 무언가가 연기처럼, 안개처럼 피어난다. 정신을 가다듬고 찬찬히 느껴보니 이곳에서도 무언가가 흘러나오고 있지 않은가!

 착각일까? 환상일까? 참 신기한 것이 무르간 신상이나 나타라자 신상의 느낌이 다르게 느껴진다는 것이다. 왜일까? 왜일까? 이곳에는 진짜 신들이 있다는 말인가?

 전설에 따르면 태초에 시바신이 여기 치땀바람에서 현묘한 탄다바춤을 추며 우주를 창조했다. 그의 춤사위 한 번에 우주는 경이롭게 창조되었고, 또 유지되고 소멸되었다. 그의 현묘한 탄다바춤은 무한의 우주를 끝없는 창조와 유지와 소멸을 가능케 하는 신비의 춤이었다. 특히 그는 신실한 수행자들에게 직접 자신을 드러내 현현했다고 한다. 이러한 전설을 바탕으로 수천 년 전에 치땀바람 사원이 세워지게 되고 우주의 창조와 유지, 소멸을 상징하는 나타라자 신상이 청동으로 제작되어 모셔지게 되었다고 한다. 그래서인지 춤추는 시바신을 나타내는 나타라자의 조각이나 청동상은 여기 치땀바람 사원이 그 기원이라고 한다. 특히 동쪽의 고푸람에는 춤추는 시바신의 108개 다른 모습이 새겨져 있다.

 또 전해 오는 이야기에 따르면 어느 때인가 요가의 경전 요가수트라

(Yogasutra)를 지은 파탄잘리와 싯다들의 경전인 티루만띠람을 지은 티루물라르, 싯다 비야그라파따르가 이곳 나타라자 템플에서 열심히 수행하고 있었다고 한다. 이들 세 명의 싯다들은 수년 동안의 요가 수련을 통해 요가의 최극에 이르렀으며 그 순간 세 명의 눈앞에 우주적인 춤을 추는 나타라자가 현현했다고 한다. 그들은 이 현묘한 비전을 통해 깊은 감명을 받았고 신의 무한한 사랑과 완전함을 체험했다고 한다. 이 성스러운 목격 이후 이들은 각자의 해야 할 바를 위해 길을 떠났다고 하는데 그 중에 티루물라르는 빛으로 화해 치담바람 사원의 나타라자 신상으로 안으로 사라져버렸다고 한다. 그래서인지 치담바람 사원은 전통적으로 싯다들과 시바신자들에게 성지로 알려져 있다

나타라자의 전설과 싯다들의 이야기를 떠올리니 여기 나타라자 템플에서 신기한 느낌이 드는 것도 전혀 이상하진 않다. 특히 싯다들 중의 싯다라고 일컬어지는 티루물라르는 3,000년을 넘게 살았다고 한다. 싯다들의 이야기에 따르면 티루만띠람(Tirumantiram)을 쓴 티루물라르는 시바신의 직계 제자인 난디 데바르의 8명의 제자 중 한 명이었다.
 어느 때 그는 남인도 끝부분의 포띠아산에 거주하는 성자 아가스띠야(타밀 지역에서는 아가띠야로 알려져 있다.)를 만나러 남쪽으로 여행하고 있었다. 그가 띠루바두뚜라이라는 곳에 도착하여 시바 신전에 참배하고 카베리 강둑을 거닐고 있을 때였다. 어디선가 구슬픈 소들의 울음소리가 들려왔다. 울음소리가 들리는 곳으로 다가가 보니 한 무리의 소들이 죽어 있는 목동을 감싸고 있는 것이 아닌가! 한없이 눈물을 흘리며 구슬프게 우는 소들을 보자 현자의 마음에는 깊은 연민과 동정심이 일어났다. 그래서 현자는 요가의 힘을 이용해서 소들을 달래주어야겠다고 생

각하고 그의 육신은 근처 나무속에 남겨두고 목동의 몸으로 들어갔다. 그러자 목동은 눈을 비비며 되살아났고, 울고 있던 소들은 행복에 겨워 즐거워했다.

그 죽어 있던 사람은 근처 마을에서 물란이라고 불리는 목동이었다. 그가 소떼를 이끌고 마을로 돌아가자 물란의 아내가 나타나 물란으로 전이한 현자의 팔을 잡고 반겨하였다. 그러나 물란은 아내를 몰라보고 또 평소와는 다른 행동을 했다. 이상하게 생각한 아내는 마을의 장로들에게 이상해진 남편에 대해 상담했다. 마을의 장로들이 물란을 만나보자, 물란은 목동으로서는 도저히 알 수 없는 해박한 경전들의 지식이며 지혜로운 말을 쏟아냈다. 그래서 마을의 장로들은 목동 물란에게 신의 은총이 내려져 위대한 기적이 일어났다고 결론을 내리고 수행자로 떠나겠다는 물란의 의견에 동의하게 된다. 다음날 현자는 전날의 장소로 가서 숨겨둔 그의 몸을 찾으려고 했다. 그러나 어디를 찾아도 그의 몸을 찾을 수가 없었다. 그 순간 그는 그것이 신의 뜻임을 알고 목동 물란의 몸을 입고 살기로 한다. 그리하여 그는 목동의 이름을 따 티루물라르로 불리게 되었다.

티루물라르는 치땀바람 사원 부근의 커다란 반얀나무 아래에서 깊은 삼매에 잠겼다고 하며 일 년에 한 번씩 눈을 뜨고 시를 지었으니 그것이 바로 싯다들의 지혜의 총람인 티루만띠람이다. 그가 일 년에 한 수씩 지은 것이 3,000수가 넘어 그의 나이도 삼천 살이 넘었다고 한다.

위대한 싯다들과 나타라자의 흔적이 남아 있어서일까? 참배객들의 표정도 사뭇 진지하고 치땀바람 사원의 고색창연한 고푸람은 더욱 높게만 느껴진다.

파탄잘리 무덤에 있는 파탄잘리의 초상

람에스와람 템플과 파탄잘리 사마디 쉬린

깐야꾸마리를 출발한 버스가 람에스와람에 도착한 때는 어둠이 내려앉은 늦은 밤이었다. 스탠드 몇 개의 황량한 버스 터미널에 버스가 정차하자 호객하는 릭샤꾼들이 우르르 몰려온다. 그 중 한 대를 타고 람에스와람의 메인 템플인 라마나따스와미 템플(Ramanathaswamy Temple)로 향한다.

밤의 람에스와람은 낡고 황량한 시골의 느낌이다. 릭샤꾼이 안내한 호텔은 이미 만원이라 오던 길에 보았던 호텔로 향한다. 그런데 이 호텔도 빈방이 없다고 한다. 호텔이나 게스트하우스들도 시설이 낙후함에도 불구하고 객실요금도 싼 것은 아니다. 깐야꾸마리나 다른 관광지보다 훨씬 비싼 느낌이다. 아름다운 바다와 라마야나의 신화가 살아 있는 람에스와람은 남인도의 바라나시로 불리는 힌두 성지라 연중 순례객들로 넘치는 곳이다. 그래서 그런지 방을 구하기도 쉽지 않다. 몇 군데를 찾아다니다가 겨우 방을 구한다. 열대의 더위 속에서 긴 시간 동안 버스를 타고 오느라 몸은 녹초가 되어 이내 잠에 빠진다.

다음날, 눈을 뜨니 해는 이미 중천에 떠 있다. 호텔 숙소를 나오니 왼쪽으로 거대한 고푸람이 높게 서 있다. 근처 찻집에서 남인도향 짙은 커피를 마시고, 늘상 하듯 능숙하게 꾸르따와 도티를 입는다. 사원 정문에 이르러 신발을 벗고 입장한다. 사원 안 매표사무실에서 카메라 수수료를 지급하고 사원 관계자의 권유에 특별 다르샨 표도 산다.

 어두컴컴한 사원 안은 몸에 물을 끼얹은 사람들로 가득하고, 바닥은 미끌미끌 물이 묻어있다. 아마 사원 앞의 해변에 다녀온 사람들이거나 아니면 사원 내의 연못에서 물세례 의식을 받은 사람들일 것이다. 장마철처럼 습하고 눅눅한 회랑들을 지나 사람들을 따라 다르샨 줄을 선다. 길게 늘어선 일반 다르샨 줄과는 달리 일정의 요금을 지불한 특별 다르샨 줄은 조금 짧다. 이 특별 다르샨 표를 산 사람들은 일반 다르샨과는 달리 템플의 성소에 좀 더 가까이 갈 수 있다. 대개 힌두 사원의 신상 참배 줄은 수많은 인파로 인해 몇 시간씩 기다리는 시간이 걸리기 마련이다. 이에 긴 시간을 기다리지 못하는 이들이나, 시간이 촉박한 사람들을 위하여 특별 다르샨이 있는 모양이다. 다르샨 줄을 서 있는 사람들 손에는 큼지막한 코코넛이나 예쁜 꽃들이 들려있다. 신을 향한 그들의 소박한 소망이 들려있는 것이다. 그들의 소망과 바람을 신께 갈구하러 왔을 터.

 내가 선 줄의 사람들이 코코넛을 손에 쥐고 인도인처럼 웃통을 벗고 아래에는 도티를 입은 나에게 어디서 왔느냐고 묻는다. 내가 외국인처럼 보였는가? 나는 지금은 대화하고 싶은 기분은 아니라서 그냥 "아쌈"이라고 짧게 말한다. 인도인들도 인도의 모든 지역을 다 알 수 없거니와, 각 지역마다 언어가 달라서 공용어인 영어나 힌디(힌두어)를 쓰는 경우가 많다. 또 가장 많은 이들이 쓰는 힌디를 모른다고 해도 전혀 이상하지 않은 곳이 바로 인도다. 그래서 아쌈이라고 말하고 웃으며 "람에스와람 아차해"라고 하니 앞뒤에 서 있던 사람들이 모두 웃는다. 사람들은 진짜 내가 아쌈주의 인도인으로 생각한 모양이다. 하기야 아쌈인들은 한국인들과 닮은 사람들이 많은 것이 사실은 사실이다. 때에 따라서는 네팔리(네팔인)라고 말하기도 하지만 인도에서 네팔인이라고 말하면 무시당하는 경우가 많아 주로 아쌈이라고 말한다. 그러면 인도인들도 그런가 싶다 하고 받아들인다. 사실 솔직하게 한국인이라고 말해야 하는 것이 정상이지만 워낙 인도인들이 호기심이 많아 여차하면 대답하느라 입이 아플 수도 있다.

성소가 서서히 가까워오자 사람들도 긴장한다. 저 멀리 스와미 라마나 난따라고 불리는 링감을 모신 감실이 보이자 사람들의 신심은 극도로 높아진다. 어떤 이들은 두 손을 모아 기도하고 어떤 이들은 입으로 무언가를 중얼거린다. 푸자를 행하는 스와미들 너머로 성소 중의 성소라는 감실이 보인다. 거기에 보일 듯 말 듯 신상과 링감이 있고 신의 어떤 광휘가 느껴지는 듯하다. 드디어 감실 앞에 도착하니 푸자리가 내 손에 쥔 표를 보더니 안쪽으로 오라며 감실에서 가까운 곳으로 부른다. 코코넛을 내밀자 이마에 축복을 해준다. 성소 주변은 어떤 신기한 그 무엇으로 꽉 차 있는 듯하다. 사람들도 모두들 진지하고 감동 받은 표정이다. 시골에서 온 검은 얼굴의 아낙은 눈에 물방울이 맺힌 이도 있다. 알 수 없는 감동이 은총이 되어 눈물로 솟아난 걸까? 나에게도 무슨 강한 자석 같은 끌림이 느껴진다. 그리고 성스러운 느낌이 저절로 솟아난다. 어떤 알 수 없는 감동이 물결처럼 은은하게 내 가슴으로 흘러드는 것 같다. 이곳을 찾은 라마크리슈나도, 스와미 시바난다나, 스와미 비베카난다도 이런 느낌을 받았을까? 그들이 받은 느낌이 내가 느끼는 느낌과 같은 것일까? 신기하다는 말밖엔 더 이상 표현할 길이 없다.

　여기에 모셔진 시바링감은 전 인도에 12개밖에 없다는 조띠링감이라고 한다. 인도인들에게 링감은 시바신의 몸과 동일하다고 받들어지는 검은색의 돌이나 수정, 금속 등으로 만든 상징물이다. 우리나라의 맷돌처럼 생긴 요니라고 불리는 아랫돌 위에 검고 굵은 윗돌을 세워 놓은 것이다. 이것을 서양의 종교학자들은 남성적인 에너지를 상징하는 링감과 여성적인 에너지를 상징하는 맷돌 모양의 요니가 결합한 형태로 보고 있으며, 대체로 남성숭배와 관련이 있다고 보는 듯하다. 즉 만물의 남성적인 에너지와 여성적인 에너지의 지고지순한 결합 형태로 우주의 창조와 조화, 균형, 평화, 깨달음 등을 상징하는 것으로 보고 있는 것이다. 그러나 비베카난다나 시바난다와 같은 인도의 수행자들이나 인도학자들은 링감을 '시바의 무한한 본성을 나타내는, 시작도 끝도 없는 빛의 기둥을 추상적으로 상징화한 것'이나 '베다시대의 제신의식에 사용하던 기둥을 상징화한 것'으로 보고 있다. 링감은 신(神) 자신을 상징하는 것이고, 링감에 찍힌 점(빈두)은 신의 무한함과 순수를 상징하는 것이라고 한다. 한마디로 인도인들은 링감을 신의 모습이 현현한 것이나 그 상징으로 보고 신성시 한다는 것이다.

　그런데 시바링감이 서 있는 감실로부터 진짜 신비한 느낌이 들다니. 감실이 있는 성소 안의 시원한 공기 때문일까? 그 안에 어떤 또 다른 의식체가 살아 있는 느낌이랄까 아무튼 아주 신비하고 알 수 없는 무엇이 있는 느낌이다. 거기서 신성한 사랑의 느낌 같은, 고양된 의식의 흐름 같은 것이 흘러나온다. 나뿐만 아니라 참배한 다른 이들도 모두 그 에너지의 흐름에 감동에 겨워 눈에는 한 방울의 눈물이 맺혀 있고, 또 얼굴 표정도 감격 받은 모습이다. 진짜 이곳에는 표현하기 힘든 참으로 알 수 없는 어떤 신비가 있는 것은 아닐까?

성소 주변을 둘러보고 돌아 나오자 이번엔 조금 전 지나쳤던 성소 입구의 커다란 링감이 눈에 확 들어온다. 성소로 향하는 난간 옆에 사각형의 쇠로 된 울타리 안에 소중하게 모셔진 링감. 나는 그곳으로 이끌려서 다가간다. 조금 전 다르샨 줄을 설 때부터 계속 자석 같은 끌림이 있었는데 다르샨의 긴 줄을 빠져나오지 못해 다르샨을 마치고 보려던 링감이었다. 크기가 2미터는 족히 될 커다란 링감 앞에 가만히 서 있어 본다. 여기에도 어떤 신비가 있다. 쇠로 만든 울타리를 살펴보니 표지 팻말이 타밀어로 적혀 있다. 주변의 사람들에게 물어보니 아가스띠야(Agastya) 링감이라고 한다. 아가스띠야, 이곳 타밀 지방에서는 아가띠야라고 불리는 싯다스의 비조이자 위대한 리쉬이다. 그는 라마야나에도 등장하며 비시누신의 현신이라는 라마에게도 조언하는 위대한 리쉬이다. 그의 링감이 이곳에 있다니 나는 놀라움 속에 아가띠야링감에서 눈을 떼지 못한다.

성소를 빠져나와 이젠 템플의 다른 곳을 둘러본다. 분홍색 연꽃이 핀 거대한 연못(시바강가 Shivaganga)에 줄을 서서 물세례를 받고 있는 사람들이 보인다. 남녀노소를 불문하고 줄을 서서 스와미들이 연못에서 푼 물동이 아래에 가서 온몸으로 물세례를 받고 있다. 이렇게 시바강가에서 물세례를 받는 것은 속세의 죄를 씻고 정화한다는 의미일 것이다. 특히 이곳 람에스와람은 세속의 죄를 씻고 참회하고 정화하는 역할을 한다고 한다. 원래 이 사원이 생긴 유래는 비시누의 현신 라마가 스리랑카로 가서 악마 라바나를 죽이고 납치된 시타를 구출한 이후 전쟁의 무수한 살생을 참회하고 신들에게 감사하는 뜻으로 세웠다고 한다. 전쟁의 참상과 고통을 목격하고 참회를 위해 람에스와람의 해변에서 라마와 시타가 모래로 링감을 만들자 시바신이 현현하여 축복했다고 한다. 그리하여 그 모래로 만들었다는 링감이 지금 성소에 모셔진 링감 라마나따스와미라고 한다.

사원 안 여기저기를 보며 이번엔 요가의 경전인 요가수트라를 지은 그 유명한 파탄잘리의 무덤인 파탄잘리 사마디 쉬린을 찾아 나타라자 템플로 들어선다. 입구에는 상체는 사람의 형상인데 하체는 호랑이 꼬리에 다리를 한 동상과 상체는 사람의 형상인데 하체는 인어처럼 뱀의 꼬리 혹은 물고기의 꼬리로 보이는 동상이 서 있다. 두 동상은 두 손을 모으고 우주의 춤을 추는 나타라자를 경배하고 있는 모습이다. 이 호랑이 모습의 하체를 지닌 사람은 싯다 비야그라파다(Vyaghrapada)이고 뱀의 모습을 한 이가 바로 요가수트라를 지은 파탄잘리이다. 파탄잘리는 이곳에서 수행도 하고 나중에 이곳에 그의 유해를 모셨다고 한다.

나타라자 템플 안에는 선한 얼굴을 한 스와미가 푸자를 하고 있다.
"나마스떼 스와미지, 여기 동상들은 누구죠?"
"호랑이의 모습을 한 이는 파탄잘리의 스승이고 뱀의 모습을 한 이는 파탄잘리라네."
"파탄잘리의 사마디 무덤이 있다고 들었는데 어디에 있습니까?"
"이 뒤편으로 가면 보인다네. 위대한 리쉬이자 싯다라네."
"그렇군요, 감사합니다."
스와미의 말을 따라 뒤편으로 가니 작은 홀처럼 공간이 있고 벽에는 온통 링감이며 신성한 뱀 나가를 새긴 조각상들이 가득하다. 그리고 그 맞은편에 파탄잘리의 사진이 걸려 있고 기름 호롱불이 밝게 빛나고 있다. 드디어 싯다 파탄잘리의 사마디 성소에 온 것이다. 파탄잘리의 쉬린 앞에는 어느 젊은 참배객이 묵상에 잠겨있다. 찬찬히 둘러보니 파탄잘리의 사진 위에는 향기로운 자스민꽃이 걸려 있고, 작은 감실에는 앞에 유리 창문이 달려 있다. 그것을 들추자 고운 연꽃을 새긴 동판이 나온다. 일곱 개의 연꽃잎과 중앙의 꽃술은 파탄잘리가 요가수트라에서 드러낸 깨달음을 위한 8개의 지주(持株, 단계가 아닌 지켜야할 지침)를 상징한다고 한다.

쉬린에는 고요한 중에 편안하고 온화한 느낌이 은은히 흐르고 있다. 생각보다 작고 아담한 사마디 쉬린이다. 아마도 파탄잘리는 소박한 마음을 지녔는지도 모르겠다. 쉬린 앞에 나도 잠깐 앉아 살펴보는데 지나가는 참배객 한 명이 말을 건넨다.

"이 안에 리쉬 파탄잘리의 유해가 들어 있습니다."
"아 그렇습니까? 리얼리?"
"예 그렇습니다."
"어느 나라에서 오셨나요?"
"한국이요. 좀 먼 곳이죠."
"정말 멀리서 오셨군요. 파탄잘리께서 축복해 주실 겁니다."라며 털털하게 웃는다.

파탄잘리 사마디 쉬린을 나와 이번에는 사원 밖 해변으로 나간다. 어두컴컴한 사원의 회랑을 지나 밖으로 나오자 오가는 순례객들의 틈 사이로 탁 트인 바다가 보인다. 푸른 물결에 넘실대는 바다, 이 바다를 건너면 라마야나의 무대인 스리랑카이다.

파도치는 해변에 사람들은 그 옛날 라마야나의 전설을 상기하듯 지긋이 그 푸르름을 응시하고 있었다.

*조띠링감(Jyotirlingam, Jyotirlinga): 빛의 모습으로 시바신이 직접 현현한 링감으로 믿어지며 인도 전역에 12개의 조띠링감이 있다. 조띠링감이 있는 사원은 대체로 최고의 사원으로 여겨진다.

*파탄잘리 사마디 쉬린의 장소에 대해서는 다른 견해가 있는데, 여러 증언과 역사적인 정황상 람에스와람 템플에 파탄잘리의 사마디 쉬린이 있다고 보는 주장이 가장 유력하다. 여러 싯다들이나 시바난다, 암마치 등 인도 정신계의 유력한 지도자들도 파탄잘리의 사마디 쉬린이 람에스와람에 있다는 주장을 따르고 있다.

미나찌 여신과의 다르샨

남인도의 고도(古都) 마두라이는 타밀 문화의 중심이자, 타밀 신화의 요람이 되는 도시다. 고대로부터 마두라이는 신성한 도시였으며, 그 중심에 스리 미나찌 순다레스와라 사원이 있다. 미낙시 사원으로도 불리는 이 사원은 마두라이 시내 중심부에 있으며, 도시는 사원을 중심으로 연꽃처럼 방사상으로 만들어졌다. 미나찌 사원을 중심으로 발전한 도시 마두라이는 그 역사가 곧 미나찌 사원의 역사와 궤를 같이하는 것이다.

미나찌 사원과 관련하여 전해 오는 전설에 따르면 고대 신화시대, 신들의 왕 인드라가 고행 수행 중인 어느 무고한 악신을 죽였다고 한다. 이 살생에서 인드라는 깊은 죄의식을 느끼고 천계를 떠나 방랑하며 괴로워했다. 그 괴로움 속에 참회하며 방랑하는 그가 마두라이의 어느 숲 속을 지날 때 갑자기 죄가 씻겨져 정화되는 체험을 한다. 인드라는 그 이유가 근처 숲 속의 시바신께서 화현한 시바링감 때문임을 알고 시바신을 경배하며 황금 연꽃을 올리고 작은 사원을 지었다. 이 이야기가 판디안(Pandyan) 왕가의 왕에게까지 들리자 왕은 시바신이 현몽하여 사원을 짓고 도시를 건설하라는 일전의 꿈을 상기하며, 숲을 방문하고 경배를 올린 후 사원을 크게 짓고 마두라이 도시를 건설하게 된다.

이후 판디안 왕가의 두 번째 왕이 되는 말라야드와자왕이 즉위하였으나, 대를 이을 자식이 없어 걱정이었다. 이에 왕과 왕비는 자식을 얻고자 기도하며 신성한 불의 제의식인 야즈나(Yagna)를 행한다. 이때 그들의 기도에 감응하여 신성한 불속에서 물고기 눈을 닮은 어린애가 나타났다. 왕과 왕비는 한편으로 감사히 생각했지만 어린 아기의 가슴에는 정상인과 다른 세 개의 젖가슴이 있어 두려워 근심한다. 이때 하늘에서 "그대는 근심하지 말라. 세 번째 젖가슴은 그녀가 남편이 될 이를 만나면 사라질 것이니라."라는 음성이 들려온다. 왕과 왕비는 감사해하며 아기를 타다타가이라고 이름 짓고 애지중지 키운다.

타다타가이는 보통의 소녀들처럼 자라났으나 군사학을 비롯한 왕위수업을 착실히 받는다. 그녀가 성장하여 왕위 계승식을 올려야할 때가 되자 그녀는 전통에 따라 8방향에 위치한 세계들에 대해 전쟁을 해야 했다. 그녀는 이웃 나라를 비롯한, 데바의 왕국, 브라마의 왕국과 비시누의 왕국을 차례로 정복하고 세상 끝에 위치한 시바신의 왕국 카일라스로 향한다. 그런데 자신만만했던 그녀가 시바신을 보자마자 싸우기는커녕, 사랑스럽고 부끄러운 맘이 들어 저절로 고개를 숙이고 절하게 된다. 그 순간 그녀의 세 번째 가슴은 사라지고 그녀는 시바신이 그녀의 운명적인 남편임을 알게 된다. 동시에 그녀는 그녀의 본질이 여신 파르바티임을 깨닫는다. 이리하여 시바신과 미나찌 여신은 마두라이로 돌아와 결혼식을 올리고 마두라이를 통치한다. 이후 이들은 미나찌 사원의 주신인 미나찌 여신과 순다레스와라 신으로 모셔져 오늘에 이르게 되었다고 한다.

일반인과 달리 세 개의 가슴을 지니고 불에서 나왔다는 미나찌 여신의 전설은 나의 상상력을 자극한다. 으레 그러하듯 신화나 전설은 각색되고, 윤색되며 또 시대의 흐름에 따라 재해석되기 마련이다. 갑자기 나도 신화적인 상상력을 발동해 맘대로 해석해 보기로 한다.

먼저 미나찌 여신의 탄생은 신성한 불에서 나왔다는 것에서부터 범상치 않을 결말을 예고한다. 그러나 원래 신화적인 인물의 경우 대부분이 일반인들과 다르게 신격화되고 영웅시되는 것이 기본 플롯이고, 그런 신격화의 기초는 영웅들의 탄생에서부터 시작한다. 탄생에서부터 이미 특별했다는 것을 강조함으로 영웅의 일생은 일반의 보통인들과 격을 달리하는 것이다. 그런데 재미있는 것은 미나찌 여신이 세 개의 가슴을 지녔다는 것인데, 이것은 한편으론 특별한 존재였다는 것을 의미하기도 하지만 한편으론 일반의 보통인들과는 다른 일종의 장애나 고난을 상징하는 것은 아닐까? 보통인들과 다른 평범치 않음, 비범함을 의미하기도 하지만 태생적인 고난, 난관, 타고난 숙명을 의미한다고도 볼 수 있지 않을까? 그런데 미나찌 여신의 다른 버전을 보면 미나찌 여신은 보통의 일반 소녀들처럼 설거지도하고 밥도 했다는 이야기도 있는 것을 보니 비록 평범치 않은 운명을 타고 났지만 그래도 보통의 삶을 영위했다는 것으로 볼 수 있다.

그러나 이런 보통의 삶 속에서도 숙명적인 운명은 꽃처럼 피어나고 미나찌 여신은 그녀의 숙명을 따라 왕이 되기 위한 시험을 치른다. 그 통과의례의 시험이 이웃 나라와 세계에 대한 전쟁이었는데 이 전쟁에서 미나찌 여신은 이웃 나라를 비롯한 신들의 왕국도 정복해 나간다. 그리하여 마침내는 세상을 창조한 불가침의 존재(시바신)에게까지 도전을 하는데 이것은 외부적인 실제의 전쟁이라기보다 내적인 정신적인 전쟁이라고 볼 수도 있지 않을까? 이 전쟁은 곧 각각의 정신적인 성장, 혹은 정신적인 성취의 단계를 의미하는 것은 아닐까? 처음엔 보통인으로서의 삶을 살다가 이제는 외적으로 실재하는 세상(이웃 나라)을 이해하고, 드디어 신들의 세계(내적인 정신적인 수행)에 도전하는 다른 차원의 전쟁을 시작하는 것이다. 그 내적인 전쟁, 내적인 탐험의 마지막 관문에 세상의 창조주인 시바신을 만나고 곧 그것은 세상과 자기 자신의 본질에 대한 최후의 탐험을 상징하는 것은 아닐까? 이 마지막 최후의 전쟁(단계)에서 최고의 신(시바신, 세계의 본질, 근원)을 만나고 드디어 그를 남편으로 알고 또한 자기 스스로도 자신이 파르바티 여신이었음을 깨닫는 성취를 하는 것이다. 그리하여 미나찌 여신과 아름다운 시바신의 결혼은 세속적인 결혼을 의미하는 것이 아니라, 신성한 존재, 혹은 자기 스스로의 본질을 깨달았다는 의미의 "신성(神性)과의 합일(合一)"을 의미하는 것은 아닐까 한다. 곧 이 결혼은 신성한 존재와의 영원한 합일이나 최고의 깨달음을 얻었음을 의미하는 것이다. 그리하여 어쩌면 보통의 인간이 신과 결혼함으로 신으로 승격되는 것이다.

이렇게 해석을 해보니 미나찌 여신의 신화는 불교나 도교에서 깨달음을 찾아가는 여정을 그린 심우도(尋牛圖)와 유사하다는 생각을 지울 수가 없다. 미나찌 여신과 시바신의 결혼은 곧 세계의 근원을 깨달아 합일한다는 것을 의미하는 반본환원(返本還源)과 유사하고, 결혼하여 마두라이를 통치한다는 것은 깨달은 후 다시 세상으로 돌아가 중생과 더불어 사랑을 나눈다는 입전수수(入廛垂手)의 단계와 유사하다. 맘대로 해석이지만 외부의 겉모습을 들어내고 내부를 살펴보니 미나찌 여신의 전설은 너무나도 동양적인 구도(求道)의 과정과 똑같다는 것을 발견한다. 어쩌면 미나찌 여신의 전설은 보통의 모든 인간들도 각자의 장애와 고난을 극복하고 자기 내면의 신성한 본질을 탐구하면 언젠가는 신성한 존재(存在)

임을 깨달을 수 있다는 미나찌 여신의 내밀한 말씀을 전해 오는 것일지도 모른다.

 미나찌 여신의 전설이 깃든 미나찌 사원과 근처에 위치한 라마나 마하르쉬님의 생가(라마나만디람)를 보기 위해 마두라이에서는 넉넉히 며칠을 묵기로 하고 사원 부근에 숙소를 정하기로 했다. 그러나 람에스와람에서 출발한 버스가 마두라이 버스 터미널에 도착한 때는 이미 늦은 밤이라 방구하기가 쉽지 않았다. 자정이 다 된 늦은 밤의 미나찌 사원, 높은 고푸람마다 환한 가로등이 불을 밝히고 사원 옆 광장에는 인적도 없었다. 높다란 고푸람 아래 커다란 사원 정문에는 경찰들만이 호루라기를 불며 통행을 감시하고 있었다. 사원 근처는 밤이 되면 통행이 금지된다고 한다. 밤의 미나찌 사원은 신기할 정도로 적막이 가득했지만, 사원 안은 과연 어떤 모습일지 기대를 하며 잠에 들었다. 다음날 날이 밝자 이제는 인도인처럼 채비를 갖추어 사원으로 향한다.

 미나찌 사원 앞에는 순례 온 사람들과 자칭 가이드 하는 사람들, 상인들이 뒤범벅이 되어 있고, 남인도의 전형적인 스타일인 높은 고푸람에는 온갖 신들과 신화 속의 인물들이 형형색색으로 채색되어 있다. 그야말로 신들의 만신전이라고나 할까, 수 십 미터의 높은 타워에는 똑같은 모습이 없을 정도로 다양한 조각, 다양한 신들과 신화 속의 동물들이 새겨져 있다.

 이제는 근처 가게에서 꽃과 코코넛을 사들고 인도인들과 섞여 사원으로 입장한다. 사원 안에는 마치 성채처럼 2중의 울타리 담이 있고 작은 고푸람이 서 있다. 그것을 지나 천 개의 기둥으로 만들었다는 긴 회랑을 거쳐 사람들을 따라 미나찌 여신의 쉬린으로 향한다. 미나찌 여신의 쉬린으로 가는 넓은 회랑에는 먼저 온 순례객들이 헌사물을 손에 쥐고 긴 줄을 서고 있다.

미나찌 여신을 만나기 위해선 긴 줄을 서야 한다. 내 앞으로도 수 백 명의 사람들이 차례를 기다리고 있다. 시골에서 올라온 단체 순례객들, 가족 단위로 온 사람들, 말끔한 얼굴의 사람들부터 검은 얼굴의 남루한 사람들까지 모두가 미나찌 여신을 만나기 위해 인내의 줄을 서는 것이다. 다르샨 줄 가에는 질서를 유지하는 사원 관계자들이 분주하다. 한동안 줄을 서 있는데 한바탕 소란이 벌어진다. 늦게 온 사람들이 새치기를 해서 앞으로 가자 미리 온 사람들은 소리를 크게 높인다. 그러나 미나찌 여신의 성소가 가까워 오자 사람들은 경건한 자세를 취한다. 당기고 밀치던 모습은 사라지고 모두들 얼굴에 경외의 빛이 감돈다.

저 멀리 여신의 성소가 보이고 푸자리의 읊조림이 들려오자 나도 바짝 긴장하여 정신을 차려본다. 기이한 꽃향기와 더불어 어디선가 신기한 느낌이 감돌기 시작한다. 마치 무슨 자석처럼 어떤 강력한 인력이 작용하는 듯하다. 내 앞의 할머니들도 무언가를 감지한 듯 경외의 눈빛을 하고 무언가를 읊조린다.

드디어 미나찌 여신의 성소, 성소는 둥근 원형의 석재 건물 안 깊고 깊은 곳에 모셔져 있다. 성소를 감싸고 있는 건물은 수려한 조각으로 장식되어 있고, 성소의 입구 사이로 저 멀리 밝은 빛 속에 미나찌 여신의 신상이 언뜻언뜻 보인다. 분주히 오고 가는 스와미들과 물밀듯이 몰려오는 순례객들 속에서도 성소의 분위기는 신비하리만큼 밝고 맑다. 투명하리만치 밝고 맑은 느낌 속에 성스러운 자애로움이 흘러넘친다. 마치 다른 세상에 온 듯한 착각을 불러일으킬 정도로 성소의 분위기는 신비하다.

성소의 신성한 분위기에 사람들은 감동의 눈물을 흘린다. 내 차례가 되자 스와미가 내민 쟁반에 꽃과 코코넛을 얹고 약간의 헌금을 올린다. 그러자 땀을 흘리는 구리빛의 건장한 스와미는 어느 나라에서 왔는지와 이름을 묻는다. 내가 이름을 말하고 한국에서 왔다고 말하자 스와미는 흠칫 놀라더니 이내 미나찌 여신 앞에 내 이름과 국적을 큰소리로 고하며 타밀어로 무언가 축복의 말을 해준다.

여신과의 다르샨을 마치고 성소 옆 벽에 기대고 앉아 다른 사람들의 다르샨을 지켜본다. 다르샨 하는 사람들은 한결같이 신성한 분위기에 고무된 듯 모두들 감동받아 상기된 표정이다. 그들 못지않게 나 역시 숭고한 사랑의 느낌에 감동받는다. 진짜 성소 안은 말로 표현할 수 없는 그 무엇으로 가득 차 있고, 마치 다른 차원인 듯 신성한 느낌, 자애로운 느낌으로 가득하다. 성소의 성스럽고 신비한 분위기를 나의 이성으로 파악하려 해보지만 도저히 알 길이 없다. 다만 내 가슴도 어떤 성스러운 사랑으로 차오르고 있는 것만을 느낄 뿐.

다른 사람들의 다르샨 광경을 지켜보는데 흑인처럼 검은 얼굴에 건장하고 우람한 체구를 지닌 한 스와미가 나를 부른다. 다가가니 다시 내가 온 나라와 나에 대해서 묻는다. 그의 질문에 대답하는 사이 그는 어디선가 꽃다발을 들고 와 내 목에 걸어준다. 아 미나찌 여신의 축복인가? 감사하다고 인사하며 성소를 돌아 나온다.

아무래도 힌두 사원의 성소는 그야말로 신비 중의 신비는 아닐까 하는 생각이 사라지지 않는다. 람에스와람에서도, 치땀바람에서도 신성한 느낌들은 흘러넘치니, 감히 말로 표현할 수 없다. 형용할 수 없다는 표현이 가장 알맞은 표현일 것이다.

미나찌 여신의 성소를 나오자 좌측으로 넓은 회랑이 있다 그 회랑에는 수많은 링감들이 서 있다. 마치 우리나라 절의 부도탑처럼 링감들 하나 하나는 그 모두가 각각 어떤 수행자들의 링감이다. 어떤 링감은 소박하고, 어떤 링감은 크고 위용이 있다. 어떤 링감에는 검은 소 난디가 부복하고 있고, 어떤 링감은 작은 돌 누각 속에 안치되어 있다.

링감들을 구경하는 사이 링감들에서도 자석 같은 끌림이 있음을 느낀다. 참으로 신비하다는 표현 이외에는 달리 표현할 길이 없다. 끌림이 있는 링감으로 다가가 살펴본다. 아무리 살펴봐도 이유를 알 수가 없다. 이런 느낌은 결국 직접 경험해보지 못한 이들은 영원히 알 수 없을 그런 느낌이 아닐까? 자칭 이성적이고 실증주의자인 내가 비현실적인 신비주의자가 되다니, 말이 안 되는 상황이다. 그렇지만 분명한 것은 나의 이성을 넘어서는 신비가 혹은 신비의 과학이 있음은 분명한 것으로 보인다.

미나찌 여신과 링감들과의 다르샨을 마치고 다시 또 나는 현실적인 신비주의자가 되어 사원을 나온다. 내도록 생각해도 이 현상의 메커니즘을 이해할 수가 없다. 도무지 알 길이 없는 신성함이여!

*미나찌 여신(Meenakshi)의 발음은 타밀 지역에서는 미나찌 혹은 미나치라고 발음하고 이외에는 미낙시나 미낙쉬로 발음하기도 한다.
*시바신을 따르는 시바종파(Shaivism)에서는 시바신을 우주의 창조주이자 절대적인 근원으로 보고 있다.

인도 최고의 사원 발라지 템플

하늘이 맑았다. 인도 최고의 사원 발라지 템플로 가는 길, 맑은 하늘에 신선한 공기, 청명한 하늘가에 멀리서 보이는 성스러운 산 티루말라. 해발 850여 미터가 넘는다는 템플타운 티루말라(Tirumala)로 가기 위해선 산 아래 도시 티루파띠(Tirupathi)에서 버스를 타야한다.

티루파띠 버스 정류장에는 인도 전역에서 온 순례객들과 버스들이 넘치고 있다. 티루말라행 시내버스를 타고 조금 달리니 드디어 웅장한 모습의 티루말라산이 그 모습을 드러낸다. 지평선 한 가운데를 가득 채운 거대한 코끼리 같은 모습의 산. 멀리서 한번 쳐다보는 것만으로도 보는 이를 압도하는 위세를 지녔다. 산 중간 중간의 깎아지른 벼랑이며, 뭉툭하게 생긴 산 모양새는 신령스럽기도 하고 신기하기도 하다. 어떻게 저런 모습으로 생겼을까? 마치 전쟁터의 장군처럼 당당한 위세에 한편으론 세상과는 초연한 신선 같은 풍모를 지녔다.

버스가 산의 초입으로 들어서고 이내 검문소에 도착한다. 버스 안의 사람들은 모두 내려 검문소의 엑스레이를 통과해야 한다. 나도 이번에는 짐을 간단히 가져왔기에 아무런 탈 없이 엑스레이를 통과하고 검사를 마친다. 그런데 지난밤에는 이 엑스레이를 통과하다가 검문에 걸렸었다. 새벽에 도착한 티루파띠, 그때 나는 다른 인도인들처럼 바로 티루말라로 가서 숙소를 정하고 템플을 둘러보려고 했다. 그래서 배낭을 모두 들고 티루말라행 셔틀버스를 탔었다. 그런데 티루말라산 초입의 이 검문소에서 검문을 당할 줄은 생각지도 못 했었다.

 어젯밤 커다란 내 배낭이 엑스레이 검사대를 통과하자 엑스레이를 보고 있던 여자 경찰관이 나를 무서운 눈초리로 노려보며 불러 세웠다.
"가방 안에 무엇이 들어있나요? 열어보세요."
"엇, 특별한 건 없는데요. 노트북과 뭐 잡동사니죠."
그 말을 듣자 여자 경찰은 엑스레이 화면에 보이는 동그랗게 생긴 물체를 가리키며
"그럼 이것은 뭐죠? 안에 금속이 있군요."
그 말을 듣고 엑스레이 화면을 쳐다보니 진짜 동그란 것 몇 개가 마치 수류탄처럼 찍혀 있다.
 '아뿔싸, 기념으로 산 살리그람이 저렇게 나오는구나. 엑스레이 성능이 참 좋은데……'
"그냥 기념품으로 산 것인데요. 폭발물은 아닙니다."
항변하는 나에게 다시 그 여자 경찰은
"자물쇠를 풀고 빨리 열어 보세요."라며 재촉한다.
이때 다른 사람들을 검사하던 남자 경찰이 다가와 심심하던 차에 잘 걸렸다는 듯이 위압적인 모습으로 나를 다그친다.
"빨리 열어 보라니까!"
"예."

머뭇거리며 배낭을 잠근 자물쇠를 푸는 사이 남자 경찰은 내 여권을 살핀다.
"한국에서 왔어?"
"예."
"여기는 뭐 때문에 왔어?"
"여행하고 야트라를 온 겁니다."
"야트라?"
"예, 인도의 아쉬람과 사원을 여행하고 있습니다."
"그래? 그럼 어디 어디를 방문했지?"
"리시케시와, 깐야꾸마리, 티루반나말라이, 사티야 사이바바의 아쉬람, 그 외 이곳저곳요."
"그래? 그럼 저 동그랗게 생긴 물체는 뭐야?"
"그것은 비시누신을 상징하는 기념품입니다."
"그래? 어쨌든 빨리 열어봐!"
그는 큰 눈을 부라리며 압박의 강도를 높인다.
 드디어 자물쇠를 열고 배낭 속에 든 책과 잡동사니를 조금씩 꺼내자 여자 경찰과 남자 경찰은 유심히 뒤적이며 살핀다. 그러다가 라마나 마하르쉬의 사진을 발견하자 남자 경찰의 표정이 달라진다. 맑은 눈동자에 잘 찍혀 나온 라마나 마하르쉬의 흑백 사진이다. 꾸러미를 뒤적이다가 이번에는 사티야 사이바바의 사진과 쉬르디 사이바바의 작은 동상을 발견한다. 그것을 본 그의 눈빛이 확연히 달라진다.
"쉬르디도 방문했는가?"
"예. 쉬르디 사이바바님과 다르샨도 했습니다."
"그래? 쉬르디는 좋았는가?"

"예, 보훗 아차 했습니다.(아주 좋았습니다.)"
"허, 보훗 아차라고?" 하고는 껄껄 웃는다.
　내가 인도말로 좋았다고 한 것이 그의 허점을 찌른 모양인지 기특하다고 생각한 모양인지 좌우간에 그의 얼굴에 웃음이 떠나지 않는다. 그의 표정의 변화를 살피다 나는 이때다 싶어서 이번에는 여행 중에 산 시바 신의 그림이며 성화를 비롯한 다른 성자들의 사진을 보여준다. 그것을 본 남자 경찰의 모습이 좀 전의 험상궂던 모습과는 달리 이제는 언제 그랬냐는 듯 얼굴에 미소를 띠며 온화하기까지 하다.
"진짜 야트라를 다니는 게 맞군. 근데 저기 화면에 나온 것은 뭐야?"
"예, 저것은 기념품으로 산 것인데 배낭 젤 아래에 있습니다."라고 말하며 주섬주섬 배낭에서 물건을 꺼낸다. 마침 손에 잡히는 둥근 돌을 쥐고 여자 경찰에게 보인다. 그것을 보자 그녀는 "됐어요, 도로 넣으세요."라고 말하며 남자 경찰을 한번 쳐다본다. 남자 경찰도 의심이 풀린 듯 이제는 아주 신사적으로 말을 한다.
"원래 티루말라로 가려면 검문을 통과해야 한다네. 테러 위협도 있고 해서 검문이 삼엄하다네. 너무 언짢아 말게."
"괜찮습니다. 그런데 내가 타고 온 버스는 가버렸네요."
"버스는 걱정 안 해도 된다네. 가진 표로 다른 버스를 타고 가면 되네."
그 말을 들으니 이젠 내 맘도 한편 좀 누그러진다. 그렇지만 이미 마음이 상해버렸고, 심신은 너무 지쳐온다.
"밤도 늦고 배낭도 무거워 티루파띠 시내로 가서 자고 내일 갈까 합니다."
"그것도 좋다네. 도로 따라 조금만 내려가면 릭샤나 버스가 많다네."
"그래요? 그럼 이만 내려가겠습니다."

그러자 그 남자 경찰은 갑자기 내 손을 잡으며 악수를 청한다.
"친구, 내일 아침에 오면 티루말라는 더 멋지다네. 즐거운 야트라를 바라네."
"아 예, 고맙습니다. 여러분들도 수고하세요."
 인사하고 돌아서는 길, 뒤돌아보니 남자 경찰은 손을 잠깐 흔들어 준다. 그 모습을 보니 밤새 수고하는 그들의 노고도 노고지만, 그들의 고압적인 자세와, 그렇게 긍지 있게 일하게 하는 것이 무엇일까 하는 생각이 들었다. 마치 소중한 보물을 지키는 수문장처럼 보였다. 그들이 이렇게 삼엄하게 지키고 있는 저 발라지 템플에는 과연 무엇이 있을지 더욱 궁금하지 않을 수가 없었다.
 '진짜 저 위에는 신이 있는 걸까? 혹시 사람의 몸을 하고 말하는 신이라도 있는 것은 아닐까?' 하는 엉뚱한 생각이 들었다.

 내가 인도를 여행하면서 알게 된 것 하나는 인도인들에게 있어 가장 소중한 것은 바로 그들의 종교나 신(神)이란 것이다. 세월이 변하여 요즘은 종교나 신에 대해 부정적인 사람들도 많지만 그럼에도 다수의 인도인들에게 있어서 가장 소중한 것은 그들의 신, 그들의 믿음, 그들의 종교라는 것이다. 그래서 크고 오래된 사원에는 어느 곳이나 경찰들이 배치되어 지키고 있고, 또 어떤 곳은 외국인이나 다른 종교인들을 통제하고 있다. 여러 아쉬람과 사원들을 방문해 본 결과 나는 인도 문화의 정수는 유적이나 박물관이 아닌 아쉬람이나 사원에 있다는 결론을 내렸다. 특히 힌두 사원에는 그들이 철통같이 지키며 소중히 감추고 있는 어떤 '비밀'이 있다고 확신하게 되었다. 그래서 마치 추리 소설 속의 형사처럼 이런 심증을 가지고 사원들을 방문했고 조금씩 모자이크 그림을 맞춰 나가고 있다. 오늘은 발라지 템플의 비밀을 풀 차례, 하늘이 맑아 느낌이 좋다.

버스는 검문소를 통과해 구불구불한 산길을 달린다. 고도가 높아질수록 티루말라는 그 속살을 여지없이 드러내 보인다. 우람하게 큰 바위와 깎아지른 절벽, 푸른 하늘을 배경으로 우뚝 솟아 있는 봉우리는 그 기세가 사뭇 상서롭고 고고하기까지 하다. 산 아래로는 티루파띠 시가지가 그림처럼 아득히 펼쳐져 있고, 티루말라의 봉우리들은 지긋이 내려다보고 있다.

이곳 티루말라는 일곱 개의 봉우리로 이루어진 산으로 태초에 비시누신이 누워 있는 거대한 우주의 뱀 아디세샤를 상징한다고 한다. 그 아디세샤의 일곱 개의 머리가 바로 일곱 개의 봉우리고 그 중 가장 높은 벤카테스와라 봉 아래에 비시누의 사원 발라지 템플이 있다. 인도인들에게 흔히 발라지로 불리는 벤카테스와라는 사람들의 죄를 없애 주는 신으로 받들어지며, 우주의 창조, 유지, 소멸 중 현세의 유지를 관장하는 비시누신의 모습이라고 한다. 그래서 특히 인도인들에게 현세의 바람이나 소망을 들어주는 신으로 유명하며 간절히 기도하면 소망을 들어준다고 하여 인기가 많은 신이라고 한다. 또한 유명한 힌두철학자 라마누자가 사제로 수행하던 곳이기도 하다. 그래서 그 명성 덕분일까 발라지 템플은 인도 최고의 방문객 수를 자랑하며 가장 부유한 힌두 사원이라고 한다. 특히 방문객 수는 로마 바티칸 성당이나 예루살렘보다도 많다고 한다. 하루 방문객 수만도 몇 만 명이 넘고 축제가 있는 날에는 50여 만 명이 넘는다고 하니, 진짜 인도인들의 주장대로라면 단연 세계 으뜸일 것이다.

버스가 산의 정상쯤에 다다르자 앞에는 커다란 콘크리트 일출문이 나온다. 그곳을 통과하자 건물들이 가득 찬 템플타운 티루말라가 모습을 보인다. 참배객들을 따라 길을 내려가니 길가에는 성물을 파는 상점들이 즐비하고 사원의 부속 건물들에는 찬가들이 들려온다. 건물들 사이 공터에는 일단의 순례객들이 모여서 휴식을 취하고 있다. 그곳을 통과하니 저 아래로 넓은 광장이 보이고 드디어 찬란한 황금색 지붕의 벤카테스와라 사원이 나온다.

 사면은 산으로 둘러싸인 분지에 거대한 연못도 있고 사원의 건물들이 즐비하다. 광장에는 수백 명은 족히 될 사람들이 사원 입장을 기다리고 있고, 참배객들은 여기저기서 향을 사르고 촛불을 켠다. 코코넛을 깨어 헌사물을 바치고 두 손을 모아 기도한다.

 바로 그때 그것을 보고 있는 그 순간 어디선가 섬광이 비치듯 무언가가 내 머리를 관통한다. 사람들도 연신 무언가를 중얼거리며 경외의 눈으로 황금색 지붕을 바라본다. 그들도 느꼈을까 이 느낌을?

 이젠 계단을 내려와 입장을 기다리는 사람들 속에 섞여 입장을 기다린다. 그런데 입장하는 입구가 몇 개인지 줄을 선 사람들의 라인이 다르다. 어떤 줄은 노인이나 여자들만 있고 어떤 줄은 청년들만 있다. 어디로 갈지 몰라 우왕좌왕하다가 한 영국인을 만났다.

"안녕하세요? 다르샨 줄은 어디서 서야하나요?"

"여기 이 라인 말고 저 계단 위쪽으로 가서 경찰에게 여권을 보이세요, 패스포트, 패스포트라고 크게 소리치면 됩니다."

"그래요? 여권을 보이면 좀 빨리 입장할 수 있는 모양이죠?"

"예, 외국인들은 다르샨 입장료를 내면 조금 더 빨리 갈 수 있습니다."

"안에 다르샨은 어땠나요? 좋았나요?"

"굉장하죠. 인파가 너무 많았지만 다르샨은 어메이징 합니다."

"그렇다면 꼭 다르샨을 해야겠군요."
"당연하죠. 후회 안 하실 겁니다."
"좋은 정보 감사합니다."
"행운을 빕니다."

그의 말대로 계단을 올라가 '아기들과 함께 온 부모를 위한 입구'로 간다. 거기서 여권을 보이자 경찰은 나를 매표담당에게 안내한다. 간단히 서류를 작성하고 300루피 수수료를 지급하자 이제는 카메라를 맡기라고 한다. 여기 발라지 사원도 인도의 다른 사원들처럼 카메라 반입을 금지하고 있다.

수속을 마치고 사람들 속에 섞여 발라지 템플의 가장 소중하고 깊숙한 곳으로 들어간다. 그야말로 인산인해다. 수많은 사람들이 입장 대열에 서 있고 어림짐작으로 눈에 보이는 사람들 수만 해도 천여 명은 족히 될 듯하다.

밀고 밀리는 행렬 속에서 일단의 청년들이 무언가를 중얼거리며 "고인다! 고인다!"라고 외친다. 고빈다는 크리슈나를 뜻하고 크리슈나는 곧 비시누의 화신이니 이곳 사람들이 고인다라고 외치는 것은 바로 비시누 신을 부르는 것이라 짐작한다. 여기저기서 또 다른 외침이 들리는 사이 드디어 발라지 템플의 주신 벤카테스와라 신상 앞에 도착했다.

황금으로 도금된 지붕 아래 깊고 깊은 곳에 위치한 신상, 참배하는 사람들의 긴장과 기쁨은 절정에 이른다. 여기저기서 외침과 기도 소리가 울려 퍼진다. 주위의 분위기 때문인지 나에게도 어떤 신성한 파동 같은 것이 밀려온다. 아, 이것이 발라지의 은총일까? 일순 긴장하며 살피고 있을 때 밀려온 인파에 떠밀려 밖으로 내몰린다.

밖으로 나오니 여기서도 사람들로 발 디딜 틈이 없다. 그 와중에 사람들은 산정에서 솟아났다는 신성한 샘물을 마시거나 온몸에 끼얹으며 그 들만의 축복을 누리고 있다. 그들을 피해 돌난간에 잠시 기대는데 바로 옆 창문 안으로 돈이 산더미처럼 쌓인 것이 보이지 않는가! 말 그대로 셀 수 없이 많은 돈을 산처럼 쌓아 놓고 수 십 명의 사람들이 돈을 헤 아리고 있었다. 십 루피짜리부터 백 루피짜리, 오백 루피짜리도 보인다. 두 개의 방안에 두 무더기의 지폐를 산처럼 쌓아 놓고 돈을 헤아리는 것 을 보니 여기 발라지 템플이 인도에서 제일 부유하다는 말이 실감이 났 다.

 발라지 템플의 주신 벤카테스와라를 모신 황금색 돔 뒤편으로 작은 뜰 처럼 생긴 공간에는 다르샨을 마친 참배객들이 삼삼오오 모여 앉아 다르 샨의 여운을 느끼거나 주위의 신상들을 구경하고 있다. 청명하고 푸른 하늘 아래 황금색 돔은 찬란히 빛나고 주위에는 어떤 신성한 향기가 흐 르고 있다.
 나도 건물 조각들을 살피다가 한 신상에 끌려 문득 멈춘다. 팻말에 '요 가 나라심하 스와미(Yoga Narasimha Swamy)'라고 적혀 있다. 사자의 얼굴을 하고 있는 기괴한 모습이다. 이 신상은 비시누가 반은 사자, 반은 인간의 모습으로 화신한 것이라고 하며 거의 모든 힌두 사원에서 발견할 수 있는 신이다. 특히 이 신은 헌신자들을 보호하고 힌두교를 수호하는 신으로 알려져 있다. 그런데 이 기괴하게 생긴 신상이 이상하게 나의 맘 을 사로잡는다. 마치 명상에 빠져 있는 듯 검은색의 조각은 초연하게 앉 아 있는데 이 주위에도 눈에 보이지 않는 어떤 파워가 흐르는 듯하다. 발라지 사원 전체의 종교적인 분위기 때문일까? 아니면 참배객들의 헌 신적인 기도에 감응이 와서 그랬을까? 성소뿐 아니라 주위의 신상이나 조각들에서도 신성한 기운이 안개처럼 뿜어져 나오는 것 같다. 다른 참배객들의 표정을 살펴보니 내가 느끼는 것을 그들도 느끼는 듯하다. 과연 같은 느낌일까?

 물밀듯 쏟아져 들어오는 참배객들을 피해 밖으로 나간다. 사원 밖에는 아직도 다르샨을 기다리는 수많은 사람들이 끝도 없이 밀려들고 그것을 보니 진짜 인도 최고의 방문객 수를 자랑한다는 그 말들이 실감이 난다. 어쩌면 인도인들의 주장처럼 아마도 세계 제일의 사원은 아닐까 하는 심증이 굳어진다.

 셔틀버스를 타러 내려가는 길, 산길을 걸어서 올라온 사두들과 사람들을 만난다. 몇 시간씩 걸렸을 텐데 그들의 얼굴에는 피곤의 기색이라기보단 드디어 다왔다는 환희가 넘친다. 어느 행색이 남루한 사두에게 부끄러운 맘으로 보시를 조금 한다. 수많은 돌계단을 올라오는 길, 몸은 힘들었지만 마음의 힘은 더욱 강해진 듯 환히 웃는 그 모습이 존경스럽기까지 하다.

 티루파띠 시내에 도착해 숙소로 돌아가는 길, 길가에서 술에 취한 사람들과 주정을 부리는 사람들을 발견한다. 정류장 뒤편 영화관 부근에는 술에 취한 사람들이 서로 다투고 있다. 그것을 보니 문득 산 위의 신성함과 산 아래의 세속이 대비가 되는 상황이 언뜻 이해가 안된다. 또 근처 간이매점들에서 닭발이나 닭머리, 통닭을 튀겨 팔고 있는 모습도 보인다. 자칭 인도 최고의 신성한 사원이 있는 곳에서 술에 취해 사람들이 다투고 있고, 또 육식을 금하는 힌두교의 일반적인 교리와는 괴리되어 육식이 넘치는 풍경을 보니 한편 이상한 느낌도 든다.

 성(聖)과 속(俗)이 함께 공존하는 곳 티루파띠. 어쩌면 이것이 이 세상의 축소판은 아닐까? 나약한 우리들은 고민하고 갈등하고 다투고 좌절하지만 그래도 그 속에서도 또한 신성함을 추구하고 행복을 추구하고 꿈꾸고 있으니 말이다. 삶의 양면성과 존재의 이중성에 대한 고민이 슬며시 든다. 그렇지만 그 누가 부정을 할 수 있을까? 이런 현실 속에서도, 이런 세속의 아픔들 속에서도 우리들 존재(存在)의 신성한 빛은 빛나고 있는 것을.

*발라지 템플은 방문객 수에 있어서 인도 최고라 할 수 있고, 사원 규모 등을 따진다면 미나찌 사원이나 다른 사원을 꼽는 경우도 있다.

성스러운 산 티루말라, 저 산 너머에 발라지 템플이 있다.

케랄라의 성녀 암마의 아쉬람

암마 아쉬람에서 운영하는 학교와 케랄라의 끝없는 평원

  사이바바와 더불어 살아 있는 영적 구루로 널리 알려져 있는 케랄라의 성녀 암마(Amma)를 만나기 위해 그녀의 아쉬람이 있는 암리타푸리(Amritapuri)로 가는 길, 아라비아 해안가의 초록빛 도시 콜람역에 내렸다. 작고 아담한 콜람역은 케랄라의 여느 도시들이 그러하듯 높다란 코코넛나무들이 울창하고 아라비아해의 바닷바람이 불어와 시원하고 상쾌했다.
  역 앞의 찻집에서 구수한 타밀커피를 한잔하고 찻집 주인이 소개해 준 릭샤를 탄다. 릭샤 앞 유리창에는 쉬르디 사이바바 사진과 암마의 사진이 나란히 붙어 있다. 흑인처럼 검은 얼굴의 릭샤꾼은 암리타푸리로 간다는 나의 말에 "암마는 신의 화신입니다. 그녀는 아주 신성한 분이죠."라며 암마에 대한 소개를 한다. 그러나 "그럼 암마가 진짜로 신이라고 믿습니까?"라는 나의 질문에 그는 잠시 머뭇거린다. "예, 신입니다. 우리는 사이바바를 신으로 믿습니다."라는 사이바바 아쉬람의 릭샤꾼들의 거침없는 대답에 비하면 이 릭샤꾼의 믿음은 아직은 말뿐은 아닐까 하는 생각이 든다.

마타 암리타난다마이 데비(Mata Amritanandamayi Devi), 그녀는 헌신자들에게 엄마를 지칭하는 암마(Amma, Ammachi)로 불리며 전 인도를 돌며 찬송하고 찬양하는 순례 다르샨으로 유명하다. 매년 그녀는 인도를 비롯한, 세계를 여행하면서 신을 향한 찬송과 다르샨을 가지는데 특히 그녀는 찾아오는 모든 이들을 안아 주는 것으로 유명하다. 아무런 조건 없이 단지 그녀와 허깅을 하는 것만으로도 헌신자들은 그녀의 사랑과 축복을 체험한다고 한다. 그녀와 직접 허깅을 해 본 사람들의 말을 따르면 참 편안한 느낌이었고, 감동이 물결처럼 흘러들었다고 한다. 그래서 헌신자들 사이에서는 "허깅 세인트(Hugging Saint)"로 불리기도 한다. 나 역시 인도로 올 때마다 거리에 붙어 있는 푸근한 인상의 포스터를 보고 언젠가는 꼭 한번 다르샨에 참석해야겠다고 생각했지만 뜻대로 되진 않았다. 오랫동안 소망하던 차라 이번엔 암마의 본부가 있는 암리타푸리로 가는 것이다.

암마의 아쉬람으로 향하는 길가에는 야자수들이 줄지어 서 있고 도로변의 강과 바다 위에는 고기 잡는 어선들이 한가로이 떠 있다. 왕복 2차선의 도로를 달리는 릭샤 안으로 시원한 아라비아의 바닷바람이 불어오고, 아름다운 케랄라의 풍경에 취해갈 즈음 저 멀리 초록의 숲 위로 거대한 빌딩이 나타난다. 끝이 보이지 않는 아득한 초록의 바다 위로 우뚝 솟아 있는 빌딩이 바로 암마의 아쉬람이다.

 아쉬람의 높은 빌딩 바로 앞으로는 푸른색의 아라비아해의 바다가 넘실대고 있고, 아쉬람 옆으로는 긴 강이 유유히 흐르고 있다. 코코넛나무로 울창한 골목길을 지나 아쉬람 안마당에 서자 어디선가 카랑카랑한 목소리가 스피커를 통해 들려온다. 둘러보니 아쉬람의 메인 템플에서 무슨 모임이 있는지 한결같이 흰색 사리를 입은 사람들로 북적인다. 지나가는 사람에게 물어보니 암마가 직접 다르샨을 하는 중이라고 한다.

 흰색 꾸르따를 입은 남자가 다가오자 인사차 물어본다.
"암마는 지금 아쉬람에 계십니까?"
"예. 지금 암마께선 다르샨 중 이십니다. 빨리 수속을 마치면 다르샨에 참석할 수 있습니다."
"엇 그럼 지금 나오는 목소리는 암마의 목소리인가요?"
"예. 암마입니다."
'엇, 그럼 이 목소리가 암마의 목소리라면, 상상했던 목소리와는 많이 다른데……'라는 생각이 들었다.

 스피커를 통해 들려오는 목소리는 화가 난 모양인지 상당히 날카롭고, 신경질적인 톤이었다. '얼른 수속을 마치고 다르샨에 참석해야지' 생각하며 사람들의 안내로 소리가 들리는 건물 2층으로 올라간다. 리셉션 사무실에 등록을 하는 중 얼핏 다르샨이 열리는 아래를 쳐다보니, 어두컴컴한 홀 안에는 사람들로 가득하고, 어두운 저편에 암마가 앉아 있다. 참석한 사람들을 둘러보니, 모두들 한결같이 흰색이나 인도 전통의 사리를 입고 있다. 남자들은 흰색 꾸르따, 여자들은 흰색 사리가 기본 복장인 모양이다. 검은 얼굴의 케랄라 여인을 비롯, 금발의 외국 여성들과 사리를 입은 일본 여성 등 주로 여자들이 많다.

 수속을 마치고 다르샨이 열리는 메인 템플을 나와 배정받은 E동으로 간다. 내가 묵을 숙소 건물을 얼핏 쳐다보니 20층은 될 듯하다. 세바(Seva)일을 보고 있는 백발의 할머니께 인사를 하고 엘리베이터에 오른다. 치잉 하고 엘리베이터 문이 열리고 고개를 돌리자 드넓은 수평선의 아라비아해가 한눈에 들어온다. "와"하는 탄성이 절로 난다. 오른쪽으로는 아라비아해이고, 왼쪽으로는 저 멀리 지평선 끝까지 끝도 없이 펼쳐져 있는 초록의 바다이다. 아라비아해, 그 바다 위에는 풍경화처럼 배들이 몇 척 떠있다. 참으로 훌륭한 경치다. 경치로 치면 특급 호텔급이 아닐까?

 배정받은 방 안에는 간이 부엌과 샤워실이 딸려 있고, 간소한 침대가 있다. 벽과 문 위에는 푸근하게 웃는 암마의 사진이 걸려 있다. 창문을 열자 아라비아해의 바람이 확하고 불어온다.

 짐을 대충 내려놓고 다르샨이 열리는 곳으로 다시 가니, 아직도 사람들은 암마의 설교를 열심히들 듣고 있다. 케랄라의 지역 언어로 말하는 모양이라 그 내용은 잘 알 수 없지만, 사람들의 표정을 보아하니 무언가 나무라는 듯하다. 그러는 중에 몇 차례 웃음이 터진다. 아마도 재미있는 이야기를 한 모양이다. 설교를 마치니 점심시간이 된 듯 홀 안으로 밥과 그릇들이 들어온다. 헉! 설교하는 다르샨 홀 안에서 밥도 먹는 거야? 그렇지만 설교를 듣던 사람들은 당연하다는 듯 모두들 식사 준비를 한다. 암마가 축복하고 밥이 올려 진 쟁반이 참석한 사람들의 손에서 손으로 전달된다. 아마도 암마가 직접 축복하고 전달해 주는 밥은 좀 더 신성한 것으로 받아들여지는지 사람들은 그 전달된 밥을 현장에서 바로 먹는다.

나는 사람들이 많은 홀에서 나와 조용한 식당에서 먹기로 한다. 식당에는 두 줄로 길게 테이블이 설치되어 있고, 세바일을 하는 자원봉사자들이 밥과 반찬을 배급하고 있다. 한쪽에 쌓여진 스테인레스 쟁반을 받아들고 배급을 받는다. 시장이 반찬이라고 밥은 그런대로 먹을 만하고 특히 숭늉은 우리나라의 숭늉맛과 똑같다. 식사 후 스푼이나 쟁반은 먹은 사람이 스스로 씻는다. 세제가 있지만 대부분의 사람들은 그냥 물로만 씻으니 나도 따라 그냥 씻는다. 쟁반의 기름기가 남아 좀 미끌미끌하다.

점심 식사를 마치고 아쉬람을 나와 주변을 산책한다. 아쉬람 바로 옆의 해변에는 거친 파도를 막는 방파제 콘크리트 덩어리들이 길게 쌓여 있고, 코코넛 숲 사이로 마을 사람들의 집들이 있다. 푸른 물결의 아라비아 해에서 불어온 바람에 파도가 거칠게 방파제에 부딪치며 하얀 포말을 일으킨다.

이번에는 아쉬람 뒤편의 다리 쪽으로 가본다. 쓰나미가 올 경우 저지대인 해변의 마을 사람들과 아쉬람 사람들이 피난하기 쉽도록 만들었다는 세투다리 중간에 서자, 코코넛나무들의 숲 사이로 흐르는 강이 그림처럼 보인다. 강 중간 중간에는 중국식의 어망이 설치되어 있고, 물고기를 잡는 케랄라의 배들이 떠 있다. 참 평화롭고 아름다운 풍경이다.

오후 바잔 시간이 되어 나도 흰색 꾸르따를 입고 들려오는 노랫소리를 따라 바잔 홀로 가니, 홀은 이미 사람들이 가득 차 있다. 삼사백 명은 족히 되어 보이는 사람들이 의자 위에 앉아 있고, 자리를 구하지 못한 사람들은 뒷자리에 서거나 앉아 있다. 바잔 홀 중앙에는 높은 무대가 설치되어 있고 커다란 무대 화면과 조명시설도 있다. 이윽고 악기를 연주하는 악단과 암마가 등장하며 바잔이 시작되었다.

신시사이저와 타블라 등 인도 전통 악기의 백그라운드 연주에 암마와 주변의 헌신자들이 함께 부르는 노래는 정말 아름답게 느껴졌다. 바잔 홀 중간 중간에는 참가인들이 따라 부를 수 있도록 가사가 나오는 티비가 설치되어 있고, 천장의 조명도 분위기에 맞추어 전등 색깔을 다르게 하고 있다. 마치 유명한 가수들의 콘서트장처럼 시설이 되어있다. 사람들은 암마의 선창에 따라 손뼉을 치며 노래를 부르고, 암마는 마치 신들린 것처럼 몸을 흐느적거리며 노래를 부른다. 그런데 암마의 목소리는 오전의 설교 때와는 달리 고음에 맑고 투명하다. 혹시 암마 뒤편에 앉아 있는 다른 이의 목소리일까? 신의 사랑에 귀의하겠다는 가사에 수많은 사람들이 함께 부르는 찬가는 그야말로 천상의 노래가 따로 없었다.

마지막으로 암마가 손을 하늘로 들며 노래를 끝낼 때 많은 헌신자들도 따라서 손을 하늘로 들고 몸을 흔들며 감동에 겨워한다. 노래의 힘이란 것이, 음악의 힘이란 것이 이렇게 감동적일 줄은 나도 이제야 깨닫는다. 감동에 겨워하는 사람들의 모습을 보니 "음악은 신께로 가는 길"이라는 시타르의 명인 라비 샹카르가 한 말이 떠올랐다. 내 눈가에도 무엇인가 축축해져 있었다.

바잔을 끝낸 사람들은 아쉬람의 일정에 참여하던지 각자의 편한 대로 행동한다. 어떤 사람들은 템플로 가서 명상을 하기도 하고, 어떤 사람들은 숙소 옥상으로 가서 요가연습을 하기도 한다. 나는 숙소 방안으로 돌아와 창문을 열고 잠시 생각에 잠겨본다. 멀리 아라비아해가 보이고 작은 배들이 오고 가는 것이 보인다. 참 그림같이 아름다운 풍경이다. 이렇게 아름다운 경치에 아쉬람이 있다니!

 그런데, 이상하게도 여기 아쉬람에 도착하고 나서부터 계속 든 느낌은 마음이 어딘가 불편하다는 것이다. 그 이유를 딱 꼬집어 말하기는 힘든데 어딘가 마음이 편하지가 않았다. 주위의 풍경도 멋지고 바람이 불어 시원도 한데 마음만은 아직 불편함이 남아있는 것은 왜일까? 아쉬람에서 이런 느낌이 드는 것은 처음인데…….

 아쉬람에 도착했을 때부터 찬찬히 기억을 되살려 본다. 그러다가 이곳 사람들의 얼굴에서 웃음기가 별로 없다는 사실을 발견한다. 맨 처음 우리를 맞았던 아저씨도 그렇고, 숙소 배정 수속을 처리하던 리셉션 창구의 세바일을 하는 외국 청년의 얼굴에서도 그렇고, 이곳 사람들의 얼굴에는 라마나 마하르쉬 아쉬람이나 시바난다 아쉬람에서 만난 사람들처럼 밝은 미소나, 편한 모습이 없다는 것이다. 거기다가 다르샨 설교를 하는 암마의 목소리도 너무 날카로왔고, 사실 다른 아쉬람들과는 다르게 이곳 사람들의 표정은 그리 썩 밝은 편은 아니다.

 모두들 가슴에 상처가 있는 사람들이어서 그럴까? 마음에 아픔이 있어서 치료하러 암마를 만나러 온 것일까? 그들의 표정을 보고 내 마음도 불편해 진 것은 아닐까? 한결같이 얼굴에 웃음기가 없고 굳은 표정이었다. 다만 오래 머물지 않은 서양인들의 표정은 밝았다. 그렇지만 그들 역시도 어딘가 좀 불편해하는 듯 했다. 아마 낯선 환경 때문은 아닐까? 그렇지만 암마의 바잔은 참 성스럽고 감동적이었는데 말이다.

 저녁이 지나 밤이 되어도 그것에 대한 생각이 사라지지 않는다. 혹시 내 여행 일정 때문에 긴장되어 그런 걸까? 아니면 평소 고층에서 생활하는 것을 싫어하는 내가 너무 높은 빌딩에서 지내서 그럴까? 그것도 아니면 아쉬람에 구속하는 규정들이 많아서 그런 것일까? 혹시나 싶어 아쉬람 수속할 때 받은 안내 쪽지를 다시 살펴본다. 헉! 아쉬람 안내 팜플렛에는 금지 표시와 함께 하지 말라는 문구가 가득하다. 담배 피지 마시오, 아쉬람 밖에서 음식을 사 먹지 마시오, 동물들에게 먹이를 주지 마시오, 마을 사람과 접촉하지 마시오, 세바 등록을 꼭 하시오, 사진 찍지 마시오, 녹음이나 비디오도 찍지 마시오…….

이것을 보니 왠지 내 마음이 불편한 이유를 조금은 알 것 같기도 하다. 일반적인 아쉬람의 경우 최소한의 규정만 지키면 거의 행동이 자유로운 것에 비해 여기는 금지하는 규정이 훨씬 많은 것 같다. 팜플렛으로 눈길을 돌리다 "마을 사람과 접촉하지 마시오."란 항목을 다시 살펴본다. 글을 읽어보니 마을 사람들과 만나지 말라는 취지는 좋은데 아쉬람 주변의 마을 사람들과 이야기도 하지 말고 음식도 사 먹지 말라는 항목은 너무 한 것 아닌가 하는 생각이 든다. 거기다가 마을 사람들과 접촉하기 전에 아쉬람의 허락을 먼저 받으라는 구절은 아무리 형식적으로 만들었다고 해도 좀 심한 것 아닌가 하는 생각이 사라지지 않는다. 또 생각해 보니 숙소 빌딩의 엘리베이터 앞에도, 게시판에도 금지 규정을 적어 놓은 글들이 붙어 있던 것이 기억났다. 각 건물마다 입구에 자원봉사로 세바일 한다는 사람들이 경비처럼 지키고 서 있기도 하는 등 전반적으로 일반적인 아쉬람과는 달리 폐쇄적인 느낌이 들었다. 사실 난 이미 마을 사람들과 이야기도 하고 음식을 사 먹기도 했는데 말이다. 마을 사람들이 팜플렛에 적힌 이 글들을 본다면 어떤 반응을 보일까? 아쉬람과 마을 사람들 사이에 무슨 일이 있었던 걸까?

한참을 생각해 보니 기대가 크면 실망도 크다는 말처럼 실망감이 슬며시 들었다. 내가 너무 큰 기대를 하고 왔는가? 그렇지만 다른 아쉬람보다 시설도 훨씬 좋은 편이고 경치도 좋은데, 다만 다르샨을 하던 곳에서 식사를 바로 한다는 것이 내겐 거부감이 드는 일이었지만 식사는 밖에서 하면 될 터였다.

 그러나 지금까지 방문한 여러 아쉬람과 비교하니 생각이 달라졌다. 라마나 아쉬람의 자유로운 분위기와 샹카라차리야 바로 앞에서도 꼬마들이 자유롭게 장난치는 스린게리 사원의 모습이 머릿속으로 지나간다. 더불어 리시케시의 여러 아쉬람들도 최소한만 지키면 자유롭지 않은가! 이렇게 생각하자 갑자기 라마나스라맘과 스린게리의 샹카라차리야가 그리워졌다. 밤새 고민하다 지켜야 할 규칙은 있어야겠지만 과도한 구속이 진정 마음의 평화와 자유를 주지는 않는다는 결론에 이르고 또 남은 여행 일정을 생각하여 날이 밝으면 떠나기로 한다. 이렇게 결정을 하니 한결 마음이 편해졌다. 원래 며칠은 있으려고 왔지만 하룻밤을 자고 가는 경우는 이번이 처음일 듯하다. 아마 저 건너편에 계신 암마께서도 내가 이렇게 떠나는 것을 이해하실 것이다. 이번은 암리타푸리에 오래 머물 운은 아닌 모양이다.

 다음날, 아침 식사를 하고 해변을 산책하다 마을 청년들과 이야기를 나눈다. 마을 청년들은 얼굴은 검지만 순박한 품성이 드러난다. 방으로 돌아와 짐을 챙기고 마지막으로 옥상에 올라가 본다. 옥상에는 요가자세를 취하는 외국인들이 여러 명 있다. 모두들 서양에 선풍적인 인기를 끌고 있는 아엥가요가를 하고 있다. 아마 암마의 아쉬람에서도 외국인들을 위해 시류의 흐름에 편승하여 아엥가요가나 아유르베다를 가르치는 모양이다. 하기야 리시케시 같은 곳의 많은 아쉬람에서도 아사나 위주의 아엥가요가를 가르치니 말이다. 그래서 어떤 인도인들은 아사나 위주의 요가는 진정한 요가가 아니라고 비판하는 사람들이 있는 것이 현실이다. 그렇지만 인도인들이 세계 요가의 고향이라며 자랑스럽게 생각하고 성스럽게 생각하는 리시케시의 많은 아쉬람에서 조차도 많은 경우 요가코스는 외국인들이 가르치고 있는 것 역시 사실은 사실이다.

눈을 들어 바다를 보니 여전히 아라비아해의 푸른 물결은 아름답다. 열대의 태양은 이글거리고, 바람은 세차다. 끝없는 아라비아해의 수평선과 코코넛나무들의 지평선을 번갈아 보며 암리타푸리에서의 마지막 인사를 고한다.

암마의 아쉬람, 법회가 열리는 곳이다.

민족운동가에서 영혼의 성자로

　인도 독립운동의 불굴의 투사이자, 철학자, 시인이었던 스리 오로빈도의 아쉬람은 폰디체리 해변을 낀 머린가에 있었다. 하얀색 담장으로 말끔하게 둘러 싸여진 아쉬람의 작은 문 안으로 들어서자 마당에는 열대의 온갖 꽃들과 선인장, 연꽃들이 예쁘게 피어 반기고 있다. 오른쪽으로 돌아 들어가니 커다란 나무 아래 스리 오로빈도의 사마디 묘소가 있고, 주변에는 많은 이들이 참배하거나 좌정하여 명상을 하고 있다.
　스리 오로빈도와 마더를 모신 사마디 쉬린은 평소 흰 옷을 즐겨 입던 오로빈도처럼 흰색과 회색의 고운 대리석으로 마감 되어있고, 그 위에는 만다라처럼 온갖 꽃으로 단장되어 있다. 흰색의 향기로운 자스민, 검붉은 장미, 짙노랑의 마리골드 꽃들로 우아하게 꾸며져 있다. 참배 온 사람들은 그 위에 가져온 꽃을 뿌리며 두 손을 모아 기도하고 꽃과 대리석 위에 손과 이마를 댄다. 엄숙하고 신실한 그들의 표정과 행동 하나하나는 보는 이로 하여금 오로빈도에 대한 그들의 사랑과 존경의 마음이 저절로 전염되게 한다.
　사마디 쉬린 바로 옆에는 커다란 나무가 마치 일산이나 된 양 비스듬히

통합요가의 주창자 스리 오로빈도

가지를 구부리고 있고, 그 아래엔 햇볕을 막으려는 듯 분홍색의 커다란 휘장이 걸려있다. 일반적으로 건물 내부에 있는 다른 사마디 쉬린과는 달리 오로빈도와 마더의 묘소는 노천에 오픈되어 있다. 이 대리석의 무덤 안에는 오로빈도와 그의 제자이자 영적 동반자였던 마더가 함께 모셔져 있다.

오로빈도와 마더를 모신 묘소 주변 여기저기에는 사람들이 조용히 좌정하여 명상에 잠겨있다. 어떤 이들은 나무 아래에, 어떤 이들은 벽에 기댄 채로 심연의 그 무엇을 느끼는 듯 고요 속에 침잠하고 있다. 나도 그들처럼 멀찌감치 떨어져 조용히 벽에 기대고 앉아 본다.

사마디 쉬린의 엄숙한 분위기 때문이었을까? 아니면 나무 그늘의 시원함 때문이었을까? 가만히 앉아 있는 나에게도 은총처럼, 축복처럼 심연의 고요가 밀물처럼 밀려온다.

인도인들에게 민족운동가이자 영혼의 성자로 추앙받는 스리 오로빈도는 1872년 영국 식민지 치하의 캘커타(지금의 콜카타)에서 태어났다. 의사였던 아버지의 바람으로 여덟 살이라는 어린 나이에 형들을 따라 영국으로 유학을 떠나게 되고, 후일 캠브리지 대학의 킹스 칼리지에 장학금을 받고 입학하게 된다. 그러나 영국 지배하의 식민지 인도에 대한 현실인식과 애정으로 제국주의 영국에 봉사하기보단 조국 인도를 위해 일하고자 캠브리지 대학을 중도에 포기하고 인도로 귀국한다.

인도로 오게 된 그는 바로다 지방 정부의 공무원으로 일하기도 하고 나중에는 바로다 대학에서 프랑스어를 가르치기도 한다. 이 시절 그는 격식에 얽매이지 않는 강의로 많은 인기를 얻었다고 하며, 조국 인도에 대해 바르게 알고자 인도 문화를 비롯한 산스크리트어, 벵갈어 등 지방 언어를 공부한다. 이때 힌두교와 요가에 대해 접하고 날마다 규칙적으로 요가 수련을 하기도 한다. 이후 그는 영국에 대항한 인도 독립운동에도 깊이 관여한다. 그는 민족운동가들과 교류하며, 독립운동에 관한 저술을 하거나 단체를 조직하는 등 적극적으로 활동했다. 인도의 완전한 독립을 추구한 그는 독립운동가들 사이에 이론가로서, 저술가로서 또 지도자로서 자리매김하게 된다.

영국 유학까지 한 촉망받는 혁명가의 탄생을 탐탁지 않게 생각한 영국 식민지 당국은 1908년 캘커타에서 알리포르 폭발 사건(Alipore Bomb Case)이 일어나자 독립운동을 탄압하는 차원에서 그를 강제로 체포한다. 그는 폭발 사건의 배후로 누명을 쓰고 알리포르 감옥에 수감되어 생사의 갈림길에 선다. 그러나 이 젊은 혁명가는 도둑들과 죄인들이 가득한 감옥에서 그토록 바라던 인도 독립의 비전과 무한한 신의 사랑을 체험하고는 영혼의 성자로 변모하게 된다.

그가 쓴 "감옥 생활 이야기"에 따르면 그에게 배정된 방은 창문도 없고 햇살도 들지 않는 비좁은 독방이었다. 육중한 철문 너머로 어렴풋이 감옥의 작은 뜰이 보였을 뿐 어디에도 희망의 빛은 없는 곳이었다. "독방에서의 수감 생활보다는 차라리 교수형을 달라!"는 어느 죄수의 이야기가 가슴으로 와 닿는 참으로 비참한 현실이었다.

창문도 없고 몸만 간신히 누일 비좁은 독방에서의 고독한 생활은 지고한 지성을 소유한 오로빈도에게도 큰 시련이었다. 수많은 생각과 감정, 사념들의 흐름은 그에게 번민의 밤을 지새우게 했으며 번뇌에 빠져 미칠 지경이었다. 그러나 그는 정신을 잃지 않으려고, 미치지 않으려고 일전에 배운 요가 자세를 취해 명상을 하며 발버둥을 치게 된다.

그러던 어느 날 오후, 번민의 날들을 지새우던 오로빈도는 다시 마음을 가다듬고자 명상에 빠진다. 묵상 중 한 생각을 하자마자 끝도 없는 수많은 생각의 사슬들이 꼬리에 꼬리를 물고 일어났다. 그 생각들의 흐름은 이제는 더 이상 통제할 수 없을 정도로 순식간에 여기저기서 일어났다. 생각들의 폭발은 주체할 수 없을 지경이었고 그는 통제력을 잃었다. 그러나 통제할 수 없는 생각들의 흐름 속에서 머리가 폭발할 지경이었지만 그의 지성만은 깨어서 이것들을 지켜보고 있음을 발견한다. 동시에 그는 정신을 잃어 미치지 않을까 하는 두려움에 사로잡힌다. 이 두려움에 그는 미치지 않게 해달라고 신께 간절히 기도한다.

"그러자 바로 그 순간, 어디선가 온화하고 시원한 미풍 같은 것이 내 존재를 감싸고 뜨거운 머리를 식히고 평안하게 했습니다. 그것은 내가 지금까지 겪어 보지 못한 놀라운 축복이었습니다. 마치 아기가 엄마 품에 안겨 아무런 두려움 없이 편안히 잠을 자듯, 나는 우주의 어머니 품에 안겨 있었습니다. 그날 이후로 감옥 생활의 모든 고통은 사라졌습니다."라고 오로빈도는 그때의 놀라운 체험을 말한다.

"내가 어둠에 잠들어 있을 때,
나는 거룩한 성자들로 가득 찬
명상의 요람으로 이끌렸습니다.
그곳은 바로
근심하는 죄수들로 가득 찬
감옥이었습니다.

내가 깨어났을 때,

신께서는 나를
감옥으로 이끄시고,
그곳을 명상과
그분과의 성스러운 밀회의 장소로 화(化)하게 하셨습니다."

그날 이후 청년 오로빈도에게 알리포르 감옥은 더 이상 감옥이 아니라 신께서 준비하신 아름다운 숲 속의 '아쉬람'이었으며, 감옥에 갇힌 죄수들은 신의 얼굴을 하고 있었다. 이런 체험을 바탕으로 그는 베다와 우파니샤드를 읽고 만트라를 염송한다. 그런 과정에서 결국 그는 만물의 이면에 존재하는 불멸의 순수한 영을 체험한다. 그리하여 그는 인도 전래의 종교 힌두교가 제국주의 영국에 대항하는 인도 독립운동의 비전이 될 수 있음을 깨닫게 되고 이후 요기(Yogi)로서, 힌두 철학자로서 삶을 살게 된다.

그의 표현대로 "신의 은총"으로 알리포르 감옥에서 석방되자 1910년 그는 영국의 압제를 피해 프랑스령의 폰디체리로 이동해 그곳에 정착한다. 폰디체리에 정착한 이후 그는 요가 수행과 철학적 사색에 몰입한다. 그리하여 그의 주옥같은 시와 철학서들이 이 곳 폰디체리에서 저술되게 된다.

감옥에서의 영적인 체험과 승화는 그에게 모든 사물이나 사건의 이면에 있는 "전체의지"로서의 신에 대해 사색하게 했으며, 억압과 구속을 벗어나 모든 인류의 진정한 자유, 진정한 행복을 추구하게 하였다. 그리하여 인류의 삶도 절대의 순수의식과 합일하는 인간의 영적인 진화를 주장하게 되었다. 그 방편으로 베다와 우파니샤드 등 힌두전통을 연구하고 통합요가를 주창하여 요가 수련을 통해 진정한 자아인 신성과의 합일을 깨달아 몸과 마음, 생활을 승화시켜 지상에서의 신성한 삶을 이루는 데 헌신할 것을 강조했다. 이후 그의 철학은 현대의 많은 철학자들에게 영향을 주게 되었고, 제자들은 그의 현실에서의 신성한 삶의 실현이라는 이상을 위해 마더를 중심으로 오로빌(Auroville)이라는 실험적인 이상향 건설에 착수하게 된다.

사마디 쉬린을 찾은 어느 할머니는 아까부터 묘소를 단장한 하얀 대리석에 이마를 대고 있더니 삼십여 분이 지난 지금도 이마를 떼지 않는다. 그녀의 구루와 말 없는 대화를 나누고 있는 걸까? 어쩌면 사트상의 깊은 가르침을 받고 있는지도 모르겠다. 이때 참배객들 사이로 기다란 꼬리를 가진 도마뱀이 한 마리 나타난다. 삼십 센티미터는 됨직한 큰 놈이다. 마치 자기 집 안마당이나 되는 양 천천히 왔다 갔다 한다. 그러다 사람들을 구경이라도 하는 듯, 아니면 명상이라도 하는 듯 잠시 멈추어서 있다. 묘소 옆 나무 위에도 갈색 줄무늬의 다람쥐 두 마리가 나타나 나무 위를 오르락내리락 하며 장난치고 있다. 사람들은 재미있다는 듯 쳐다볼 뿐 아무도 제지하지 않는다. 어쩌면 갈색 줄무늬 다람쥐도, 긴 꼬리 도마뱀도 스리 오로빈도께 참배하러 온 것은 아닐까? 사람들이 지나가도 도망도 가지 않는다.

쉬린 곁에 한동안 앉아 있는 중에 어느 아쉬람 관계자가 다가와 작은 목소리로 좀 더 안쪽으로 가면 파워풀한 곳이 있다고 안내한다. 그를 따라 모퉁이를 돌아가자 작은 서점이 있고, 안마당에는 꽃들이 예쁘게 피어 있다. 고개를 드니 육각형 모양의 별 상자 속에 스리 오로빈도의 사진이 있고, 안쪽에는 오로빈도가 평소에 사용하던 침대가 놓여 있다. 바로 이곳이 오로빈도가 다르샨을 가졌던 곳인 모양이다. 작은 공간에는 여러 명의 참배객들이 앉아 명상을 하고 있다. 고개를 들어 위를 보니 은빛의 스테인리스로 만든 반원형의 길고 둥근 천장이 있다. 무엇인가 오컬트적이고 신비한 느낌이 든다. 실제로 이곳은 바람 부는 바깥의 묘소와는 달리 뭔가 좀 더 응축된 느낌이 든다. 이곳은 스리 오로빈도의 제자이자 동반자인 마더의 헌신자들이 관리하는 곳으로 원래 마더가 지내던 건물이고 오로빈도도 자주 머물던 곳이라고 한다.

아무튼 오로빈도는 그의 철학만큼이나 신비한 파워를 아직도 방사하고 있는 듯하다. 비록 세월이 흘러 그의 모습은 보이지 않지만 그를 찾아오는 많은 이들의 가슴속에 진실한 구루로, 시대를 앞서 간 선각자로, 민족운동을 주도한 투사로 그리고 위대한 사랑으로 남아있는 것이다.

아쉬람을 나오는 길에 오로빈도가 생전에 사용한 집기들을 전시한 구내 서점에서 수염이 멋진 오로빈도의 사진 몇 장과 책을 산다. 아쉬람을 나와 조금 걸으니 프랑스풍의 건물들 사이로 인도양의 바다가 보인다.

쪽빛 바다 위로 파도는 세차고 바람은 시원하다. 생전의 오로빈도와 마더도 아마 이 해변을 산책하며 사색에 잠겼을 것이다. 이 바다 위에도, 불어오는 이 바람 속에도 오로빈도에게 현현한 사랑의 신은 숨 쉬며 순수의 은총을 내리고 있으리라.

*알리포르 폭발 사건(Alipore Bomb Case): 1908년 4월, 인도 독립을 추구하던 일단의 혁명가들에 의해서 일어났던 폭발사건 당시 인도 독립운동가들에게 악명 높던 영국인 치안판사를 암살하려던 폭탄 투척 사건이었으나, 암살에는 실패하고 대신 그의 아내와 딸이 희생된다. 이 사건을 기회로 영국 식민지 당국은 대대적으로 독립운동을 탄압한다. 이때 오로빈도 고쉬도 체포당하는 것이다.

바산타 비하르, 크리슈나무르티의 정원

생전의 크리슈나무르티가 살던 첸나이의 집

 고요했다. 첸나이를 관통하는 아디야르강에서 걸어서 십 여 분, 시대의 교사(敎師) 지두 크리슈나무르티(Jiddu Krishnamurti)가 거닐던 정원에는 키 큰 열대의 야자수들이 마치 명상하듯 서 있고, 바람마저 잦아든 뜰에는 투명한 햇살이 비추이고 있다.
 크리슈나무르티가 머물던 서재를 둘러보고 낡은 나무 계단을 내려와 뜰 앞을 서성인다. 꽃나무가 심어져 잘 꾸며진 정원은 평소 크리슈나무르티의 성품을 닮았는지 정갈하고 조용한 느낌이 든다. 이발을 하듯 단정하게 잘려진 잔디밭 한쪽에 커다란 바위가 눈에 띈다. 다가가 손으로 어루

만져 본다. 어쩌면 생전의 크리슈나무르티도 이렇게 바위를 만졌을지도 모를 일이다. 그렇게 생각하니 갑자기 한없이 멀게만 느껴지던 크리슈나무르티가 시간을 초월하여 바로 곁에 와 있는 상상이 든다.

지두 크리슈나무르티, 그는 시대를 휩쓴 수많은 사상들과 이념들, 그리고 두 차례의 세계대전을 비롯한 무수한 전쟁의 혼돈 속에서 인간의 자유와 진리를 추구했던 인물이다. 그는 1895년 영국 지배하의 인도 마드라스(지금의 첸나이) 근교의 작은 마을에서 태어났다. 신지학회 직원이던 아버지를 따라 신지학회 본부가 있는 아디야르 지역으로 이사한 후 우연히 신지학회 사람들 눈에 띄게 되어 당시 신지학회 회장이던 애니 베산트여사의 양자로 입양되고 신지학회의 구루들이 예언한 세계의 교사로 교육을 받게 된다. 당시 신지학회 내에서는 예수와 같이 인류를 위기에서 구해낼 현세의 메시아와 같은 인물이, 불교에서 말하는 미륵불 같은 인물이 곧 나타날 것이라는 믿음이 파다했고 그런 믿음에 기인하여 크리슈나무르티가 선택된 것이다. 그리하여 신지학회 사람들은 기독교에서 예수님의 탄생을 축하했다는 동방의 현자들을 본 따 동방의 별의 교단(The Order of the Star in the East)이라는 단체를 전 세계적으로 조직하고 그 리더로 크리슈나무르티를 내정한 것이다.

처음엔 크리슈나무르티와 신지학회와의 관계는 그리 나쁘진 않았다고 한다. 그러나 미국 여행 중 크리슈나무르티의 동생 니트야가 갑자기 죽자 크리슈나무르티는 신지학회의 가르침에 대해 깊은 회의를 했다고 한다. 평소 지병이 있었던 동생의 죽음과 하늘처럼 믿고 따르던 신지학회 스승들에 대한 회의는 크리슈나무르티 내부의 내적인 성장과 더불어 크리슈나무르티의 생각과 사상 전체를 바꾸게 된다. 그리하여 크리슈나무르티는 1929년 네덜란드 옴멘에서 열린 신지학회 캠프에서 별의 교단의 해체를 선언하며 신지학회와의 결별을 고한다.

"진리는 길 없는 대지이며, 여러분은 어떠한 종교든지, 어떠한 종파든지, 그 어떤 길로도 그곳에 이를 수는 없다고 나는 주장합니다. 이것이 나의 입장이며 절대적으로 무조건적으로 견지합니다. 진리는 한계가 없으며, 무조건적이며, 그 어떤 길로도 접근할 수 없습니다. 진리는 조직(조작)되어질 수 없으며 또한 그 어떤 특별한 길로 사람들을 인도하거나 강제하는 조직이 만들어져서도 안 될 것입니다."

그의 생애 중 가장 유명한 이 연설은 당시 캠프에 참가한 삼천여 명의 신지학회 사람들을 놀라게 했고, 이후 그는 신지학회를 떠나 한 사람의 인간으로서 그의 말에 귀 기울이는 이를 찾아 세계를 주유하게 된다. 어떻게 보면 사상의 아나키스트나 니힐리스트 또는 불가지론자(不可知論者)로까지 볼 수 있는 그의 급진적인 사고는 여러 논란을 불러 일으켰지만 공산주의를 비롯한 당시 유럽을 휩쓸던 나치즘, 파시즘 등 많은 이념들과 그런 이념들의 충돌로 야기된 세계대전 등의 전쟁, 경제적인 대공황, 도그마적인 이념의 광폭함 등의 현실을 겪은 뜻있는 이들에게는 많은 공감을 받게 된다.

종래의 전통적인 권위와 기성의 종교, 지식, 조직, 단체, 이념, 제도 등 그 어떤 기지(旣知)로부터의 자유를 표방한 그는 내적인 관찰과 사람들과의 관계 속에서 진리를 찾을 것을 권했다. 기지(旣知)의 것으로 채워진 의식과 생각을 깨어서 지켜봄(Observation)으로써 그 본질을 알게 되고, 그 순수한 주시, 순수한 지켜봄이 곧 시간을 초월한 자유와 다름 아니라고 했다.

역사상 유례가 없는 참혹한 세계대전과 민족 간의 투쟁과 반목, 이념과 이념의 충돌, 전후 냉전시대의 엄혹한 대치, 종교와 종교, 문화와 문화의 충돌, 산업화 사회에서의 인간의 소외 등 당면한 수많은 인류의 난제들에 대해서 고민해 온 사람들에게 크리슈나무르티의 파격적이고 탈권위주의적인 사고는 신선하게 다가갔으며, 특히 그의 교육이나 인간심리에 대한 고찰은 교육학이나 심리학 등에 일정의 영향을 주기도 했다. 그러나 한편으로는 그의 이러한 기존의 권위나 전통에 대한 부정, 종교나 신에 대한 부정적인 견해는 많은 비판을 받기도 했다. 특히 신과 구루에 대해 전통적인 신뢰가 깊은 인도에서는 비판이 심했다고 한다.

돌이켜보면 크리슈나무르티의 자유에 대한 많은 언급이나 교육이나 심리에 대한 고찰들은 어쩌면 그가 신지학회로부터 받았던 교육과 관련이 있지 않을까 한다. 강제적으로 주입된 교육과 거기에 반발하는 크리슈나무르티 내면의 모습, 어떤 이념이나 사상에 경도된 맹목적인 믿음에 대한 불신, 청소년기의 억압적인 환경과 내면적인 자유에의 갈망들이 사랑하는 동생의 죽음과 더불어 깊은 회의를 낳았을 것이고 또 내면의 어떤 영적인 체험도 함께 했을 것이다.

이곳 바산타 비하르(Vasanta Vihar)는 크리슈나무르티가 첸나이에 있을 때 머물렀던 곳이고 정원의 잔디밭에서 강의도 했던 곳이다. 원래는 신지학회의 베산트여사의 소유였지만 그녀의 배려로 크리슈나무르티가 머물렀고 나중에는 크리슈나무르티 재단이 위치했다고 한다. 그런데 정원에 있은 지 한 시간이 지났지만 방문객은 아무도 없었다. 다만 재단 관계자로 보이는 나이 든 할머니 한 분만이 서재를 방문했을 뿐.

어쩌면 인도인들은 그들의 구루와 신을 부정한 크리슈나무르티를 이해할 수 없었는지도 모른다. 오늘 같은 일요일에는 여느 힌두 사원이나 첸나이의 많은 성당에는 참배객들로 인산인해일 텐데 여기는 일반 방문객이 우리뿐이니 아마도 크리슈나무르티는 인도에서는 큰 인기가 없는 게 맞는 모양이다. 그렇지만 도그마적이고 맹목적인 믿음에 대한 깨어있는 이성을 위한 그의 외침은 아직도 메아리치고 있으니.

크리슈나무르티의 정원을 나오며 떠오르는 것은 깨달음을 얻었다는 여타의 힌두 성자들의 유유자적한 모습과는 좀 다른 늘 고독한 모습의 그의 얼굴, 바람에 날리는 그의 은색 머리칼이었다. 또 그토록 신이나 종교, 구루 등 전통과 권위에 부정적이던 크리슈나무르티의 생각이 참으로 인도 전통의 가르침과 결코 다르지 않다는 생각이다. 특히 그가 강조하던 내면적인 관찰이나 지켜봄, 부정을 통한 긍정의 발견은 이미 베다시대 이래로 전해 내려오는 힌두철학의 기본이고, 구루들의 공통된 가르침이 아니던가. 참으로 아이러니한 일이다.

토따뿌리 아쉬람에 있는 불멸의 요기 토따뿌리의 사진

우연히 도착한 토따뿌리 아쉬람

토따뿌리 아쉬람의 정문, 흰 소가 마중을 나오고 있다.

인도양에 접한 오리사주의 해변 도시 뿌리(Puri)는 유서 깊은 자간나뜨 사원과 샹카라가 세운 고바르단마트가 있는 힌두교의 성지이다. 또한 요가난다 자서전으로 유명한 요가난다와 그의 스승 유크테스와르의 아쉬람도 있는 곳이다. 거기다 마하 아바타르로 불리는 요가난다의 대 스승 바바지의 흔적도 있는 곳이 바로 뿌리이다.

숙소 앞의 해변을 산책하고 먼저 유크테스와르의 아쉬람인 카라르 아쉬람(Karar Ashram)으로 가려고 릭샤를 탔다. 시원하게 바닷바람이 불어오는 해변을 끼고 한참을 달린 후에 도착한 한적한 변두리의 아쉬람, 그런데 원래 가려던 카라르 아쉬람이 아니다. 정문에는 아드와이타 브라마 아쉬람이라고 적혀 있다. 주변 사람에게 물어보니 이곳은 토따뿌리(Totapuri)의 아쉬람이라고 한다. 토따뿌리? 어디서 많이 들었던 이름이다. 곰곰이 생각해 보니, 콜카타의 위대한 성자 라마크리슈나의 책에서 나오는 신비의 요기가 아닌가! 몸을 가리는 최소한의 옷마저 거부하고 나체로 살았다는 벌거숭이 바바, 그의 아쉬람이 뿌리에 있다니 놀라운 사실이다.

아무래도 릭샤꾼이 토따뿌리의 아쉬람과 카라르 아쉬람을 착각한 모양이다. 그렇지만 여기까지 온 것도 인연이다 싶어서 아쉬람으로 올라간다. 아쉬람 입구의 울창한 나무들 사이로 난 층층계단을 올라가니 뿔테 안경을 낀 아쉬람 관계자가 나와 반겨준다.

"나마스떼."
"반갑습니다. 어서오세요."
"여기가 토따뿌리 아쉬람인가요?"
"예 그렇습니다. 라마크리슈나께 아드와이타의 절대 진리를 전해 준 분이지요."
"그렇군요. 그런데 뿌리에 토따뿌리의 아쉬람이 있는지는 몰랐네요."
"토따뿌리께서는 여기 기르나리 반트에 자리를 잡고 40년을 넘게 수행하셨죠. 그러다가 1966년 마하 사마디에 드셨습니다."
"그럼 나이도 많았겠는데요?"
"그렇습니다. 토따뿌리께서는 이미 나이를 초월하신 분이지요. 라마크리슈나께서 열반에 드신 이후로도 오래 사시다가 300살을 넘겨 돌아가셨지요."

"우와, 정말입니까?"
"사실입니다. 요가를 마스터하면 나이를 초월할 수 있습니다. 토따뿌리께서는 요가를 완전히 이해하고 마스터한 분이시죠. 그래서 아드와이타의 절대 진리를 라마크리슈나께 전수도 해 준 것이고요."
"저도 라마크리슈나께서 수행하신 독끼네스와르 칼리 사원을 몇 번 방문한 적 있는데 참 좋은 경험이었습니다. 신비한 곳이더군요. 특히 라마크리슈나께서 지내신 작은 골방에는 신성한 느낌이 넘치더군요."
"좋은 경험하셨군요. 여기 토따뿌리님의 사마디 쉬린도 신성하답니다."

친절하게 설명하며 그는 토따뿌리의 조상이 있는 쉬린으로 안내한다. 계단 끝에는 둥근 원형 탑 모양의 지붕을 한 토따뿌리의 사마디 쉬린이 있고, 옆에는 토따뿌리가 명상을 하던 거대한 반얀나무가 아직도 푸른 잎을 자랑하며 무성하게 자라고 있다. 사마디 쉬린 안에는 반질반질한 하얀 대리석으로 만든 명상하는 토따뿌리의 조각상이 위엄 있게 앉아 있다. 그의 위엄 있는 포즈에 일순간 주눅이 든다. 토따뿌리 사마디 쉬린은 일반적인 다른 사마디 쉬린과는 다르게 향이나 초를 켜지 않는 모양인지 깨끗하고 정갈하다. 아마도 토따뿌리의 평소 신념처럼 미신적이고 기복적인 의식을 넘어선 절대의 순수 진리를 나타내고자 한 것은 아닐까?
그 조각상을 보며 잠시 멈추어 본다. 그리고는 느껴 본다. 그런데 고요하다. 오직 고요만이 느껴진다. 적막하리만치 고요한 느낌, 이 느낌은 라마크리슈나의 작은 골방에서 느낀 느낌과는 또 다른 느낌이다. 이 느낌이 다른 곳과는 달라 안내한 청년에게 질문해 본다.

"그런데 여기 토따뿌리의 쉬린에서는 다른 곳과는 달리 고요한 느낌밖에는 안 느껴지는군요. 다른 곳에서는 강한 파워도 느꼈는데......"
"사람의 감각이란 것은 한정된 것입니다. 우리가 느끼는 것은 다만 우리들이 느낄 수 있는 것만을 느끼는 것이지요. 우리가 느끼는 감각이나 우리들의 생각을 넘어서서 진리는 존재하는 것 아닐까요? 한정된 인간의 감각만으로 토따뿌리님을 가늠할 수는 없지 않겠습니까? "
"옳으신 지적입니다."
"님께서 느끼시는 그 고요가 어쩌면 토따뿌리께서 주시는 축복이 아닐까요? 세상사에 대한 생각도 사라지고 여행의 고달픔도 잊어지는 고요 말이죠."
"아 듣고 보니 참 맞는 말씀입니다."

 사실 그랬다. 인도 여행이 원래 쉬운 것이 아니란 것을 잘 알면서도 매번 인도를 올 때마다 부딪치는 여러 문제들에서 마음은 상하고 몸도 지쳐갔지. 여기 뿌리에서도 마찬가지였다. 늘 접하는 일상이었지만 릭샤꾼들과 흥정하는 것부터 시작해서 까다롭게 구는 경찰들, 거기다가 어떤 힌두 사원에는 출입마저 금지되니 고달픔과 서글픔에 몸과 맘이 안상할 수가 없었다. 오늘만 해도 그랬다. 카라르 아쉬람으로 가려던 내가 엉뚱한 토따뿌리의 아쉬람으로 오게 되자 릭샤꾼에게 역정을 내지 않았던가. 그렇지만 엉뚱하게 도착한 기르나리 반트 ,어쩌면 토따뿌리께서 나를 부른 것은 아닐까 내 스스로를 위안하는 상상마저 하게 되었지.
 생각 깊은 청년의 말을 듣고 보니 그 말의 뜻이 이상하게 가슴에 와 닿는다. 고요라, 고요라.......

 쉬린 바로 옆에는 생전의 토따뿌리의 모습을 찍은 사진이 전시되어 있다. 몇 미터나 됨직한 긴 머리카락에 호흡 행법을 한 듯 불룩한 그의 아랫배가 유달리 눈에 띤다. 영원을 응시하는 듯 치켜뜬 그의 두 눈은 삶의 숭고함과 동시에 부질없음을 관조하고 있는 것은 아닐까? 아니면 그 너머의 절대 순수의 빛을 보고 있는 것일까? 토따뿌리의 낡은 흑백 사진에서 세월을 초월하는 어떤 불멸의 생동감이 느껴진다.

휭하니 바람이 불자 토따뿌리가 수행하던 거대한 반얀나무 잎사귀들이 춤을 춘다. 그 흔들리는 나뭇잎 사이로 정오의 햇살이 마치 물결처럼 반짝이고 있다. 아름답다는 표현이 딱 들어맞는 순간이다.

한편 토따뿌리와 관련된 글에 따르면 그는 펀잡 출신으로 샹카라차리야 종단에 소속된 나체의 방랑 수도승이었다고 한다. 그는 일찍이 젊은 시절부터 아드와이타에 매료되었으며, 성스러운 나르마다 강변에서 40여 년 동안 고행 수도를 했다. 그러던 중 홀연히 우주의 절대적 존재와 그의 자아가 둘이 아님을 깨달았다고 한다. 이후 그는 인도를 방랑하며 가르침을 폈고 수행을 하는 중 우연히 라마크리슈나가 사제로 있는 후글리 강변의 독끼네스와르 칼리 템플에 가게 되었다. 라마크리슈나를 만나 아드와이타의 진리를 전수하고 또 라마크리슈나로부터도 다른 가르침을 받는 등 서로 교류를 했다고 한다. 토따뿌리는 그가 40여 년 동안 수행해서 깨친 것을 라마크리슈나가 단 며칠 만에 이루는 것을 보고 매우 놀라워했다고 전한다. 이후 그는 이 곳 뿌리의 기르나리 반트에 머물며 아드와이타의 절대 진리를 설했다고 한다.

점심을 함께 먹자는 아쉬람 관계자의 말에 아직은 따뜻한 인도인들의 맘을 느끼며 아쉬람을 내려온다. 숲 속의 정적 속에 불멸의 삼매에 빠져 있는 나체의 요기를 남겨둔 채로.

*기르나리 반트: 토따뿌리의 아쉬람이 있는 곳을 칭함.
*토따뿌리와 관련된 다른 글에는 토따뿌리가 죽은 연도가 1961년으로 적힌 것도 있다.

아쉬람에 전시중인 나체의 성자 토따뿌리의 사진들
불룩한 배가 유독 눈에 띈다.

카라르 아쉬람과 요가난다 아쉬람

　요가난다의 스승 스리 유크테스와르의 아쉬람은 뿌리의 메인 해변인 골든비치에서 그리 멀지 않은 곳에 있었다. 골든비치 중간쯤, 어느 골목으로 들어서자 높은 담 안으로 키 큰 나무들이 보이고 정문에는 노란색 페인트로 카라르 아쉬람(Karar Ashram)이라고 적혀 있다. 이곳이 요가난다의 스승 스리 유크테스와르의 사마디 쉬린이 있는 카라르 아쉬람이다. 그런데 일반인의 방문이 별로 없는지 대문은 꾹 닫혀 있다. 대문에 적혀 있는 방문 시각이 되었는데도 대문은 열리지 않는다. 그래서 근처의 찻집에서 커피를 마시며 주인에게 물어 본다.
"아쉬람 대문 열릴 시간이 되었는데 왜 문을 안 열죠?"
그러자 찻집 주인은 "일반적으로는 대문을 열어 놓지 않아요, 꼭 방문할 사람은 저기 쪽문 옆의 벨을 누르면 사람이 나올 겁니다."라고 대답한다.
"예? 그래요? 그럼 벨을 눌러봐야겠군요," 답하고 정문 옆에 있는 쪽문으로 가서 벨을 누른다. 성급한 마음에 벨을 두 번 누른다. 그러나 아무런 대답이 없어 다시 한 번 더 누른다. '점심 먹고 낮잠이라도 자는 모양인가?'라고 생각하며 한참을 기다린다. 그러자 안에서 인기척이 들

스리 유크테스와르 사마디 쉬린의 모습

리고 작은 쪽문이 열리며 웃통은 벗고 하의는 흰색 도티를 입은 관리인이 "하리옴"하며 인사한다. 나도 따라 인사하며 관리인을 따라 들어간다. 관리인은 아무런 말없이 커다란 홀로 안내한다. 제단이 놓여진 명상 홀이다.

홀 안에 들어서니 정면에는 바바지와 요가난다, 유크테스와르의 사진이 붙어 있다. 간단히 목례를 올리고 둘러보는 사이 관리인은 갑자기 내 앞에 웬 공책을 불쑥 내민다.

'엇 이게 뭐지? 방명록인가?'

공책을 넘겨보니 거기엔 방문자의 이름과 주소 등이 적혀 있고 웬 숫자들이 보인다. 어떤 칸에는 100 어떤 칸에는 7,000도 적혀 있다. 한참을 들여다본 후 그때서야 공책이 어떤 용도인지를 깨닫는다.

'아 도네이션(기부)하라는 이야기구나. 어떤 미국인은 많이도 적었네. 7,000루피면 엄청난 금액인데, 단체 관광객일까?'

나는 마지못해 모르는 문제 답안을 달 듯 도네이션 빈 칸을 채운다. 그런데 '내가 아쉬람 안에 발을 들여 놓은 지 채 5분도 되지 않은 시간이 아닌가? 이거 너무하는 것은 아닐까? 가만히 있어도 기본은 하는데......'라는 생각이 들었다.

그렇지만 '예측이나 공식이 통하지 않는 곳이 바로 인도잖아! 인도니까 이럴 수도 있겠지'하며 나를 달래며 홀 한쪽에 진열된 책을 살펴보고 몇 권을 산다. 그리고 "스리 유크테스와르 사마디 쉬린은 어디죠?"라고 관리인에게 묻는다. 그러자 그는 "뒤쪽으로"라고 말하며 손을 들어 방향을 가리킨다. 그를 따라 홀을 나와 잠시 기다리자 그는 어디선가 묵직한 열쇠꾸러미를 들고 나온다. 아마 사마디 쉬린도 아쉬람 대문처럼 잠겨져 있는 모양이다. '참배하러 오는 사람들이 별로 없는 모양인가? 아니면 사람들이 찾아오는 것을 적극적으로 반기지 않는 모양인가? 아무튼 다른 아쉬람들과는 많이 다른데.' 라는 생각이 들었다.

 사마디 쉬린으로 가는 뒤뜰에는 10여 미터가 넘는 키 큰 야자수들이 심어져 있다. 아쉬람 밖과는 달리 아쉬람 안은 그런대로 나무들도 심어져 있고 정원도 조용한 편이었다. 키 큰 나무들이 자란 좁은 길을 잠시 가니 사마디 쉬린이 나타난다. 사마디 쉬린의 잠겨진 문이 열리자 그 속에 스리 유크테스와르의 조상이 보인다. 잠시 예를 올리고 잠깐 앉아 본다.
 이때 참배객으로 보이는 중년의 여인과 젊은 청년, 어린이가 나타난다. '엇 이 사람들은 어디서 나타났지? 저 위 아쉬람 안의 집에서 온 사람들일까?'
 그들에게 자리를 비켜주고는 카메라를 꺼내 사진을 한 장 찍는다. 이것을 본 여인이 갑자기 쉬린의 문을 닫고 나에게 뭐라고 말한다. 그때서야 나는 사진을 찍은 것이 실례라는 것을 알아채고 "아 엠 소리"를 연발했다. 그렇지만 화가 났는지 닫혀 진 쉬린의 문은 열리지 않았고 아쉬람을 좀 더 둘러보려는 나의 계획은 차질을 빚는다. 이때 청년이 쉬린의 한쪽에 사진 찍지 말라는 글자를 가리킨다. '앗, 저것은 못 봤는데. 사진을 찍지 말라고 적혀 있었구나.' 속으로 생각하며 다시 한 번 더 미안하다고 말한다.
 그렇지만 시무룩하게 쳐다보는 관리인의 표정에 마음이 편치 않았고 나도 조금씩 화가 솟아올라 묵묵히 아쉬람을 나온다. 어디선가 더운 바람과 시원한 바람이 교차되어 불어온다.
 아쉬람을 나와 조금 전 그 찻집에서 차를 마시며, 방금 전 일어났던 일들에 대해 생각한다. '내가 허락 없이 사진을 찍었기에 화가 난 걸까? 그래서 아쉬람에 좀 더 있지도 못하고 나온 것일까? 아니면 도네이션 액수가 적어서 그랬을까? 100루피면 아주 작은 액수는 아닌데. 시골 사람들 하루벌이 정도는 되는 돈인데...... 아니면 원래 여기 아쉬람에서는 10분 이상은 머물지 않게 하는 걸까? 왜 일반 인도인 참배객들은 한 명도 없을까? 분명히 조금 전 그 여인과 청년은 이 아쉬람에 사는 사람일거야. 그러니까 대문 밖으로 나오지도 않지. 내가 잘못한 부분이 있는 것은 맞는데 너무하는 것은 아닐까? 사진이야 지우면 되는데 말이야. 거기다가 난 먼 나라에서 왔는데 말이다.' 라는 여러 생각들이 왔다 갔다 한다. 그러다가 찻집 주인에게 물어본다.
"바바, 여기 카라르 아쉬람에는 일반 인도인들은 참배하러 안 오나요? 대문은 언제나 닫혀 있는 모양이죠?"
"일반 인도인들은 별로 안 오죠. 모두들 자간나뜨로 간답니다. 가끔 외국인들이 오곤 한답니다."
 찻집 주인은 무덤덤한 표정으로 답한다. 아마도 카라르 아쉬람은 주변의 인도인들로부터도 크게 인심을 얻고 있지 못하고 있다는 느낌을 강하게 받는다.
"100루피 도네이션까지도 했는데 너무하는 것 같군요. 아쉬람에 들어가서 10분도 채 안되어 나오기는 처음입니다."라고 화난 목소리로 말하니 나이 지긋한 찻집 노인은
"어 그렇군요. 100루피면 작은 액수도 아닌데. 저 위로 가면 싯다 바쿨의 아쉬람이 있습니다. 거기는 훨씬 맘이 편하고 좋을 겁니다."
착하게 생긴 찻집 노인과 방금 온 인도인 손님도 내 말을 듣고는 좀 심했다는 느낌이 들었는지 나를 위로한다.

돌아오며 생각해 보니 카라르 아쉬람은 일반적인 '열려진' 아쉬람이 아니라 '닫혀진' 아쉬람이라는 생각이 들었다. 그 관리자나 여인은 모두 유크테스와르의 후손쯤 되는 모양이고, 그들은 아쉬람을 방문하는 외국인들의 기부를 받아 생활하는 것으로 보인다. 많은 외국인들이 인도의 물가를 별로 고려하지 않고 기부하고 있으며, 그들은 그 기부를 마치 당연한 것처럼 받아들이고 있으며 앉아서 그냥 훌륭한 조상의 덕이거니 하며 받아들이는 것은 아닐까? 사진의 경우에도 많은 힌두 사원이나 아쉬람에서는 사진을 찍는 것을 허락하고 있고 또 설령 사진을 찍었을 경우에도 대부분의 사람들은 이해하고 용서해주는 것이 또한 인도인의 미덕인데 이번과 같은 경우는 처음이다. 그리고 그보다 마음이 상하는 것은 마치 모든 외국인은 돈이 많은 것처럼 생각하며 돈을 우려내려는 생각을 하는 것은 아닌가 하는 것이다. 어쨌든 카라르 아쉬람 방문은 내 상상과는 달리 전혀 자비롭지도 않았고, 마하 아바타르로 불리는 바바지의 사랑도 전혀 느낄 수가 없었다. 한마디로 실망이었다.

다음날 어제의 일들이 잊혀지지 않아서 왜 그런지 확인이라도 하고 싶어 이번에는 요가난다 아쉬람을 어떨까 하는 생각에 요가난다 아쉬람으로 향했다. 요가난다의 사마디 쉬린은 미국의 로스엔젤레스 근교에 있지만 여기 뿌리에도 요가난다가 생전에 세운 요고다 사트상가 아쉬람이 있다. 다행히 내가 머무는 숙소에서도 가까워 길을 물어가며 찾아간다.

좁은 골목길을 지나 주택가로 들어서니 높은 담벼락 위 도둑을 막으려는지 깨진 유리 조각이 날카롭게 박혀 있는 요가난다 아쉬람이 나타난다. 이곳도 정문은 닫혀 있고 옆문을 통해서 들어간다. 안에 사람이 있는지 불러 보자 젊은 청년이 한 명 나타난다.

"여기가 요가난다 아쉬람 맞습니까? 좀 둘러봐도 되겠지요?" 그러자 "예, 둘러보십시오. 안에는 명상실이 있습니다."라고 안내를 한다.

그를 따라 들어가자 우측에는 사무실이 있고 책상 위에는 요가난다의 자서전이 산처럼 쌓여 있다. 아마도 책들을 소포로 부치는 작업을 하는 중인 모양이었다. 사무실 맞은편 좌측에 명상실이 있다. 명상실에는 아무도 없이 텅 빈 채로 방석이 몇 개 깔려 있고, 정면에는 바바지와 그의 제자인 라히리 마하사야, 유크테스와르 그리고 요가난다의 사진이 걸려 있다.

잠시 앉아 묵상을 해보려 했지만 어제 일 때문인지 왠지 마음이 잡히지 않는다. 다시 나와 아쉬람 관계자에게 어제 일에 대해 간단히 물어보았다. 그랬더니 그 청년은 "카라르 아쉬람과 요가난다 아쉬람과는 아무런 관련이 없습니다. 카라르 아쉬람은 스리 유크테스와르의 헌신자들이 관리하고 있습니다. 요가난다 아쉬람에서는 어떤 조치를 취해줄 수도 없답니다."라고 말한다. 그의 표정에서 나 같은 경우가 몇 번 있었음을 느낄 수 있었다. 그는 재차 "카라르 아쉬람과는 아무런 관련이 없습니다."라고 못을 박는다. 그의 말에서 카라르 아쉬람과는 어떤 대화조차도 하지 않는다는 느낌을 받았다.

나는 "그럼 유크테스와르는 바바지의 제자가 아닌가요? 요가난다도 바바지의 제자이고요. 그렇다면 왜 바바지는 이렇게 제자들이 서로 무관심하게 지내게 하는지요? 이것이 바바지의 슈퍼 파워인가요?"라며 좀 따지듯이 이야기하자 그도 멋쩍게 머리를 긁는다. 이 모습을 보자 나는 "그럼 요가난다는 위대한 소설가군요."라며 과장하여 화난 듯이 이야기하니, "그렇지는 않습니다. 요가난다는 훌륭한 요기(Yogi)입니다."라며 반론을 펴려한다.

이쯤에서 나는 카라르 아쉬람과 요가난다 아쉬람과는 서로가 비록 크리야요가를 주장하며 바바지를 비조로 따르지만 지금 현재는 아무런 관련이 없는 듯이 지내고 있다는 것을 알고 더 이상 순진한 청년을 괴롭히는 것을 그만둔다. 그에게 화내어 미안하다고 인사하며 돌아 나오는 길, 씁쓸한 마음이 가득했다.

'뿌리의 그 많은 거리의 여행자들은 왜 카라르 아쉬람이나 요가난다 아쉬람에서 명상하지 않을까? 열린 아쉬람이 아니라 닫힌 아쉬람이라서 그럴까?' 라는 생각도 사라지지 않았다.

뿌리에서는 예상과는 달리 실망이 컸다. 자간나뜨 사원도 입장도 못하고, 카라르 아쉬람이나 요가난다 아쉬람에서도 편하지는 않았으니, 아마도 이 곳 뿌리가 전통을 존중하는 보수적인 곳이라서 그런가 하며 나를 위로해 본다.

말이 나왔으니 말이지 자간나뜨 사원 근처에도 가 보았었다. 아직 준비를 안 하고 가서 사원에 입장할 생각은 하지 않고 사원 근처를 둘러보는 중에 사원을 참배하고 나온 어떤 스와미가 나와 동행한 제이를 보더니 반바지를 입은 나를 보고는 입장이 힘들다고 말하고, 흰색 사리를 입은 제이를 보고는 입장해도 된다고 했었다. 그렇지만 외국인이 입장하기는 쉽지 않다고 자랑스레 말하는 그의 태도를 보고는 나도 도티로 갈아입고 입장 해볼까 하는 생각을 접었었다. 지금까지 인도를 여행하면서 입장을 못해 본 사원은 거의 없었기 때문에 내 자존심이 상했었다.

사실 자간나뜨 사원은 인도에서 가장 보수적인 사원으로 유명한 곳이다. 심지어 최초로 인도의 여성 수상이 된 인디라 간디도 이 사원만은 입장을 못했다고 한다. 왜냐하면 그녀의 남편이 조로아스트교인(파르시

Parsi)이었기 때문이라고 한다. 또 인도를 방문한 태국의 공주도 자간나뜨 사원을 참배하고자 했으나 실패했다고 하며, 일전에는 몰래 입장한 미국인과 칠레인이 적발되어 벌금을 물고 사원은 준비한 막대한 금액의 공양물을 모두 버리고 정화의식을 펼치는 등 일대 소동을 피웠다고 한다. 이렇게 자간나뜨 사원을 찾는 외국인들의 입장을 금지하는 정책에 대해 인도 내에서도 여러 비판의 목소리가 있어 왔지만 아직까지도 이런 정책은 바뀌지 않고 있다.

어느 신문 기사에는 이런 자간나뜨 사원의 외국인 입장 금지가 역사적인 이유에서 발원했다는 주장도 있다. 그 기사에 따르면 자간나뜨 사원은 사원이 생긴 이래로 수십 여 차례 외국인의 침략이 있어 왔고 특히 힌두교를 적대시하는 무슬림에 의해 많은 파괴를 당했다고 한다. 거기다가 영국 식민지 시대에도 많은 약탈과 탄압을 받았다고 한다. 그리하여 자간나뜨 사원은 그런 일을 겪은 이후부터 외국인들의 입장을 원천적으로 금지하게 되었다고 한다. 아무튼 인도의 수상도 입장 못했다는 이야기에 위안을 받으며 자간나뜨 사원 앞을 배회했었다.

자간나뜨 사원 주변에는 입장을 포기한 외국인 여행자들이 실망한 표정으로 배회하고 있었고, 자간나뜨 사원의 정문과 옆문에는 경찰들이 마치 소중한 보물이나 지키듯이 고압적인 자세로 출입하는 참배객들을 시찰하고 있었다. 비록 사원 안에는 입장을 못한다고 해도 자간나뜨 주변은 방랑하는 사두들과 순례 온 인도인들, 성물을 파는 가게와 시장터의 풍경들은 충분히 볼만한 곳이다. 특히 이곳은 다른 곳에서는 만나기 힘든 온 몸에 재를 칠한 벌거숭이 나가사두들(Naga sadhu)이 모여 있기도 하며 비시누를 따르는 비시누종파 사두들이 경을 읽는 것을 볼 수도 있다.

우리는 자간나뜨 사원의 높은 담벼락을 따라 걸으며 사원 안에 모셔진 신상에 대해 농담조로 상상하며 이야기한다. 상상은 자유니 말이다.
"저 안에는 저기 인형같이 생긴 신상들이 말하며 돌아다니는 것 아냐? 춤도 추면서 말야?"
"하루 세끼 밥도 챙겨 준다는데 진짜로 밥도 먹고 말도 하는 것은 아닌지 몰라."
"그러게 말이야."

보고 싶지만 볼 수 없는 힌두의 신 자간나뜨, 어쩌면 다가갈 수 없기에, 볼 수 없기에 더더욱 와 보고 싶은 곳이 바로 자간나뜨 사원이 아닐까?

*자간나뜨 사원은 비시누신의 현현인 자간나뜨를 모시고 있으며, 안드라 프라데시주의 발라지 템플과 더불어 인도 최대의 비시누종파 성지이다. 신전 안에는 인형처럼 생긴 3명의 나무 조각 신상 외에 또 다른 비시누의 현현으로 여겨지는 거대한 암모나이트 화석인 살리그람이 있다고 한다. 그러나 신상의 모습은 길거리의 사진으로 널려 있지만 살리그람의 사진은 어디에도 없어 나의 궁금증과 상상을 자극한다. 아마도 집채만한 암모나이트가 아직도 살아 있는 것은 아닐까 상상해 본다. 밥도 먹으면서.

*카라르 아쉬람과 요가난다 아쉬람에 대한 나의 개인적인 실망에도 불구하고 유크테스와르나 요가난다는 여전히 많은 이들로부터 존경을 받고 있으며, 특히 요가난다는 라마나 마하르쉬나 아난다모이마 같은 힌두의 성자들과도 교류가 깊었다. 또한 보이지 않는 바바지의 은총은 아직도 전해 내려오고 있다고 한다.

뿌리 샹카라차리야 사원인 고바르단마트에서 바라본 자간나뜨 사원

라마크리슈나의 발자취를 찾아서

콜카타는 그 오래된 역사만큼이나 위대한 인물들이 많이 탄생한 곳이다. 그 중에는 영감 넘치는 시로 유명한 라빈드라나트 타고르, 인도 독립운동의 투사이자 영적 지도자로 존경받는 스리 오로빈도, 위대한 힌두 신비가 스리 라마크리슈나와 비베카난다 등은 현대 인도의 정신사에 깊은 영향을 끼친 인물들이다.

특히 라마크리슈나는 정통 힌두교의 진수를 온몸으로 체득하고 현대 힌두이즘 르네상스를 가능하게 한 기폭제의 역할을 했던 인물이다. 그는 캘커타 근교의 카마르푸쿠르(Kamarpukur)라는 시골에서 태어나 후글리 강변에 위치한 독끼네스와르 칼리 사원(Dakshineswar Kali temple)에서 사제로 지내면서 신을 체험하고, 힌두교의 정수를 맛보았다고 한다. 라마크리슈나는 칼리 사원에서 사제로 있는 동안 피나는 수행과 수많은 자기 실험을 통해 드디어 만물에 편재하는 신, 사랑의 신을 체험했다. 그는 칼리 사원의 주신인 칼리 여신에 대해 헌신적인 박띠(Bakti)의 자세로 수행했으며, 그 과정에 아드와이타(Advaita)의 마스터인 토따뿌리(Totapuri)를 만나 시공을 초월한 아드와이타의 가르침을 받는다.

라마크리슈나는 칼리 사원에 머무는 동안 여러 종교의 수행자들과 스승들로부터 가르침을 받고 그것을 수행의 실증을 통해 체득했다고 한다. 그는 이러한 여러 종교, 여러 수행 전통의 가르침을 통해 진리는 어느 한 종교나 전통만의 독점적인 것이 아니라, 외관적으로 서로 다른 종교, 서로 다른 전통에도 있다는 것을 깨달았다고 한다. 그리하여 그는 만물에 편재하는 신, 사랑의 신에 이르는 길은 수많은 길(Paths)을 통해 가능하며, 그리하여 현실에서의 서로 다른 종교나 전통 사이의 조화로운 상호 공존과 화합을 설파했다. 다만 이러한 깨달음(신의식)에 이르기 위해서는 각 개인의 내적인 정화를 필수적인 요소로 보았으며, 외적으로는 사랑의 실천을 중요시했다. 그의 이러한 가르침은 인도의 복잡다단한 계급과 종교를 넘어 많은 추종자를 배출했으며, 그중에는 비베카난다, 브라마난다 등의 걸출한 제자들이 있다. 이외에도 그의 가르침은 여러 힌두교의 흐름에 직간접적인 영향을 끼쳤다고 한다.

라마크리슈나와 비베카난다의 발자취를 찾아 벨루르마트와 독끼네스와르 칼리 템플로 가는 길, 마음이 설렌다. 여행자 거리인 서덜가를 나와 마이단공원 앞 담달라에서 미니버스를 탄다. 예전에는 바로 가는 버스가 없어 하우라역에서 갈아타야 했지만, 지금은 직행하는 미니버스들이 많다. 정류장에서 십여 분 기다리니 벨루르마트라고 커다랗게 쓰여진 미니버스가 온다. 버스는 이내 복잡한 시내를 지나 육중한 하우라철교에 도착했다. 철교 위에는 늘 그러하듯 수많은 차량들과 짐을 실은 릭샤들, 짐꾼들의 수레들이 가득하고, 인도에는 인파들로 넘친다. 하우라철교를 달리며 유유히 흐르는 후글리강을 바라보니 가슴이 탁 트인다. 예나 지금이나 후글리는 여전하다. 하우라철교를 지난 버스는 하우라역에서 잠시 정차하더니 이내 작은 집들과 건물들이 다닥다닥 붙어 있는 시가지를 통과한다. 콜카타의 서민들이 많이 사는 지역이라 도로는 좁고 길에는 많은 인파들이 붐비고 있다.

그렇게 얼마쯤 갔을까, 미니버스의 종점에 도착하고 우측에는 라마크리슈나마트임을 알리는 거대한 콘크리트 대문이 나온다. 대문을 통과하니 2차선의 좌우측에 인도 전역에서 순례 온 관광버스들이 즐비하다. 순례 온 사람들은 타고 온 버스 옆에서 밥도 해먹고 빨래도 하는지 보도 위나 담벼락 위에는 울긋불긋한 사리와 담요들이 가득 널려 있다. 순례 온 사람들을 지나 라마크리슈나마트 철문 안으로 들어가자 바깥의 분주함은 이내 고요함으로 바뀐다. 아쉬람 안 잔디밭에는 휴식차 방문한 콜카타 시민들로 가득하고, 후글리강에서 불어오는 바람은 참 시원하다.

고운 빛깔의 사암으로 만든 라마크리슈나의 사마디 템플 안으로 들어서니 시원한 공기가 밀려와 더위를 식혀준다. 사마디 묘소 앞에는 커다란 유리가 설치되어 있고, 방문객들은 저마다의 자세로 기도를 올리거나 묵상을 하고 있다. 어떤 사람들은 오체투지로 절을 하고 어떤 이들은 시원한 기둥에 등을 기대고 묵상에 잠겨 있다.

나도 잠시 마음을 가다듬고 묵상에 잠겨본다. 시원한 대리석 바닥 때문이었을까 서늘한 그 무엇이 몸을 타고 올라온다. 비록 육신은 사라졌지만 사라지지 않는 무엇이 이곳에는 있다. 아마도 라마크리슈나의 영성의 향기가 아닐까? 신을 향한 가없는 헌신과 각고의 노력으로 깨달음을 이룬 라마크리슈나, 그의 사랑이 아직도 남아 마치 벌을 부르는 꽃처럼 사람들을 부르는 것은 아닐까?

다시 라마크리슈나 아쉬람에 오니 옛 기억들이 새롭다. 이십여 년 전, 그때 인도를 헤매며 방황하던 나에게 라마크리슈나 아쉬람은 마음에 평화를 주던 휴식처였다. 낯선 문화, 낯선 사람들 속에서 몸과 마음이 지쳤을 때, 후글리 강변과 벨루르마트는 나에게 안식이 되었었다. 드넓은 후글리강을 바라보며 휴식하고 강 건너편 독끼네스와르 칼리 사원으로 노젓는 배를 타고 뱃놀이를 하기도 했었다. 그때 이후 콜카타에 오면 언제나 벨루르마트와 독끼네스와르를 방문하곤 했었다.

그렇게 벨루르마트를 방문하던 어느 날, 라마크리슈나종단의 12번째 수장인 부테샤난다 스와미지를 친견했었다. 아쉬람에 머무는 일본인 친구의 권유를 받고 사람들을 따라 접견실에 들어가니, 작달막한 키에 배는 올챙이처럼 부풀어 오른 스와미지께서 중앙에 앉아 계셨고, 뒤편에는 웃통을 벗은 건장한 스와미가 팔짱을 끼고 시좌하고 있었다. 갈등과 번민 속에서 방황하던 나는 한국식으로 큰절을 올리고 여쭈었다.

"왜 마음은 바람처럼 흔들리나요?"
그러자 예상치 못한 유창한 영어로 스와미지께서 대답을 하신다.
"마음을 길들이는 것은 시간이 걸리는 거라네."
그러고선, 다시 입을 열어
"그것을 위해서는 먼저 나를 정화해야 하고, 세속적인 집착을 멀리해야 한다네. 신에 대한 헌신과 규칙적인 수행으로 가능한 것이란다."라고 말씀하시고 내 눈을 그윽이 바라보셨다.

나는 그 깊은 우물 같은 눈이 내 마음의, 내 행동의 모두를 아는 것 같아 두려운 마음에 눈길을 돌린다. 이 때 사람들이 들어오고 나는 인사를 드리고 물러났다. 창밖에는 여전히 세찬 바람이 불고 있었다.

다시 찾은 벨루르마트, 그 옛날의 스와미께서는 돌아가시고 자취는 없다. 다만 강변의 작은 사마디 비석으로 남아있을 뿐. 붓다의 말씀처럼 세계는 끊임없이 변하고 있는데 과연 변치 않는 것은 무엇이란 말인가?

이젠 라마크리슈나 템플을 나와 비베카난다의 방으로 간다. 층층계단을 올라 비베카난다의 방 앞에 서자 그 옛날처럼 은은한 은총이 잔잔한 물결이 되어 밀려온다. 마치 살랑살랑 미풍이 소리 없이 불 듯 어떤 알 수 없는 그 무엇이 엷고도 잔잔한 아지랑이처럼 다가온다.

아, 표현할 길이 없는 신비함이여!

이 십여 년 전 그때도 이 방 앞에서 비베카난다의 은총을 느꼈었지. 그때도 신기해했던 그 느낌이 지금도 계속 흐르고 있다니, 참으로 신기한 일이 아닐 수 없다.

이런 느낌은 인도 아대륙의 끝 깐야꾸마리에서도 느낀 적이 있다. 깐야꾸마리 사원 앞 비베카난다가 명상하던 바위 위에 세워진 비베카난다 메모리얼에서도 똑같은 느낌을 받았었지. 참 신기하고 이해할 수 없는 현상이다. 그렇지만 실재(實在)하는 사실.

비베카난다의 방 안에는 그가 생전에 사용하던 집기며 침대 등이 놓여 있고, 중앙에는 우람한 풍채의 비베카난다가 형형한 눈으로 바라보고 있다. 은은히 밀려오는 은총은 서서히 내 가슴으로 밀려들고, 나는 점점 가라앉는다. 샨티! 마음의 평화라고 하던가? 더 이상 표현할 말도 비유도 생각나지 않는다. 그냥 이대로 평화로울 뿐.

비베카난다의 방을 나서던 길에 계단 아래 화단 사이를 분주히 왔다 갔다 하는 작은 물체를 발견했다. 노랑색의 털을 가진 그것은 작은 동물. 몽구스일까 쪽제비일까? 아마도 쪽제비가 아닐까? 동물에 대해서도 비

살생을 실천하는 인도이기에 이렇게 도심 속에서도 야생의 동물을 볼 수 있는 것이리라. 이젠 정원을 가로질러 후글리강 쪽에 위치한 사라다데비의 템플과 브라마난다의 템플을 둘러본다. 이곳에서도 은은한 물결이 느껴지니 참으로 신기하다. 여기 라마크리슈나마트 내의 모든 템플들에선 하나같이 신성한 향기를 내뿜고 있다. 마하 사마디에 든 후 화장한 그 자리에 템플을 세워서 그런 것일까? 각각의 템플들은 조금씩 다른 느낌을, 다른 향기를 지닌 것으로 느껴진다. 어떻게 이런 일들이 일어날 수 있는지 몹시도 궁금하다.

어쩌면 인도의 많은 성자들이 말하듯 우리들이 생각하는 "시간과 공간"도 없는지도 모른다. 시간과 공간이 없음으로 그들에게는 언제나 "지금", "여기"만이 있으므로 비록 몸은 죽어 사라졌지만 그 수행의 힘은 사라지지 않고 있는지도 모른다. 시간과 공간을 넘어 그들에게서 뿜어져 나오는 신성한 은총, 신성한 빛은 과연 무엇이란 말인가? 나의 머리와 지식으로는 도무지 이러한 현상의 실체를 이해할 수가 없다. 그리하여, 결국 이런 흐름 속에, 신성한 물결 속에 나를 내맡긴다.

이제는 아쉬람을 나와 라마크리슈나가 수행하고 깨달음을 얻었다는 독끼네스와르 칼리 템플로 간다. 마트 정문에서 좌측으로 난 골목길을 따라 선착장에 도착하니 독끼네스와르로 가는 배는 이미 승선중이다. 독끼네스와르와 벨루르마트를 오가는 배는 예전에는 두 명의 사공이 노를 저어가는 배였지만 지금은 모두 엔진을 돌려가는 현대식 배로 바뀌었다. 예전에는 힘들게 노를 젓는 사공들에게 너무 감동을 받아 뱃삯보다 후한 팁을 주기도 했었다.

잔잔한 후글리강 위로는 간간이 물옥잠이나 물풀들이 떠내려 오고, 강

위에는 오고 가는 화물선과 고기잡이를 하는 어선들이 둥둥 떠 있다. 물가에는 멱을 감는 동네 꼬마들이 손을 흔들어 주고, 몇몇은 장난치듯 배를 따라 헤엄쳐 온다. 이윽고 비베카난다 세투다리를 지나자 라마크리슈나가 주석한 칼리 템플이 나오고, 차례를 기다려 하선한다. 선착장을 나오자 커다란 반얀나무와 보리수나무들이 자라고 있고, 그 앞으로 핑크빛 칼리 템플이 단정히 서 있다.

독끼네스와르 칼리 템플은 1855년, 콜카타의 부호이자 자선가였던 라니 라쉬모니에 의해 세워졌다. 그녀는 신심 깊은 힌두 신자로 칼리 여신의 헌신자였다고 한다. 전해 오는 이야기에 따르면 어느 날 그녀가 성스러운 바라나시로 순례를 떠나려던 전날 밤, 칼리 여신의 모습을 한 성모가 비전으로 나타났다고 한다. 꿈속에서 칼리 여신은 그녀에게 바라나시로 갈 필요 없이 후글리 강변에 사원을 지으면 직접 현신하여 축복하겠다고 했다. 그 꿈 이후 라쉬모니는 후글리 강변에 땅을 구하고 사원을 지어 칼리 여신에게 봉헌한다. 그 사원의 사제로 임명된 이가 바로 라마크리슈나의 형인 람꾸마르이다. 라마크리슈나는 형의 사제직을 돕기 위해 칼리 템플로 왔으며, 형이 죽자 그 직을 승계하여 사제가 된다.

이리하여 라마크리슈나는 칼리 템플에서 마하 사마디에 들 때까지 머물며 수행하고 사람들을 교화했다. 이곳에서 라마크리슈나는 여러 수행의 스승들을 만나고, 특히 아드와이타의 마스터인 토따뿌리를 만나게 되는 것이다. 그는 각고의 수행으로 지극한 깨달음을 성취하고 신의 사랑을 온몸으로 체득하였다. 그리하여 그의 지혜는 널리 알려지고 많은 제자들과 헌신자들이 칼리 템플로 모이게 되어 독끼네스와르 칼리 템플은 콜카타의 명소가 되는 것이다.

칼리 템플 안으로 들어서니, 사원 여기저기에는 참배 온 사람들로 가득하다. 사람들은 사원의 그늘에 쉬거나 강변에서 불어오는 바람을 쐬며 휴식중이다. 옛 기억을 더듬어 라마크리슈나가 머물렀다는 작은 방으로 간다. 사원 한 모퉁이, 라마크리슈나가 머무른 작은 골방에는 라마크리슈나가 사용하던 침대, 집기들이 놓여 있고, 사람들은 조용히 묵상중이다. 시원한 바닥에 앉자 서늘한 기운이 몰려온다. 바깥의 더운 날씨와는 달리 골방 안은 참 시원하고 조용하다. 참배 온 사람들은 조용히 방 안에 들어와 힌두식으로 예를 표하고 그들만의 다르샨을 갖는다. 방 한쪽에는 깊은 명상에 든 듯 몇 명의 인도인들이 요기처럼 앉아 있다. 그 중에는 백발의 할머니도 있고, 혈기왕성한 젊은이도 있다. 그들의 진지한 자세에서 무언가 신성한 향기가 흘러나오는 듯하다. 나에게도 생전의 라마크리슈나를 뵙는 듯 무언가 알 수 없는 감화가 잔잔한 물결이 되어 밀려온다.

라마크리슈나의 골방을 나와 사원 이곳저곳을 둘러보다 다르샨 시간이 되어 칼리 여신을 모신 성소로 간다. 사람들과 섞여 칼리 여신께 다르샨을 하고 붉은 꽃을 드린다. 목에는 해골 목걸이를 걸고 붉은 혀를 내민 칼리 여신은 이방인에게는 낯설고 두렵게 생겼지만 사실은 그러한 외면의 상징들 너머 본질은 무한한 사랑이라고 한다. 참배 온 사람들은 진짜 신을 만난 것처럼 진지하고 신실한 모습이다.

다르샨을 마치고 템플을 나와 다시 벨루르마트로 향하는 배에 오른다. 후글리강은 예나 지금이나 다름없이 유장히 흐르고, 그 물결은 잔잔하다. 그 일렁이는 물결들 속에 "참된 삶의 목적은 궁극의 존재를 깨닫는 것"이라고 말하는 라마크리슈나의 순박한 얼굴이 언뜻언뜻 보이는 듯하다.

*독끼네스와르(Dakshineswar): 영어로는 Dakshineswar로 쓰지만 현지 발음으로는 독끼네스와르 또는 독키네스와르로 한다. 후글리 강변이 아름다운 곳이다.

*싯다 파탄잘리는 수행의 초기에는 신상이나 우상 같은 눈에 보이는 것들이 의미가 있지만, 수행이 깊어짐에 따라 눈에 보이지 않는 실체에 대해 알게 된다고 했다. 그리하여 어느 땐가는 눈에 보이든 보이지 않든 아무런 거리낌이 없는 만물의 실체, 진리를 만날 수 있다고 했다.

벨루르마트, 우측에 보이는 것이 비베카난다가 머물던 곳이다.

평화의 땅 샨티니케탄

차띰딸라, 데벤드라나트 타고르가 명상하던 곳

"바로 여기라네.
내가 고독과 대면하던 곳이.
아무도 몰랐고, 또 아무에게도 말하지 않았지.
고독과의 이 만남들을......."

우리에게 시성(詩聖)으로 널리 알려져 있는 라빈드라나트 타고르가 샨티니케탄(Shantiniketan)의 들녘에 대해 말하며 남겼던 말이다.

샨티니케탄은 평화의 땅 또는 평화가 머무는 곳이란 뜻으로, 원래 라빈드라나트 타고르의 아버지 데벤드라나트 타고르가 운영하던 아쉬람이 있던 곳이었다. 마하르쉬(위대한 성자)라고 불리며 존경받던 저명한 종교지도자이자 학자였던 그의 아버지 데벤드라나트 타고르가 운영하던 이 아쉬람에, 아들 라빈드라나트 타고르는 종교와 계급, 인종, 동양과 서양의 구분을 넘어서는 보편적인 인류애를 지향하는 국제적인 대학을 세워 닫힌 공간이 아니라 열려 있는 교육타운으로 만든 것이다. 처음 데벤드라나트 타고르가 샨티니케탄을 방문했을 때는 오직 두 그루의 차띰나무와 돌로 만든 의자만이 있었다고 한다. 그렇지만 그는 바람만이 부는 이 황량한 벌판에서 지극한 마음의 평화, '샨티'를 느꼈다고 한다. 그리하여 후일 빌라를 짓고 그 이름을 샨티니케탄이라고 지었다. 그것이 확장되어 지금은 비스와바라티 대학을 포함한 타운 전체를 지칭하게 되었다고 한다. 타고르일가가 살던 이 빌라는 지금은 타고르일가의 기념관으로 사용되며 일반에 공개되고 있다. 또 아버지 데벤드라나트 타고르가 샨티를 느끼고 명상을 하던 곳은 차띰딸라라고 불리며 여전히 차띰나무가 무성히 자라고 있다.

샨티니케탄에 대해 좀 더 살펴보면 영국 지배하의 식민지 시기에 학교를 다니던 타고르는 획일적이고 강제주입식의 식민지 교육에 거부감을 느끼고 13살이라는 어린 나이에 학교를 그만두게 된다. 그 후 영국에 잠시 머물기도 했지만 대부분의 시간을 샨티니케탄 아쉬람에 머물며 주변 농촌 마을이나 샨티니케탄 들녘을 산책하며 문학과 철학에 대한 사색의 시간을 가지게 된다. 그러다 마하트마 간디와 더불어 민족운동에 몸담기도 했지만 이윽고 보다 더 근원적인 해법을 찾아 샨티니케탄에 초급학교를 세우며 교육에 헌신하게 된다.

1901년 타고르는 아버지의 아쉬람에서 그의 자연 친화적이고 인간적인 교육철학을 투여하여 파따바바나란 실험적인 노천학교를 개설한다. 처음에는 학생 다섯 명의 초급과정으로 시작하여 차츰 규모를 키워 나중에는 음악과 미술 등으로 유명한 국제적인 대학 비스와바라티 대학을 세우게 된다.

평화로운 들녘에 위치한 이 교육 아쉬람 안에는 학교를 비롯 기숙사, 박물관, 명상하며 기도하는 곳도 있다. 그가 세운 비스와바라티 대학은 특히 음악, 미술 등의 예술 분야가 유명하고, 전 세계의 많은 예술인들이 유학하는 곳이다. 우리나라 유학생들도 이곳 대학에 머물며 공부하는 이들이 있다. 처음 인도에 왔을 당시에는 몇 명되지 않았지만, 지금은 수십여 명이 넘게 유학하며 공부하고 있다고 한다. 또한 인도 최초의 여성 수상이 된 인디라 간디를 비롯한 인도의 유명한 지도자급 인사들을 많이 배출했고, 지금도 인도 상류층의 자제들이 많이 수학하고 있다고 한다.

샨티니케탄에서 특히 인상적인 것은 어린 학생들이 갑갑한 교실이 아닌 노천의 커다란 나무 아래에서 수업을 받는 모습이다. 바람 불면 바람 부는 대로 비 오면 비 오는 대로 푸른 하늘 아래서 대지와 호흡하며 수업 받는 광경은 '자연이야말로 가장 훌륭한 교사'라는 타고르의 교육철학을 잘 드러내는 것은 아닐까 한다.

한편 타고르는 농촌 사회의 재건에도 많은 관심을 가졌는데 영국 식민지 시기 건강한 농촌 공동체의 기반 위에 진정한 민족독립도 가능하다고 본 것은 아닐까? 가난하고 피폐한 농촌 생활의 참상을 목격하고 농촌 마을에 활력을 불어넣고 또 농촌 공동체를 재건하기 위해 그는 일단의 노력을 진행한다. 그의 이러한 흔적이 아직도 남아 있으니, 그것이 샨티니케탄 주변의 스리니케탄 지역이다. 그는 주변의 농촌 마을 사람들에게 농사 뿐 아니라 수공업에 대해서도 관심을 가질 것을 권장했고, 부녀자들의 경제활동도 장려했다. 그중에 특히 바틱(Batik)기술을 소개해 소득 증대에 큰 역할을 하게 된다. 천에 물감을 들여 만드는 천연염색 기법인 바틱은 가난한 부녀자들이 여가 시간을 활용하기에 좋은 수공업이었으며 그리하여 샨티니케탄의 바틱은 인도에서도 아주 유명해지게 된다. 스리니케탄 주변에는 이러한 바틱 공방들이 여러 개 있으며 특히 아말꾸띠 마을에서는 바틱을 만드는 과정을 지켜볼 수 있는 공방이 있으며 인도 전통의 천연염색 천들을 구매할 수도 있다.

처음 샨티니케탄에 왔을 때가 기억난다. 그때 기차간에서 만난 일본인 친구와 이 바틱 공방을 찾아 낡은 자전거를 타고 샨티 주변 마을을 헤매었었지. 그렇지만 끝내 찾을 수가 없었다. 그때 이후부터 샨티에 올 때마다 그 옛날의 기억들이 떠올랐다. 그러다가 드디어 찾게 된 아말꾸띠, 엄밀히 말하면 아말꾸띠는 관광객들을 위한 코스 정도로 볼 수 있지만, 주위의 작은 공방들에서 만든 천연염색 나드리와 바틱을 구할 수 있고 또 타고르의 정신을 느낄 수 있다. 거기다가 운 좋다면 춤추며 노래하는 마을 사람들의 작은 축제도 구경할 수도 있다.

돌이켜 생각해 보면 오늘의 샨티니케탄이 존재할 수 있게 된 것은 라빈드라나트 타고르의 아버지 마하르쉬 데벤드라나트 타고르의 예지와 아들 라빈드라나트 타고르의 노력이 있어서가 아닐까? 거기다가 땅이나 기금을 기부한 이들의 작은 소망들이 마치 참빠꽃이 피듯 피어난 것이 아닐까? 바람만이 불던 황량한 들판이 이제는 수많은 건물들이 들어서고 수많은 사람들이 방문하는 명소가 되었으니 말이다.
 아직도 샨티니케탄 곳곳에는 타고르 부자가 심은 나무들이 푸르게 푸르게 자라고 있고, 참빠나무는 짙은 참빠꽃 향기를 날리고 있다.

*현재의 샨티니케탄은 한적한 시골 분위기의 예전과는 다르게 많이 번화한 곳으로 발전하였고 물가 역시 타 지역에 비해 많이 비싼 편이다. 특히 인도의 휴가철인 홀리 때는 숙소 구하기도 어려울 뿐 아니라 숙소의 가격도 천정부지로 뛰고 있다.
*샨티니케탄 주변의 바틱공방은 스리니케탄 지역에 산재하고 있으며 특히 타고르가 만든 농촌공동체 마을인 아말꾸띠에는 바틱 제조 과정을 참관할 수 있는 작업실이 있다.

빌라 샨티니케탄 앞의 만디르

삿구루 까비르 사헤브

까비르 생가에 만들어진 까비르 동상

장구한 역사를 자랑하는 힌두 성지 바라나시에는 명성에 걸맞은 많은 아쉬람과 사원들이 있다. 그 중에 삿구루(Satguru)로 불리는 위대한 성자이자 신비의 시인인 까비르의 흔적을 찾아 까비르챠우라로 간다. 까비르챠우라에는 까비르가 생전에 살던 집이 있는 곳이다.

바라나시의 메인 가트인 다사스와메드 가트에서 사이클 릭샤를 탄다. 내가 탄 릭샤는 짐을 가득 실은 자동차와 사람들, 짐수레로 빽빽한 좁은 도로를 용케도 뚫고 나아간다. 한 삼십여 분을 가자 어느 작은 교차로에 도착한다. 교차로의 작은 표지판에는 까비르차우라라고 적혀 있다. 릭샤꾼이 가리키는 두어 명이 겨우 지나갈 듯한 좁은 골목길로 들어선다. 그리고 작은 갈림길에서 어느 길로 갈까 서성일 때 마침 맞은편 골목길에서 청년들이 온다. "나마스떼, 까비르 하우스가 어느 쪽이죠?" 그러자 "다 왔어요, 바로 여기예요."라며 한쪽을 가리킨다.

고개를 돌려 가리키는 곳을 보니 이슬람식과 힌두식이 섞인 작은 모스크가 보인다. 연꽃 모양으로 장식된 커다란 대문은 닫혀 있다. 문을 살짝 열어 보니 작은 마당이 보이고, 마당에는 초록의 나무들이 심겨져 있다. 한 발짝 들어서니 까비르의 동상과 까비르의 생애를 그린 부조들이 벽에 붙어 있다. 우리들 인기척에 관계자가 나와 인사하며 어느 나라에서 왔는지를 묻고 앞서 가며 안내를 해준다.

그의 설명에 따르면 까비르는 어느 신성한 날에 연꽃에서 태어났으며, 우연히 그를 발견한 브라만 부부에 의해 양육되었고, 라마난다라는 당대의 유명한 힌두 성자에게 가르침을 받았다고 한다. 무슬림으로 태어났지만 힌두 성자에게 가르침을 받았고, 결국 힌두와 무슬림의 조화로운 공생을 주장하였으며, 모든 종교와 카스트를 넘어서 신의 사랑과 어디에도 존재하는 진리의 가르침을 폈고 마하 사마디에 이르렀다고 한다. 까비르 생가 한쪽에는 까비르가 평소 신던 샌들과 사용하던 물레가 있다. 또 스승 라마난다로부터 받았다는 말라(염주)도 놓여 있다. 전시된 물품 중에 시바신을 상징하는 커다란 삼지창을 보자 그에게 물었다.

"이 삼지창은 시바신을 상징하는 것인데 까비르는 사두였나요? "
"아닙니다. 이 삼지창은 까비르와 논쟁을 벌였던 유명한 요기가 까비르 사헤브께 패하자 기념으로 준 것입니다."라고 말하며 자세한 이야기를 전해 준다.

어느 때 까비르와 요기 고라크나뜨는 서로 함께 대론하게 되었다. 고라크나뜨가 그의 삼지창을 땅에 박고 날카로운 창끝에 앉아 그의 요기파워를 자랑하였다. 이에 까비르는 물레의 실을 꺼내 공중으로 던지고, 그 실 끝에 앉아 고라크나뜨에게 소리친다. "그대의 삼지창은 땅에 지탱하고 있구나. 나와 대론하려면 나를 따라 공중으로 올라오게"라며 실을 따라 공중으로 불쑥 솟구쳤다. 고라크나뜨는 따라갈 수 없어서 패배를 인정하고 이번에는 강가로 가서 "내가 강 속으로 숨을 테니 잡을 테면 잡아 보시오."라고 말하곤 커다란 물고기로 변신한다. 까비르는 또다시 그를 찾아내고 "이번에는 내가 숨을 테니 찾아보게나."라고 말하고 강물로 들어갔다. 그러나 고라크나뜨가 아무리 찾아도 찾을 수는 없었다. 까비르는 강가의 강물 그 자체로 변신하였기에 찾아도 찾을 수 없었고, 잡아도 잡을 수 없었다. 결국 고라크나뜨는 까비르의 능력에 굴복하고 그의 삼지창을 바쳤다고 한다.

고라크나뜨와 까비르의 이 일화는 사실의 여부를 떠나서 까비르의 수행력이 상당했음을 나타내는 것으로 보인다. 까비르의 시에서는 고라크가 나오는 구절이 있다.

고라크가 까비르에게 묻기를,
오, 까비르여. 말해 주오.

언제 그대의 소명이 시작되었소?
어디서 그대의 사랑은 샘 솟아오르오?

온갖 사물의 형상을 지니신 그 분이
그의 연극을 시작하기 전,
그때는 구루도 없었으며, 제자도 없었으며,
세상도 생기기 전이라네.
오직, 지고의 존재만이 계실 때라네.
그때, 나는 수도자가 되었다네.
오, 고라크여 그때 "내" 사랑은 브라마에게로 흘렀나니,
브라마는 그의 왕관을 쓰기 전이었고,
비시누는 왕으로 임명되지 않았고,
시바신의 파워도 탄생하기 전이라네.
그때, 나는 요가의 가르침을 받았다네.
나는 홀연히 베나레스에 나타났고,
라마난다는 나에게 빛을 비추었다네.
나는 영원을 목말라 했고,
그분을 대면하기 위해 왔다네.
소박함 속에서 나는 소박한 그분을 만나리니,
나의 사랑은 샘 솟아오를 터,
오, 고라크여,
그분의 음악에 맞춰 행진하게나.

생가 마당에는 까비르와 그를 따르던 제자들을 묘사한 조각들이 놓여있

다. 그 조각들을 눈여겨보다 어디선가 많이 본 인물상을 발견한다.
"앗, 이분들은 누구죠?"
"마하트마 간디와 라빈드라나트 타고르입니다."
"와 그분들도 이곳을 방문했나요?"
"예 그렇습니다. 간디와 타고르께서도 이곳을 방문했으며, 까비르님의 삶과 사상은 그들에게도 많은 영향을 끼쳤습니다. 타고르는 까비르님의 시를 영어로 번역하기도 했으며, 특히 간디는 인도 독립운동과 자립경제의 일환으로 까비르님처럼 직접 물레로 실을 잣고 사용했지요. 간디의 검소한 생활을 상징하는 샌들과 물레도 사실은 까비르님을 본받은 것으로 볼 수 있습니다."
"그렇습니까? 그런 것까지는 몰랐는데요."
"그뿐이 아닙니다. 까비르님의 사상은 시크교의 경전 그란뜨 사히브(Guru Granth Sahib)에도 많이 들어가 있으며 시크교에도 많은 영향을 끼쳤지요."
"그렇군요."

마당 중간에는 까비르를 모셨다는 작은 사마디 만디르가 있다. 그의 설명에 따르면 까비르가 죽은 후 그의 시신이 있던 자리의 남은 꽃을 가져와 여기에 모셨다고 한다.
전해 오는 바에 의하면 까비르는 고락푸르 근교의 마가하르라는 마을에서 죽었다고 한다. 어느 날 그는 제자들을 불러 모은 후 이제는 떠나야 할 때라고 말하며 제자들에게 서로 사랑하고 아끼며 협력하여 신의 사랑을 실천하라는 뜻으로 설교한 이후 마하 사마디에 들었다고 한다. 그런데 까비르가 죽자 그를 따르는 많은 제자들과 헌신자들 사이에 내분이 일어났다. 그들은 힌두와 무슬림으로 나뉘어 힌두 쪽에서는 까비르의 시신을 화장해야 한다고 주장했고, 무슬림 제자들은 이슬람식으로 땅에 매장할 것을 주장했다. 결론을 내지 못하고 서로 다투는 중에 문득 죽었던 까비르가 다시 나타났다고 한다. 그는 다투는 제자들에게 다투지 말라고 타이른 후 시신을 살펴보라고 한다. 제자들이 까비르의 시신이 안치된 곳을 살피자 놀랍게도 그 곳에는 향기로운 한 무더기의 꽃과 헤어진 수의밖에는 없지 않은가!

이에 제자들은 한편 반성하고, 한편으론 놀라워했지만, 당시의 첨예한 힌두와 무슬림간의 문화적 간격은 좁혀지지 못하고 결국 까비르가 남긴 수의와 신성한 꽃들을 반반씩 나누어 힌두교인들은 힌두식으로 화장하고, 무슬림은 이슬람 율법에 따라 매장하고 사마디 만디르를 만들었다. 그리하여 결국 까비르의 무덤은 두 개로 같은 장소에 나란히 만들어지게 되었다고 한다. 또한 까비르 사후 까비르의 가르침을 따르는 문파도 힌두와 무슬림으로 나뉘어 두 개의 전통이 내려온다고 한다.

그의 친절한 설명에
"그럼 까비르는 힌두교인입니까? 무슬림교인입니까?" 물으니,
"그분은 그 어디에도 속하지 않았습니다. 다만 신께만 속한 분이셨지요"
라고 대답한다.

그는 도그마적이고 형식적인 힌두와 무슬림 사원의 의례와 방식을 비판하고 세상 어느 곳에나 존재하며 종교와 인종과 카스트를 넘어서는 사랑의 신을 찬미했다고 한다. 까비르의 시에는 그의 사상을 잘 드러내는 시들이 있다.

오, 구도자여,
그대는 어디서 나를 찾는가?
이보게 나는 그대 곁에 있지 않나!
나는 사원에도 없고, 모스크에도 없다네
나는 카바에도 없고, 카일라사에도 없다네
나는 의식이나 제사에도 없으니,
요가에도 없고, 세상을 등진 은둔 속에도 없다네.
그대가 진실로 추구한다면,
즉시 나를 볼 것이니.
그대는 순간의 시간 속에서도 나를 만날 것이네.
까비르는 말한다네,
오 사두여, 신은 모든 호흡 중의 호흡이라네.

또 그는 외부의 것들보다는 내부에서 명상과 수련을 통해 신을 발견하고 진리를 찾을 것을 강조했다고 한다.

꽃들이 핀 정원을 찾지 말게나.
오 친구여, 그곳을 찾지 말게나.
그대의 몸 안에 꽃들의 정원이 있으니,
천 개의 연꽃잎 위에 앉아,
영원한 아름다움을 응시하려마.

까비르 생가를 나와 돌아오는 길, 이런저런 생각이 든다. 아마도 까비르는 생존 당시의 무슬림과 힌두의 불화와 갈등을 해소하고자, 조화로운 공존을 추구한 인물은 아니었을까? 아직도 여전히 남아 있는 힌두와 무슬림의 갈등, 반목이 새삼 새로운 것이 아니라는 생각이 든다. 이미 620여 년 전에도 인도는 힌두와 무슬림간의 알력의 장이었던 모양이다.

낯선 종교와 이념, 다른 생김새의 무슬림의 침입과 끊임없이 거기에 대항하는 힌두들의 투쟁, 반목, 질시……. 그러한 환경 속에서 까비르는 아마도 종교와 인종의 다름, 문화의 차이를 넘어서는 진정한 신, 진정한 진리를 찾아 나섰는지도 모른다. 그런 과정에서 힌두교도 아니고 무슬림도 아닌 종교와 문화, 인종을 넘어서 있는 사랑의 신을 발견하고 그만의 영역을 구축하고 사랑을 전파한 것은 아닐까?

그러나 아쉽게도 까비르의 이상과는 다르게 그가 고락푸르 근교에서 마하 사마디에 들자 그의 제자들은 다시 무슬림과 힌두로 나뉘어 다투었다고 한다. 각각의 방식에 따라 사마디 만디르를 짓고 또 제자들도 힌두와 무슬림으로 나뉘어 두 개의 전통이 내려온다고 한다.

까비르의 사마디 만디르가 두 개이고 또한 그를 따르는 두 개의 전통에 대해 알고파서 이제는 까비르의 힌두 아쉬람으로 간다. 힌두 아쉬람은 까비르가 탄생했다는 곳에서 가까운 곳이다. 힌두쪽 제자들이 관리하고 있다는 힌두 아쉬람은 바라나시 외곽 라하르타라 지역에 있었다. 커다란 대문을 통과해 아쉬람 마당으로 들어서자 조금은 황량하고 퇴색한 건물들이 나타난다. 아쉬람 안에는 어린 학생들이 보이고 흰 옷을 입은 스와미가 다가와 "사헤브"라고 인사한다. 그에게 까비르의 탄생지를 묻자 안내해 줄 노인을 소개시켜 준다. 노인을 따라 몇 분 가니 거대한 콘크리트 사원이 나온다. 사원 건물은 공사 중이었고, 까비르가 탄생했다는 연못에는 물이 바짝 마른 상태다. 노인을 따라 건물 안으로 들어가자 실내 강당처럼 천장이 높게 지어진 사원에는 여기저기 공사 잔해가 놓여있고, 중앙에는 높다랗게 제단이 차려져 있다.

　제단 위에서 나이든 노스와미가 반겨준다. "사헤브"라고 인사하자 몇 마디 질문을 하고 또 알 수 없는 힌두어를 읊으며 축복의 말을 전해 준다. 노스와미께서는 까비르 종단의 수장이 되는 분의 친형이라고 한다. 한국에서 왔다는 말에 놀라워하며 까비르께서 축복해 주실 것이라며 덕담을 해주신다. 아직은 황량하게 공사 중인 사원을 둘러보고 안내해 준 노인께 작별 인사를 하자 노인은 따뜻한 눈빛으로 다시 "사헤브"라고 손을 흔든다. 아름다운 전설과는 달리 까비르가 탄생했다는 연못이 공사 때문에 물이 마른 것이 못내 아쉽다. 그렇지만 세월이 흘러도 사라지지 않는 까비르의 숭고한 정신만은 여전히 남아 있음을 느끼며 아쉬람을 나온다.

*카바: 메카에 있는 무슬림교인이 신성시하는 신전
*카일라사 또는 카일라스: 시바신이 거하고 있다는 신성한 산.
*나: 참나, 진리, 신, 깨달은 후의 나, 존재의 본질
*하인: 깨닫기 전의 나.
*천 개의 연꽃: 정수리 부분에 있다는 사하스라라 차크라를 은유한 것으로 보인다.
*본문의 까비르 시는 라빈드라나트 타고르가 영역한 Song of Kabir를 번역함.

고행하던 시기의 쉬르디 사이바바,
그는 인도에서 가장 대중적인 존경을 받고 있는 구루(Guru)이다.

성자 쉬르디 사이바바

아무도 그가 어디서 왔는지 몰랐다. 그가 마하라슈트라주의 궁벽한 작은 마을 쉬르디(Shirdi)에 나타났을 때 그는 오직 머리를 가린 하얀 두건과 수피들이 입는 낡은 옷 한 벌 뿐이었다. 그렇게 홀연히 마을에 나타난 그는 마을 언저리 풀숲을 헤매고 다녔고 버려진 모스크에서 잠을 잤다. 배가 고플 땐 방랑하는 사두처럼 구걸을 했고, 곡기가 채워지면 다시 숲 속을 헤매며 명상에 잠겼다. 덥수룩한 수염에 깊은 눈동자를 한 청년을 마을 사람들은 유심히 살펴봤지만 그 누구도 그에 대해 아는 것이 없었다. 가끔 동냥한 음식을 동물들에게 나눠주는 모습과 신에 대한 찬가를 부르는 모습만을 보았을 뿐.

그러던 중 사람들은 차츰 그에 대해 알게 되었으니, 그는 신에 대해 신심 깊은 사람이었고, 버려지고 소외된 사람들에게는 따뜻한 친구였으며, 고민을 들어주는 좋은 선생이었다. 그는 신비한 힘을 지닌 요기였으며, 또한 충실한 화키르(Fakir)였다. 그리하여 사람들은 차츰 그의 말에 귀 기울이게 되었고 그와 함께 찬가를 불렀다. 그렇게 모인 사람들 중에는 힌두교인도 있었고, 무슬림도 있었으며, 조로아스터교인도 있었다. 또한 터번을 쓴 시크교인도 있었고 십자가 목걸이를 한 크리스챤도 있었다.

그의 주변에는 다양한 종교, 다양한 계층의 사람들이 모여 들었다. 학식 많은 학자부터 무지렁이 시골 농부도 있었다. 그렇지만 그 모든 사람들은 모두 그의 가르침에 가슴 깊이 감복했으니 "신은 하나이시다. 신은 사랑이시다."라는 그의 말은 곧 코란이었으며 베다의 말씀이었다. 그의 소박하고도 진솔한 말은 그에게서 방사되는 신비한 힘과 더불어 숭고한 신의 말씀이 되었고 그리하여 사람들은 그를 신성한 분(Sai Baba 성스러운 아버지)으로 부르게 되었다.

그렇게 세월은 흘러갔고 그의 주변에는 수많은 사람들이 벌과 나비처럼 모여 들어 작은 마을 쉬르디는 이제는 인도에서 가장 성스러운 곳 중의 한 곳으로 해마다 헤아릴 수 없이 많은 순례객들이 찾는 성지가 되었다.

그 신성한 성지 쉬르디 사이바바의 템플을 방문했을 때를 잊을 수가 없다. 뭄바이에서 출발한 기차가 사이나가르역에 도착하기 몇 킬로 전쯤이었을까? 기차가 교행 하는 다른 기차를 피하기 위해 잠시 멈추었을 때, 멀리 들판 한가운데로 쉬르디 사이바바의 템플과 건물들이 보여 나는 기차 출입구 쪽으로 나가 들판을 살펴보고 있었다. 그때 문득 어디선가 바람을 타고 날아오는 어떤 신성한 느낌. 그것은 바로 쉬르디 사이바바의 느낌이었다. 바바의 사마디 쉬린 바로 앞도 아닌 곳인데도 강력하게 전해 오는 파동. 그것은 라마나 마하르쉬의 아쉬람이 있는 아루나찰라 정류장에 도착했을 때와 같은 그런 강력함이었다. 그때는 당황했었지만 마음속으로는 분명히 무언가 있다는 내 심증이 맞아서 기분이 좋았었다.

인도의 여러 아쉬람과 사원들을 방문하면서 나는 인도인들의 지극한 그 믿음이 아무런 근거 없이 생겨난 것은 아니라는 확신을 하게 되었고 그리하여 나는 그 보이지 않지만 실재하는 믿음의 근거를, 믿음의 이유를 알고 싶었다. 그래서 인도인들만의 내밀한 성소를 방문했었고 그들만의 성지를 조사했었다. 그 결과 그들의 믿음은 이유 없는 맹목적인 믿음이 아닌 실재(實在)하는 믿음이었고, 단순한 미신이 아닌 경험적인 과학이었다. 물론 많은 경우에 있어서 그 믿음은 아직도 인도인들에게서 조차도 미신으로 여겨지는 것이 있는 것 또한 사실이지만, 그럼에도 유서 깊은 사원이나 성지에서는 거의 대부분 신성함이 존재함을 확인했었다.

내 눈에, 내 마음에 인도는 확실히 신성한 곳이었고 신성한 어떤 존재가 있었다. 그 신성한 곳 중 한 곳인 쉬르디에서 다시 내 추측이 옳다는 것을 확인하다니 한편 기쁘기도 하고 놀랍기도 했다.

사이나가르 기차역에서 릭샤를 타고 십여 분 걸려 사이바바 템플에 도착한다. 그런데 사이바바 템플에서 운영하는 게스트하우스는 가격이 저렴해서 그런지 참배객들이 많이 붐비고 있었다. 그래서 근처 호텔에 여장을 풀고 다르샨을 나선다. 쉬르디 시가지의 중심은 당연히 사이바바 템플이고 그 최고의 중심이 바로 바바의 사마디 만디르이다. 템플 주위에는 인도의 다른 성지들처럼 많은 순례객들로 넘치고 템플 건물 마당에는 순례 온 사람들이 휴식을 취하거나 노숙을 하고 있다. 거리에는 다르샨에 사용할 꽃다발이나 장미꽃을 파는 장사꾼들이 호객을 하고 있다.

쉬르디 사이바바는 원래 인종이나 복식으로 보면 무슬림으로 볼 수 있지만 힌두식으로 푸자도 행하고 힌두교의 믿음도 반대치 않아서 많은 인도인들이 그를 힌두교도로 보기도 한다. 바바가 힌두교와 무슬림, 수피의 종교 통합적인 혹은 절충적인 믿음과 가르침을 펼친 터라 템플의 푸자도 역시 힌두식과 무슬림식을 절충하여 행하고 있다. 그래서 사마디 쉬린을 찾는 사람들은 무슬림이나 수피의 성소를 찾을 때처럼 꽃다발이나 꽃잎을 준비한다. 힌두교 푸자에서 일반적인 코코넛 깨기나 공물 공양은 사마디 성소에서는 금지된다고 한다. 그래서 그런지 다르샨 줄을 선 사람들 손에 손에는 모두들 예쁜 장미꽃과 향기로운 장미꽃잎, 마리골드 꽃다발이 들려있다.

웅성거리는 사람들 속에서 차례를 기다린 지 두어 시간, 드디어 예배홀에 도착했다. 황금색 보좌 위에 황금 보관을 쓰고 앉아 있는 사이바바, 그 모습이 자애롭고 위엄이 있다. 하얀 대리석으로 곱게 만든 실물 크기의 조각상 앞에는 참배객들이 던진 꽃들이 산처럼 수북이 쌓여 있다. 흰색 수건으로 머리를 가린 어느 무슬림 청년이 장미꽃을 던지고 겸손히 머리를 조아린다. 검은 얼굴의 어느 중년의 아주머니는 그녀가 던진 장미꽃이 바바의 얼굴에 적중하자 기쁜 표정을 감추지 않고 황송해하며 엎드려 절한다. 참배객 모두들 엄숙한 얼굴에 상기된 표정이다. 나도 가지고 온 꽃을 헌화하고 "사이람(SaiRam)"이라고 마음속으로 인사를 드린다.

정신을 차려 성소에 가득 찬 성스러운 느낌을 음미해 보니 과연 명불허전이라는 말이 떠올랐다. 시바신이나 비시누 같은 신들을 제외하고 사람의 몸을 한 인간들 중에서 인도에서 가장 존경받고 가장 많은 이들에게 알려져 있는 구루 중 한 명인 사이바바, 델리의 릭샤에도 첸나이의 시외버스 유리창에도 붙여져 있는 그의 사진들, 그 얼굴을 볼 때마다 누구일까라는 궁금증을 가졌었지. 그리하여 마침내 바바의 본진이 있는 쉬르디에 도착해 직접 다르샨을 가져보니 인도인들의 그 소박하고도 간절한 믿음들이 결코 허황된 믿음이 아니라는 것을 알게 되었다. 성소 안은 더 이상 언어로 표현하기 힘든 그런 신성한 파워와 자애로운 에너지가 장미꽃 향기처럼 은은히 넘치고 있다.

성소에 쌓인 장미꽃처럼 붉은 마음들, 그 믿음이 갸륵하고 아름답다고 생각하며 성소를 나올 때 저만치 서 있는 세 명의 시크교인들을 발견한다. 머리에 붉은색 노랑색 터번을 쓴 시크교인들은 바바의 조상을 향해 두 손을 모은다. 아마도 다르샨 줄이 너무 길어서 먼 곳에서 바라보며 예배하는 것이리라.

시크인들이 쉬르디 사이바바를 참배하는 것을 목격하니 사이바바가 진짜 무슬림이든 힌두든 종교의 가림 없이 존경을 받고 있다는 말이 실감났다. 조금 전에는 일단의 무슬림 청년들이 참배하지 않았던가.

살아생전 신은 어디에도 있다고 하며 종교 간의 화해와 공존을 가르친 사이바바, 그의 말이 설득력을 얻는 것은 아마도 그의 신비한 힘과 소박하지만 진리에 맞는 가르침 때문은 아닐까?

성소를 나와 서점에 들러 책을 둘러보다 문득 쉬르디 사이바바와 사티야 사이바바의 관계에 대한 궁금증이 일어났다. 풋따파르띠의 사티야 사이바바는 그가 전생에 쉬르디 사이바바였다고 선언했었다. 그런데 이미 사티야 사이바바의 아쉬람을 방문해 본 나로서는 그곳의 느낌이 이곳 쉬르디 사이바바의 템플과는 좀 다르게 느껴진다. 그 기억이 남아 있어 궁금증을 참지 못하고 서점을 관리하는 템플 관계자에게 질문한다.

"사티야 사이바바에 대해서 알고 계신지요? "

"예 알고 있습니다."

"그 분에 대해 어떻게 생각하시는지요? "

"사티야는 복제(Duplication)입니다. 여기 쉬르디 바바님이 오리지날입니다."
"예? 그 말의 뜻은 무엇인지요?
재차 묻는 나의 질문에 그는 대답할 가치가 별로 없다는 듯이 신경질적으로 대답한다.
"사티야 사이바바는 복제이고 여기 쉬르디 사이바바가 진짜라는 이야기입니다."
"......."

 나의 질문에 신경질적으로 반응하는 그에게서 더 이상 질문할 의욕을 잃고 템플을 나온다. 처음엔 친절했던 그가 사티야 사이바바에 대해 질문한 이후로 태도가 바뀐 점이 흥미롭다. 사티야 사이바바도 인도에선 아주 유명한 구루, 신의 화신으로 칭송 받는 사람임에도 불구하고 쉬르디에서 그 명함을 못 내미는 것일까? 추측하기에 아마도 그 정도로 이곳 쉬르디 사람들은 쉬르디 사이바바에 대한 믿음과 자부심이 강한 것이리라 생각해 본다.
 사실 돌이켜보면 풋따파르띠를 방문했을 때 사티야 사이바바가 병원에 입원해 있어서 직접 만나지는 못했지만 그래도 아쉬람의 분위기 등을 비교해 본다면 차이가 있는 것도 사실은 사실이다. 이제는 사티야 사이바바가 마하 사마디에 들어 직접 만나 볼 기회는 영원히 없어졌지만 그래도 그의 사마디 묘소에 참배한다면 무언가를 알 수 있지 않을까 하는 생각이 든다. 왜냐면 인도의 뛰어난 구루들은 그들이 죽은 이후에도 살아 있을 때와 같은 파워를 그대로 방사하고 있다고 하기 때문이다. 기회가 있다면 다시 풋따파르띠로 가서 확인해야겠다는 생각을 하며 길을 걷는다.

길을 걸으며 주변을 구경하다가 일단의 사람들과 이야기하고 있는 황색 옷의 사두를 발견한다. 햇볕에 탄 검은 얼굴에 두 눈은 부리부리하게 빛이 난다. 궁금해 다가가자 그 젊은 사두는 나에게도 말을 건넨다. 대화를 하는 중에 그는 네팔에서 쉬르디까지 다르샨을 위해 왔다고 한다.
"진짜 네팔에서 왔습니까?"
"예, 산도 넘고 기차도 타며 여기까지 왔습니다. 바바를 만나기 위해서요."
"다르샨은 했나요?"
"예. 바바는 확실히 위대한 분이십니다. 아직도 저렇게 영험하시니까요."
"조금 전에 보니까 무슨 사진을 꺼내시던데 저도 봐도 될까요?"
"그럼요, 여기 있습니다."
　내가 사진에 관심을 보이자 그는 낡은 바랑에서 몇 장의 사진을 꺼낸다. 그 사진에는 요기가 남성의 그것으로 커다란 돌을 들어 올리는 모습이 찍혀 있다. 다른 사진에는 남성의 그것에 밧줄을 달아서 차를 끄는 모습이 찍혀 있다. 그것을 보니 어릴 때 보았던 차력사들과 약장수들이 생각났다. 국선도를 전한 어떤 분도 이렇게 차력 같은 것을 행했다고 하지 않는가.
"우와, 대단하시군요."
"모두 요가의 힘입니다."
"그럼 어떤 요가를 하시는지요?"
"하타요가를 합니다. 네팔에 계신 스승님으로부터 배웠지요."
"네팔에요?"
"예. 이 사진도 함 보세요, 저의 스승입니다."
"스승님은 맘씨 좋게 생기셨네요. 제자들도 많군요."

"예, 스승님께선 훌륭하신 분입니다. 제게 인도를 여행하며 많은 성지를 방문하고 성자들의 축복을 받으라고 하셨지요."
"그럼 축복은 많이 받으셨는지요?"
"예 많이 받았습니다. 특히 여기 쉬르디 사이바바님으로부터요."
"그래요?"
"그렇습니다. 저처럼 수행을 하는 사두나 요기들은 쉬르디 사이바바를 잘 알고 있답니다. 많은 사두들이 이곳 쉬르디를 방문하고 축복을 받았습니다. 누구든지 진지하고 간절하게 노력한다면 바바께서는 응답을 주신답니다."

그의 말을 듣고 보니 문득 티루반나말라이에서 만난 마니깜 선생의 말이 떠올랐다.

어느 때 마니깜 선생은 이곳 사이바바 아쉬람을 방문했다고 한다. 떠돌이 사두로 지내며 인도의 이곳저곳을 방문하던 유랑 시기, 그는 바바의 템플 마당에서 노숙을 하고 있었다. 그런데 한참 잠은 자던 중에 꿈에서 바바께서 나타나서 그를 깨우더란 것이다. 아침이 되었으니 이제 그만 일어나 다시 길을 떠나야 한다며. 그 말에 눈을 비비고 일어나니 진짜 아침이 되었고 사람들이 분주히 마당을 쓸고 있었다고 한다. 그 외에도 마니깜 선생은 쉬르디 사이바바와의 여러 신기한 일화들을 겪었다고 하며, 그리하여 그를 진정한 구루(Guru)로 모시게 되었다고 한다.

이렇게 성자들의 아쉬람이나 템플을 방문하고 꿈속에서 성자를 친견하는 경우나 현인이 나타나 가르침을 주는 경우 등, 그 외의 기이한 일들을 겪었다는 경험담은 인도에서는 전혀 새삼스러운 일이 아니다.

한국에도 널리 알려져 있는 라마나 마하르쉬 아쉬람의 경우에도 이런 특별한 경험이 많이 일어난다고 하는 곳이다. 특히 라마나 아쉬람 내에 숙식하면서 경험한 이야기들은 소수의 경험자들만이 그 의미를 소중히 간직하고 있다고 한다. 하기야 이미 일상적인 상식을 넘어서는 일들이 일어나는 곳이 인도가 아닌가. 거기다가 인도 최고 성자들의 아쉬람이니 분명 말로 표현할 수 없는 그런 차원이 아닐까 한다.

 이젠 떠나야 할 시간, 방랑하는 하타요기와 바바께 감사의 인사말을 하며 쉬르디를 떠난다.
사이람!　사이람!

어느 방랑 사두의 사마디 쉬린에서

사띠스와미 사마디 쉬린

　인도를 여행하다 보면 자칭 타칭 수많은 방랑 수행자들을 만날 수 있다. 행색이 초라한 거지꼴의 모습을 한 사두부터 금색 찬란한 수행복을 입은 고귀한 사두들까지 다양한 사두들을 볼 수 있다. 그들의 대부분은 어느 종단이나 나름의 교파에 속하기도 하지만 또한 많은 이들이 아무런 소속도 없이 이곳에서 저곳으로 순례(Yatra 야트라)를 다니며 인도 전역을 떠돌기도 한다. 주로 베다나 경전들에 언급된 성지를 찾지만 때로는 전설이나 비전으로 전해져 오는 장소를 찾기도 한다.
　수행의 역사가 유구한 인도답게 인도의 땅 끝 깐야꾸마리에서부터 세계의 지붕 히말라야와 카일라스까지 인도 전역은 이들 방랑 사두들의 발자취가 스치지 않은 곳이 없을 정도다. 그리하여 그들의 눈에 인도의 대지는 신성함 그 자체이고 또한 인도를 넘어 존재하는 이 세상 모두가 바로 신의 현현이며 존귀한 존재로 여겨지기도 하는 것이다.

이렇게 성지 순례를 다니며 수행하는 사두들은 그들이 목적한 것을 이루었는지는 아무도 알 수가 없지만 가끔은 그들이 머물거나 수행했다는 장소를 방문한 이들의 입을 통해서 그들의 수행력이 가늠되기도 한다고 한다. 나에게도 이런 떠돌이 사두의 사마디 쉬린을 방문한 기억이 있다.
 어느 땐가 우연히 만난 싯다 팔 빤디안 선생님을 통해서 알게 된 사띠스와미라는 떠돌이 사두. 인도 최대의 성지 중 한 곳인 람에스와람으로 가는 길목에 위치한 웃타르코사 망가이라는 어느 작은 마을에서 그는 수행자로서의 삶을 마쳤다고 전하는데, 팔 빤디안 선생은 그곳에 있는 사마디 쉬린을 직접 방문했으며 놀라운 경험을 겪었다고 한다. 나도 그 이야기에 호기심이 발동해 직접 웃타르코사 망가이로 향했다.

마을 사람들의 입을 통해 전해 오는 바에 따르면 사띠스와미는 약 200년 전의 사람으로 평범한 보통의 떠돌이 사두였다고 한다. 그 누구도 그의 이름을 알지 못했고 또 그가 어디에서 왔는지도 몰랐다고 한다. 그래서 마을 사람들은 그를 편한 대로 사띠스와미로 불렀다고 전한다. 그가 사두들이 가지고 다니는 작은 물항아리(사띠)을 가지고 있었기에 때문이었다.
 사띠스와미는 주로 마을 중앙에 있는 시바신의 사원 나타라자 템플을 참배했으며 들녘이나 무덤가를 배회하며 신성한 찬가를 부르기도 했다고 한다. 사람들은 가끔 그에게 음식을 공양했고 그는 덕담을 하며 축복을 주기도 했다. 그러다가 그는 죽음에 이르게 되었고 사람들은 그를 추모하여 작은 링감을 세우고 사마디 쉬린을 만들었다. 그리고는 세월이 지남에 따라 점점 잊혀졌다고 한다.

그런 사띠스와미가 다시 부각된 데는 또 다른 사두의 역할이 있었다고 한다. 수레쉬 프라사드라는 방랑 사두가 약 45년 전 람에스와람을 방문하고 돌아가는 길에 에머랄드로 만든 나타라자를 참배하기 위해서 마을에 도착했을 때 그는 우연히 폐허가 된 사띠스와미의 사마디 쉬린을 발견했다고 한다. 다 허물어진 낡은 건물 속에서 사띠스와미의 작은 링감을 발견했을 때 그는 신성한 신의 축복을 경험했으며 그 후로 마을에 머물면서 쉬린을 돌보았다고 한다. 그는 나이 들어 죽을 때가 되었을 때, 꿈에 나타난 시바신의 명에 의해 카시(바라나시)로 떠나는 순간에도 마을 청년들에게 사띠스와미는 위대한 성자로 그 쉬린을 잘 돌볼 것을 부탁했다고 전한다. 그리하여 잊혀진 사띠스와미는 다시 사람들의 입으로 회자되었고 그 소문을 접한 팔 빤디안 선생도 그곳을 방문해 사띠스와미의 놀라운 축복을 받았다고 한다.

팔 빤디안 선생님은 어느 때부터 수행에 관심이 있었으며 몸소 수행법들을 직접 해보기도 했는데 그러는 과정에서 잘못된 수행을 하여 발작처럼 일어나는 극심한 두통을 겪게 되었다고 한다. 스승 없이 홀로 한 수행의 위험함을 직접 겪었고 그 고통에 아파했었다. 그러다가 탄트라를 수행하는 친구를 통해서 나타라자 템플을 방문해서 치유기도를 하려고 웃타르코사에 오게 되었다고 한다. 그렇게 방문한 마을에서 우연히 사띠스와미에 대해 알게 되었고 사띠스와미 쉬린의 영험함을 직접 경험했다고 한다. 그때까지 계속되던 온 몸이 마비될 듯한 극심한 두통도 치료하고 경험하지 못한 수행의 경지를 체험했다고 한다.

　람에스와람의 사원을 방문하고 웃타르코사 망가이로 가기 위해 바다를 가로지른 거대한 대교를 지나는 길, 역시나 람에스와람은 신성하고 신비한 곳이라는 생각이 사라지지 않는다. 푸른 물결 넘치는 바다와 성스러운 향기가 가득한 사원, 시원한 바람은 모든 순례객들에게 마음의 평화를 줄 것이 분명하리라. 또다시 다가오는 사띠스와미의 쉬린은 어떤 모습일까 상상해 본다. 참빠꽃 향기처럼 향기로울까 아니면 인도의 무더위처럼 짜증만 날까?

　에메랄드 나타라자로 유명한 웃타르코사로 가기 위해선 람라르라는 읍내에서 다시 버스를 갈아타야 한다. 람라르에서 버스를 기다리는 중에 웃카르코사 망가이 마을에서 장사를 한다는 인도인을 만난다. 한국에서 왔다는 나에게 그는 친절하게도 웃타르코사 망가이 마을과 나타라자 템플에 대해서 설명해 준다. 또 버스비까지 내주며 나에게 친절을 베푼다.

"반갑습니다. 저는 나타라자 템플 앞에서 야채 가게를 하고 있지요."
"그렇습니까? 잘됐군요."
"나타라자 템플은 유명한 곳입니다. 시바신의 성지이죠. 그래서 마을 이름도 원래는 성스럽다는 티루(Tiru)를 붙여서 티루 웃타르코사 망가이로 불렸답니다. 그 정도로 신성한 곳이죠."
"아 그래요? 그렇다면 참 잘됐군요. 꼭 한번 가고 싶었습니다."
"마을은 작지만 거대한 고푸람의 나타라자 템플이 아름답습니다."
"혹시 사띠스와미라고 아십니까?"
"예, 알고 있습니다. 나타라자 템플 앞쪽으로 조금 가면 사마디 쉬린이 있답니다."
"그렇군요. 템플을 본 후에 그곳도 갈 생각입니다."
"외지에는 덜 알려진 사띠스와미님을 아시다니 아주 많이 아시는 군요."
"저도 소문을 듣고 찾아가는 중입니다."
"그렇군요. 사띠스와미께서는 참 영험한 분이시죠. 마을 청년에게 물으면 쉬린 안으로 들어갈 수 있을 겁니다."
"예 감사합니다."

 야채 장수와 이야기를 하는 사이 버스는 흙먼지를 날리며 들판을 가로질러 드디어 어느 작은 마을에 도착한다. 마을 앞 공터에 버스는 서고 고개를 들어 둘러보자 나타라자 템플의 거대한 고푸람이 눈에 확 들어온다. 고색창연한 컬러풀한 고푸람, 그 위용에 잠시 멈칫하다가 고푸람을 통과해 안으로 들어간다.
 사원 안은 화강암에 새긴 수려한 조각들이 즐비하고 이윽고 이른 지성소에는 어두운 가운데에 밝은 촛불이 빛난다. 웃통을 벗어 상반신을 드러낸 스와미에게 준비한 과일과 약간의 헌금을 드린다. 사두는 무언가를 읊조리며 내 이마 가운데에 회색 재 비부티를 발라준다.
 성소를 나와 뒷마당을 둘러본다. 사원의 최고 지성소는 푸른 하늘 아래 황금색으로 빛나고 바람은 고요하다. 맑은 느낌과 고요함이 가득하고 사원의 여기저기에는 신성한 석상들이 즐비하다. 특히 시바신을 따르는 수십 개의 나얀나르의 석상들은 보는 것만으로도 경외감이 들게 한다. 빛나는 진리를 찾아 끊임없이 수행했다는 타밀의 성자들, 그 믿음이 아름다워 후인들은 그들에게 꽃과 향을 바치는 지도 모른다.

사원을 나와 이제는 사띠스와미의 사마디 쉬린으로 향한다. 마을 사람들이 일러준 대로 오솔길을 가자 저 멀리 작은 저수지가 보이고 그 맞은편에 웬 낡은 건물이 있다. 신성한 곳임을 알리는 표지가 나오고 작은 건물 주위로는 울타리가 쳐져 있다. 쉬린 뒤편의 민가에 들러 쉬린을 관리한다는 청년을 만난다. 그 청년을 따라 문을 열고 안으로 들어서자 어디선가 향기로운 향내가 몰려온다. 드디어 사띠스와미의 쉬린에 도착한 것이다.

한 자 정도의 작은 링감에는 고운 금색 천이 둘러져 있다. 먼저 준비한 자스민꽃을 스와미의 링감 앞에 바치고 인도식으로 절을 한다. 그리고는 잠시 멈추어 느껴본다. 어디선가 은은히 신성한 느낌이 물결처럼 서서히 다가온다. 다른 곳에서는 잘 느끼지 못하던 또 다른 느낌이다. 팔 빤디안 선생님의 말씀처럼 분명 기이한 느낌이 드는 것은 사실이다. 그리고는 바람 소리도 멎은 듯 고요함만이 흐르고......

외국인인 내가 이름 없는 사두의 링감에 절하는 것이 신기했는지 동행한 청년은 물끄러미 쳐다보다가 이제는 마치 소중한 보물을 감추듯 쉬린을 정리하고 나가자고 한다. 몇 루피 지폐를 꺼내어 링감 앞에 두려는 나에게 청년은 한사코 만류하며 스와미께서는 그런 것을 원하지 않는다고 전한다. 사심 없는 그의 권유에 마음만 두고 쉬린을 나온다.

작은 앞마당에는 성소임을 알리는 링감이 놓여 있고 그 앞으로는 나타라자 템플의 높은 고푸람이 우뚝 서있다. 쉬린을 나오자 들녘에서 불어오는 한줄기 바람이 시원하게 열기를 식혀준다. 둘러보니 사띠스와미의 사마디 쉬린의 위치는 작은 강과 저수지가 있는 곳으로 거기다가 영원한 시바신이 거하는 시바 템플이 있는 참 좋은 위치이다. 궁벽하고 외진 곳이지만 진리를 찾아 믿음을 따라 떠돌던 방랑 사두에게는 가난하지만 신심 깊은 사람들이 있고, 진리와 자유의 길에서 대선배인 시바신이 내려다보는 이 들판은 그야말로 명당이 아니었을까? 들판을 가로질러 불어오는 바람을 맞으니 그 옛날 베다의 성자들이 방랑하며 노래한 시구가 떠오른다.

"님은 짙푸른 블루비꽃,
 붉은 눈을 한 초록색 앵무새,
 천둥치는 구름이며,
 계절이고, 바다입니다.
 님께서는 무한하여 시작조차 없으니
 세상 모든 만물들이 님으로부터 탄생했나니!"

아마 사띠스와미도 이런 찬가를 부르며 고행의 순례 길을 걸었고 마침내는 그 어떤 경지에 이른 것은 아닐까? 얻음도 없고 잃을 것도 없다는 그런 경지. 그리하여 보이지 않는 그의 사랑과 수행력은 향기로운 참빠꽃 향기처럼 들녘을 떠도는 것은 아닐까?

*시는 스베따스바따라 우파니샤드에서 인용함.
*사띠스와미에 대한 내력은 팔 빤디안 선생님의 글을 참고한 것임.
*블루비꽃: 막스뮐러의 번역본에는 the dark blue bee 라고 되어 있으며, 일반적으로는 청벌(청색벌)로 해석하지만 나는 블루비꽃으로 해석해 보았다.
*님은 짙푸른 블루비꽃, 붉은 눈을 한 초록색 앵무새: 팔 빤디안 선생의 견해에 따르면 dark blue 는 제 3의 눈의 바깥쪽 원을 의미하고, 앵무새는 제 3의 눈을 상징한다고 한다.

다시 리시케시에서

　인도를 한 바퀴 돌아 다시 리시케시에 도착했을 때는 밤 10시가 지난 늦은 밤이었다. 라메쉬바바가 있는 가트를 지나다 "헤이 라메시바바, 하리옴!" 인사하니 어두컴컴한 저쪽에서 라메쉬바바가 손을 흔든다. "오늘은 늦었고 내일 다시 올게"라며 서둘러 숙소로 갔다.
　다음날 밤, 사두들은 어떻게 지내는지 궁금해서 가트로 가니 라메쉬바바는 보이지 않고 못 보던 사두들이 있다. 사두 람다쓰는 내가 와도 시무룩이 별 말이 없고, 알렉뿌리바바도 보이지 않는다. 거기다 신성한 불이 있는 화덕에 불도 꺼져 있고 또 시바의 삼지창도 안 보인다.

　'시바사두들에게 시바의 삼지창이 없다니 그새 무슨 일이 있었던 걸까?' 혼자 생각하며 가트 근처 장신구를 파는 상인에게 묻는다.
　"사두들에게 무슨 일이라도 생겼나요? 시바의 삼지창도 안 보이고 알렉뿌리바바도 안 보이는군요."
　그러자 그는 길옆에 소복이 모여 있는 새로운 얼굴의 사두들을 가리키며,

"라메쉬바바들은 배드 까르마, 이쪽 사두들은 굿 까르마"라고 말한다.

그 사두들을 보니 모두들 백발이 날리는 얼굴에 착하게들 생겼다. 그러나 '나와는 라메쉬바바가 인연이 있고 정들었는데' 하는 생각이 들어 다시 묻는다.

"그러면 삼지창이 없어진 이유는 아세요? 알렉뿌리바바도 안 보이는군요."

"그들은 서로 싸웠다네."라고 말하며 두 손을 허공에 흔든다.

"진짜로요?"라며 반문하자,

"알콜, 알콜"하며 술 마시는 시늉을 한다.

"바바들이 술을 마시고 서로 싸웠지. 그러는 중에 경찰이 와서 말리다 삼지창을 강물에 던져 버렸어. 한 시간만 지나면 술 마시고 뻗어 자는 모습을 볼 수 있을 거니 그때 와 봐요."라며 빈정거리듯 말한다.

라메쉬바바들이 술을 마시고 서로 다투었다는 이야기. 그러는 중에 경찰이 와서 삼지창을 강물에 던져버렸다는 것이다. 그러나 그의 말투에서 라메쉬바바들에 대한 어떤 질투나 시샘 같은 것이 느껴져서 그 말의 진실됨을 믿기가 어렵다는 생각이 들었다.

그러나 또 한편에서는 '어쩌면 이 장사꾼의 말이 맞을지도 몰라. 그 증거로 시바의 삼지창이 없어졌지 않나!'

이렇게 라메쉬바바들에 대해 묻는 사이에 저 멀리 상가들 틈으로 라메쉬바바가 보인다. 나를 보자 "마이 프랜드, 마이 프랜드"라며 얼굴 만면에 웃음을 띠고 나를 반긴다. 그의 초라한 사두 밥그릇에 노란 달이 보인다. 아마 근처 식당이나 아쉬람에서 배급을 받아 오는 모양이다. 그런데 라메쉬바바의 옷차림이 이상하다. 평소에 입던 황색 사두복이 아니다.

의아해하며 라메쉬바바에게 묻는다.
"라메쉬바바, 왜 삼지창이 없어졌지? 알렉뿌리바바도 안보이고? 진짜 술 마시고 서로 싸운거야? "
 나의 질문에 잠시 난처해하던 라메쉬바바는
"노우, 노우. 아엠 리얼 사두. 노우 알콜! (나는 진짜 사두야, 술 마시지 않았어)"라며 손을 내저으며 말한다.
"바바들과 다른 어떤 사람들 사이에 트러블이 있었는데 그때 다른 사람이 갑자기 삼지창을 뽑아 강에 던진거야. 술 마시고 싸운 것은 아냐."
"그러면 왜 저번에 입었던 황색의 사두복을 안 입고 있냐? 사두복도 싸우는 과정에 강에 버렸어? "라는 나의 질문에 좀 난처한 표정을 지으며
"요새 너무 더워져서 딴 옷을 입었어."라며 더워서 다른 옷을 입었다고 변명을 한다.
"그래? 하기야 요새 점점 더워지는 것은 사실이긴 사실이지. 그렇담 사두복을 안 입으면 안 더운가? 지금 입고 있는 옷도 때가 줄줄 흐르는 영판 거지복에 더 더워 보이는데. 술 먹고 싸우다가 시바의 삼지창도, 라메쉬바바의 옷도 다 강물에 버린 것 아냐? "라는 나의 말에
"노우, 노우 아엠 리얼 사두"라며 자기는 진짜 사두라서 술 마시고 싸우지는 않았다고 강력히 항변한다. 그렇게 말하는 그의 얼굴에는 진실성이 있는 듯도 하다.

 일단은 시바신을 따르는 사두에게 상징인 시바신의 삼지창이 없다니, 한 두 명이라면 없어도 상관없지만 십여 명이 넘는 사두들이 모이는 장소에서, 제를 지내는 신성한 화덕도 있는 곳에서 중대한 상징인 삼지창이 없어졌다니, 그 상황이 이해는 안 되었지만 이유를 불문하고 안타까

움이 앞섰다. '그래 내가 몰랐다면 몰라도 이 사실을 안 이상 삼지창이라도 하나 만들어 줄까?' 하는 생각이 든다. '리시케시 시장통에 가서 멋지게 용접이라도 해오면 어떨까' 하는 생각도 들고. 그렇지만 먼저 왜 삼지창이 없어졌는지 그 이유를 제대로 알아야할 것 같아서 그 이유를 근처 사람들에게 수소문 중이었고 당사자인 라메쉬바바에게 직접 물어본 것이다.

 리시케시를 떠나기 전날, 라메쉬바바들의 일이 궁금하고 진짜 정황을 알고 싶어서 다시 한 번 더 가트로 간다. 가트에는 라메쉬바바는 안 보이고 알렉뿌리바바가 원래 있던 화덕자리가 아닌 건너편의 작은 탑 부근에 처량하게 앉자 있다. 나를 발견한 알렉뿌리바바가 손을 들고 "하리옴, 프랜드."라고 인사하며 반겨준다. 그런데 그의 안색이 영 좋지 않다.
'어디 아픈 모양인가? 하기야 알렉뿌리바바는 원래 고질적인 천식이 있다고 했었지. 저번에도 약이 다 떨어졌다고 하던데……'
 알렉뿌리바바에게 다시 삼지창이 없어진 사연을 묻는다. 그리고 진짜 술을 마시고 싸웠는지를 묻는다. 이에 "누가 이 알렉뿌리바바가 술을 마셨다고 이야기 해?"라며 버럭 화를 낸다. 그 표정이 진짜 화난 표정이다. '사실 여기 있는 사두들 중에서 가장 학식이 많고 생각이 깊은 바바가 알렉뿌리바바인데 내가 너무 하는 것 아냐?' 하는 생각이 들었지만 그래도 삼지창이 없어진 사연은 정말 궁금하다. 그래서 다시 한 번 더 물으니 알렉뿌리바바는 "사소한 문제가 있었다네."라며 자기가 아는 사연을 대략 이야기 해 준다.
 그의 이야기는 어제 밤 들은 라메쉬바바의 이야기와도 조금 다르다. 이야기하는 중에 알렉뿌리바바는 정말 아파서 힘든 듯 얼굴 표정이 일그러진다. 난 그의 이야기를 듣고 어쨌든 사두들끼리는 싸우거나 다투면 안된다고 말하며 저 멀리 아루나찰라의 사두들이 열심히 기도하고, 노래하면서 바잔을 하니까 지나가던 순례객들이 많은 보시도 한다고 그렇게 하면 어떠냐고 말해 본다. 나의 말을 고개를 끄덕이며 듣던 그가 다시 한번 더 아픈 기색을 보인다.
"바바, 많이 아파? "
"약이 다 떨어졌어."
"그럼 시바난다 자선 병원에 가서 약을 타오면 안될까? "
"시바난다 병원에 가도 그 약은 비싼 약이라서 구하기 힘들어. 약 좀 구해주면 안될까? "라고 나에게 약을 좀 사달라고 사정한다.
 그러나 주변 상인의 말처럼 어쩌면 여기 바바들은 거짓말을 하고 있는지도 모를 일이라는 의심이 사라지지 않았고, 또 만약 약값을 받아 다시 술 사먹는 것은 아닐까 하는 생각도 든다.
"나 이제 한국으로 돌아가. 약은 시바신께 열심히 기도하면 인도인들이 좀 도와주겠지. 뭐" 그렇게 매정하게 이야기 한다.

 콜록콜록 기침을 하며 자기 맘을 몰라준다며 화를 내는 알렉뿌리바바를 뒤로하고 돌아서는 길, 마음 한 구석에는 '알렉뿌리바바나 라메쉬바바는 이런 쓸데없는 것으로 나에게 거짓말을 할 사람은 아닌데, 다시 돌아가 약값도 얼마 안하는데 주고 올까' 라는 생각이 들었다. 발이 떨어지지 않아 람줄라 다리 중간에서 잠시 서 있다 저 멀리 가트 쪽을 보니 알렉뿌리바바도 나를 쳐다보는 듯하다.
 그러나 시바호텔에 도착해서도 라메쉬바바의 일이 머리에서 사라지지 않는다. 짐을 정리하며 내일 아침 출발 준비를 하는 중에도 계속 내 맘에서 생각이 사라지지 않으니, '아마도 삼지창은 됐고 알렉뿌리바바에게 약이라도 사줄까' 하는 고민도 아닌 고민이 계속 되었다. 그러다 결론을 내린다. '삼지창은 수행자인 사두들이 스스로 장만하는 것이 당연히 옳은 일이고, 알렉뿌리바바의 약은 내가 사주자.' 이렇게.

 약값이 아주 비싼 것은 아니지만 그래도 여기 인도인들 일하는 하루 벌이 정도는 되니까 그런 돈을 근처 상인들이 덥석 주거나 순례객들이 선의로 그냥 주기는 힘들 것이라는 것. 자초지종이야 어찌 되었는지는 정확히 모르지만 그래도 내 마음이 움직이는 대로 하기로 한 것이다.

 이제 리시케시를 떠나는 길, 정 들었던 곳을 떠나려니 맘에 미련이 남는다. 특히 가트에서 만났던 라메쉬바바와 기침하던 알렉뿌리바바, 사두 람다쓰가 떠오른다. 무언가 라메쉬바바들을 위해 해줄 것이 없을까 고민하다 기념으로 한국 지폐를 주기로 한다. 리시케시에서는 아무 쓸모도 없는 한국 돈을 주려 맘을 먹으니, 무슨 글이라도 한 자 적어 줄까 싶은 생각이 들었다. 그리고 혹시나 지폐를 여행 온 한국인들에게 보여 주고 환전을 시도할 수도 있다고 생각되어 한글로 대략 적어 본다.

"Om Shanti!
인연 있어 이 글을 보시는 모든 분들께도 축복이 있으시길!
이것을 소지한 라메쉬바바는 조금? 어리석지만 심성은 아주 착한 사두입니다. 혹시나 이것을 바꾸려고 할 때는 아주 어려운 환경에 처했을 때일 것입니다. 이 글을 보시는 분께서는 아주 소액의 박시시(보시)를 통해 위대하고 성스러운 박티요가, 카르마요가를 실천해 보심은 어떠실지 감히 권장해 봅니다. 절대로 큰돈은 주시지 마시고 마음이 내킬 때만 소액을 보시 해보심이 어떠실지?
박티요가를 실천해 보시면 가슴이 열려집니다."

뒷면에도 마치 소설처럼 과장하여 쓴다.
"Yoga는 실천입니다. 파탄잘리를 비롯한 많은 리쉬들의 축복을 받은 저는, 감히 성스럽고 위대한 박티요가와 까르마요가를 권장해 봅니다.
한 푼 두 푼 진심으로 보시를 행하시면, 가슴이 열려 성스러운 요가의 진면목을 만날 수 있습니다. 착한 사두에게만 보시하시고 절대로 내키지 않을 때나 강제로도 주지 마십시오. 절대 큰돈은 주시지 마시고 다만 마음이 주고 싶을 때만 주시기를.......
인연 있어 리시케시로 온 모든 분들께도 시바의 축복이 있으시길!
Om Nama Shivaya! " 이렇게.

아마도 만약 라메쉬바바가 이것을 리시케시를 방문한 한국인이나 외국인들에게 보여주는 일이 있다면, 대개 리시케시를 방문하는 이들은 착한 사람들일 테니까 이 글을 읽고 무슨 의미인지를 알 수 있으리라 생각되어 조금은 위안이 되었다. 내가 라메쉬바바에게 주는 우정의 증표가 단지 돈이 필요해서나 어떤 이유로도 다른 사람의 수중에 들어가는 그런 불상사가 생기지 말았으면 하고 이렇게 글을 써 놓으니 그나마 안심이 되었다.

다음날 람줄라 다리를 지나며 다시 한 번 리시케시의 산들과 강에게 눈으로 인사한다. 가트를 지나다 눈이 마주친 알렉뿌리바바를 보고는 다가가 한쪽으로 불러 손에 약값을 쥐어준다. 우리나라 돈으로 치면 얼마 안 되는 돈이지만 나 역시 아껴서 여행 온 것이고, 더군다나 수행하는 사두들이 혹시나 돈맛을 알게 된다면 거짓말을 하고 다음에 올 순례객들이나 여행객들에게 피해를 줄 수도 있지 않나 싶어 딱 약값만 쥐어 준다. 고맙다고 말하는 알렉뿌리바바, 아픈 중에도 여전히 그의 눈은 반짝반짝 빛난다. 악수하고 돌아서며 라메쉬바바 쪽으로 가서 불러 본다.
"라메쉬바바, 나 이제 떠나. 일 년 후에 다시 올게"하니, 라메쉬바바는 그저께 일 때문에 맘이 상했는지 아니면 아직도 잠에서 덜 깼는지 손만 흔들고 인사한다. 아니면 라메쉬바바도 이별이 아쉬워 그런지도 모를 일이었다.

'바보, 이제 가면 언제 또 올지 예정하기도 힘든데 쫓아와 인사라도 해야지.'
맘속에 아쉬움과 안타까움, 연민이 동시에 든다. 가방 한쪽에 라메쉬바바에게 주려던 시바 사진의 엽서와 지폐를 만지작거리다 주는 것을 포기하고 돌아선다. 아쉽지만 시바신께서 도와주실 거야. 옴 나마 시바야!

굿바이 라메쉬바바, 착한 람다쓰, 알렉뿌리바바여!
다시 돌아올 때까지 잘 흐르고 있어라 강가여!
높아라 히말의 산들이여!
인도여! 인도여!

아쉬람에 대한 단상(短想)

일반적으로 아쉬람(Ashram)은 힌두교에서 종교적인 수련이나 명상을 하는 곳으로 볼 수 있다. 원래는 인적이 드문 숲 속이나 동굴 등 주로 세속과는 멀리 떨어진 대자연 속에 위치했으나 역사가 흐름에 따라 지금은 마을이나 도시에 위치한 경우도 많다. 대개 각각의 아쉬람은 나름의 규칙과 규율을 가지고 아쉬람에 머무는 이들이 조용하고 평화로운 상태에서 마음의 평화, 샨티(Shanti)를 얻고 더 나아가 내면의 힐링과 깨달음을 얻는 것을 목적으로 한다. 이러한 인도의 아쉬람은 고대로부터 있어 왔으며 사원과 더불어 인도인들의 정신적인 중추의 역할을 해왔다.

신(神)을 중심으로 꾸며진 사원과는 달리 아쉬람은 대체로 그 아쉬람을 세우거나 정신적인 깨달음을 얻었다는 구루(Guru, 스승)를 중심으로 이루어지며, 규칙이 엄격한 사원과는 달리 보다 더 친화적이고 자유로운 분위기가 많다. 인도의 경우 대다수의 아쉬람이 힌두교를 토대로 하고 있지만 무슬림이나 시크 아쉬람도 있다. 거기다가 최근엔 크리스챤 아쉬람처럼 힌두교가 아닌 타 종교의 아쉬람도 등장하고 있으며, 종교색을 탈피한 순수한 영성을 추구하는 아쉬람도 있다.

　이러한 인도적인 아쉬람은 인도 문화와 요가의 전파에 따라 세계로 전파되어 지금은 전 세계에 많은 아쉬람이 있으며 인도적인 색깔을 벗어나 다양한 신념, 다양한 형식의 모습으로 진화하고 있다.

　특히 근래에 생긴 아쉬람들은 종교색을 벗어나 웰빙이나 힐링 등 보편적인 인간 본연의 행복을 추구하는 휴머니즘적인 아쉬람, 자연주의적인 아쉬람을 추구하는 곳이 많다. 대개 뜻이 맞는 이들이 모여 일정한 장소를 중심으로 공동체를 이루는 현대적인 아쉬람들은 각박한 현대 사회에서 휴식과 평안을 주는 샘물 같은 역할을 하고 있다.

　한편 인도의 아쉬람들을 살펴보면 라마나스라맘이나 토따뿌리 아쉬람, 시바난다 아쉬람 같은 정통 힌두교의 토대 위에서 세워진 아쉬람들과 현대에 들어와서 선풍적인 인기를 끌고 있는 요가를 중심으로 하는 아쉬람, 인도 독립운동에 있어서 정신적인 교두보의 역할을 한 간디 아쉬람이나 오로빈도 아쉬람, 타고르 아쉬람 같은 아쉬람, 또 사티야 사이바바 아쉬람이나 암마 아쉬람처럼 소위 아바타르(化神)라고 지칭되는 이들이 세운 아쉬람, 힌두교가 아닌 시크 아쉬람이나 최근에 개신교를 근간으로 세워진 크리스챤 아쉬람, 중립의 영성 아쉬람 등 많은 종류가 있다.

　또한 힌두교의 각 분파별로 독립적인 아쉬람들이 있으며 팔 빤디안 선생의 아쉬람처럼 자기수행과 싯다의학을 가르치기 위한 신생의 아쉬람들도 많다. 거기다가 티벳 불교의 지존인 달라이라마가 거하는 다람살라 같은 곳은 그 자체로 불교 아쉬람이라고 불러도 괜찮지 않을까 한다. 이렇게 생각한다면 인도는 가히 아쉬람의 나라이며, 인도 그 자체로 이미 거대한 아쉬람이 아닐까 하는 생각이 든다.

고대의 현자들이 거하던 숲 속이나 동굴의 아쉬람은 차츰 진화하여 현대의 다양한 아쉬람으로 발전하였는 바, 앞으로는 더욱 다양하고 새로운 형태의 아쉬람들이 세계 도처에 생길 것이라고 생각된다. 그렇지만 이렇게 많은 아쉬람들도 어쩌면 그 귀결은 하나가 아닐까?
"나를 알면 만유(萬有)를 안다."라고 말한 불멸의 성자 라마나 마하르쉬님의 말처럼 결국은 "나"에 귀결하는 것은 아닐까?

*남인도에서는 아쉬람(Ashram)을 아쉬라마(Ashrama)로 부르기도 한다.

*아쉬람에 대한 사전적인 의미로는 '힌두교의 성자가 사는 은둔처나 그 공동체', '힌두교에서 종교적인 은둔 수행이나 교육에 사용되는 세속에서 멀리 떨어진 건물', '영적인 지도자인 구루(guru)의 거처', '수도원적인 공동체 또는 정신적인 수행의 장소', '힌두교에서 보는 삶의 네 가지 단계-학생기, 가주기, 임서기, 유랑기가 있다.', '가난한 이들에게 음식이나 숙식 등 편의를 제공하는 집', '영적인 피정의 장소', '인도 전통의 아쉬람을 모델로 한 정신적인 공동체나 은둔의 장소' 등 여러 가지 뜻으로 볼 수 있다.
 대개 인도의 아쉬람은 요가나 정신적인 수행의 장소이기도 하며, 구루를 중심으로 한 구루시샤의 교육이나 피정의 장소가 되기도 하고, 또 어떤 아쉬람들은 고아나 과부 등 소외된 사람들의 안식처가 되기도 하고, 또 가난한 이들에게 무료로 숙식을 제공하기도 한다. 이러한 인도 전통의 아쉬람 개념이 발전하여 오늘날은 요가, 명상, 음악, 수행, 영성 또는 종교적인 가르침, 기타의 신념 등을 제공하는 장소나 공동체를 지칭하는 것으로 그 의미가 확대되어 사용되고 있다.

다양한 아쉬람들

사바르마띠 간디 아쉬람의 입구에 세워진 물레를 돌리는 간디 모습

　*사바르마띠 간디 아쉬람(Sabarmati Ashram)은 구자라트주의 주도 아메다바드에 위치하고 있으며, 마하트마 간디가 인도 독립운동의 일환으로 사띠야그라하(Satyagraha)운동을 구상하고 불가촉 천민인 하리잔에 대한 차별철폐의 기치를 세운 아쉬람이다. 이 아쉬람에서 간디는 12년간을 살았으며, 영국이 소금세를 인상하자 "인도가 독립하기 전까지는 다시 돌아오지 않으리라."며 그 유명한 단디행진(단디마치)를 떠난 아쉬람이다. 이 사바르마띠 아쉬람에서 간디는 인도 독립운동의 기초 구상을 했으며 그의 비폭력, 무저항의 투쟁철학을 세웠다.

　간디가 말년을 보냈던 세바그람 아쉬람(Sevagram Ashram)과는 달리

국가 지정 기념물로 지정되어 있으며 간디를 기리는 수많은 사람들이 방문하고 있다. 아쉬람 안에는 간디가 살던 오두막과, 그가 사용하던 물레와 샌들 등이 전시되어 있고, 박물관도 있다. 또한 간디가 신께 기도하며 명상하던 곳이 있다.

사바르마띠 아쉬람 안의 간디가 살던 오두막

인도 전통의 싯다의학을 가르치기 위해 만든 팔 빤디안 선생의 아쉬람.

시크 아쉬람에서 돌아오는 길 좌측 담장 너머가 거대한 아쉬람이다.

*유명한 시크 아쉬람으로 펀잡주 암리차르에서 한 시간 정도의 거리에 있는 베아스(Beas)에 위치한 라다 스와미 사트상 베아스(Radha Soami Satsang Beas) 아쉬람이 있다. 세계적으로 유명한 시크 아쉬람으로 산트 마트(Sant mat)의 수행법을 따른다. 아쉬람 출입은 엄격한 검색을 통해 이루어진다.

*이외에도 인도에는 수없이 다양한 아쉬람들이 있으며 계속 새로운 아쉬람들이 생겨나고 있다. 근래에 특히 주목되는 것은 신생의 크리스챤 아쉬람으로 그중에는 한국 개신교와 관계된 아쉬람도 있다.

후일담(後日談)

　때로는 서글프고 힘들었던 인도에서의 고생도 시간이 지나면 그리워진 다더니 나 역시 예외는 아닌 모양이다. 바람 불면 가끔씩 떠오르던 얼굴들도 어느덧 사무치게 그리워질 즈음 나는 다시 배낭을 챙겼다. 매번 찾아가도 놀랍고 신기한 곳이 인도라 다시 찾아가는 길이 따분하고 지겹지만은 않았다. 시간의 흐름에 따라 빠르게 변화하는 곳이 인도지만, 그럼에도 여전히 수 천 년 전의 흔적이 고스란히 남아 있어 더욱 매력적인 곳, 변하는 것과 변하지 않는 것이 함께 공존하는 역동적인 삶의 터전인 인도, 이번에는 지난 여행들에서 풀지 못했던 의문을 풀어 보려 마음의 흔적을 따라 발길을 옮긴다.
　먼저 2011년 영면에 든 사티야 사이바바에 대한 궁금증이 남아 있어서 쉬르디와 풋따파르띠를 방문하기로 한다. 사티야 사이바바에 대해서는 인도 내에서도 많은 칭송과 반대의 논란들이 있었기에 나 역시 반신반의하는 의구심을 떨쳐내지 못하고 있었다. 그래서 이번에는 풀어 보리라 맘을 먹고 사티야 사이바바의 전생이었다는 쉬르디 사이바바의 아쉬람을 방문하고 풋따파르띠를 방문하기로 한다. 비록 사티야 사이바바의 육신은 남아 있지 않지만 그의 사마디 쉬린을 방문한다면 그의 신성이나 영성에 대한 무언가를 알 수 있지 않을까? 인도에 전해 오는 전통에 따르면 위대한 요기나 성자들은 비록 죽어 육신이 사라져 없을지라도 그의 영혼의 향기는 사마디 쉬린에 남아 있다고 한다. 마치 꿀벌이 죽어 사라진다고 해도 그 벌들이 모아 놓은 벌꿀과 달콤한 향기는 남아 있듯이.

비록 논란은 여전히 진행 중이지만 그래도 자칭 타칭 신의 화신(化神 아바타르 Avatar)으로까지 불리어진 사티야 사이바바라서 당연히 어떤 흔적은 있을 것이라 생각했다. 그래서 먼저 사티야 사이바바의 전생이라고 알려져 있는 쉬르디를 방문하고 풋따파르띠로 간다.

쉬르디 사이바바의 아쉬람은 가히 인도 제일의 성지라고 할 만한 곳으로 신성한 향기가 넘치고 있었고 또한 명불허전의 명소였다. 그곳에서 쉬르디 사람들의 사티야 사이바바에 대한 평가도 들을 수 있어서 좋았다.

밤기차를 타고 쉬르디를 떠나 풋따파르띠로 가던 길, 어느 낯선 읍에서는 기차에서 만난 순례객들의 호의로 읍내 쉬르디 사이바바의 템플에서 기숙을 하기도 했다. 여관이나 호텔도 없는 아주 작은 읍내, 간이역만 덩그러니 있는 그곳에서 갈 곳 없이 역에서 밤을 지새려던 나에게 함께 기차를 탄 순례객들은 그들의 템플로 나를 초대했고, 나는 그들과 같이 트럭을 타고 쉬르디 사이바바의 템플로 향했다. 템플에 거주하는 맘씨 착한 청년과 더불어 템플 2층에서 잠을 청했다. 2층 넓은 홀 중앙에는 하얀 대리석으로 된 쉬르디 사이바바의 조각상이 있었고, 우리는 그 조각상 앞에서 깔개를 깔고 잠을 잤다. 따가운 모기도 없었고 맘의 근심도 사라진 참 평화롭고 감사한 밤이었다. 아침에 일어나선 또 건네주던 따뜻한 커피는 왜 그리도 달콤하던지…….
지금 돌이켜 생각해 보면 어쩌면 그 모두가 쉬르디 사이바바의 축복은 아니었을까 감히 상상해 본다.
 그 작은 읍내를 떠나 버스를 타고 풋따파르띠에 도착하니, 반가운 마음과 더불어 설렘으로 가슴이 두근거렸다. 그러나 다시 찾은 풋따파르띠는 예전과는 다르게 거리에 왕래하는 사람들도 줄었고 특히 외국인들은 거의 눈에 띄지 않았다. 사티야 사이바바 생전의 그 활기참이나 넘치던 외국 헌신자들은 이제는 거의 사라지고 거리의 가게들도 문을 닫은 곳이 많았다. 예전에 머물던 호텔에 숙소를 정하고 친분이 있는 인도인을 만나러 나섰다. 사티야 사이바바의 생가 근처에 위치한 그녀의 집에서 잠시 대화를 나눈다. 차를 내어주며 그녀는 안부를 전하며 근황을 이야기해 준다.

"바바께서 작년에 돌아가신 후부터는 아쉬람을 찾는 사람들이 많이 줄었지요. 특히 외국인 헌신자들의 숫자는 눈에 띄게 줄었습니다. 그래서 시내의 호텔이나 상가들도 문을 많이 닫았고 지금 풋따파르띠의 경제는 경기가 별로입니다."
"그래도 바바에 대한 믿음은 여전하시죠?"
"예 그럼요, 세상 사람들은 몰라줘도 우리의 바바에 대한 믿음만은 변치 않습니다."

 그녀와의 대화 속에서 사티야 사이바바를 잃은 그네들의 상실감과 그럼에도 불구하고 바바에 대한 그들의 굳은 믿음을 확인하고 이제는 아쉬람 안으로 들어가 바바의 사마디 쉬린을 보기로 한다. 아쉬람 입구로 들어서자 소지품 검색과 몸수색은 예전처럼 철통같이 진행되고 있었다. 비록 사이바바가 영면에 들었지만 아쉬람의 경비는 예전처럼 변함이 없었고, 다른 특별한 것은 없었다. 다만 바바 생전과 같은 활기참이나 희망적인 미소는 보이지 않았고 대체로 얼굴이 어둡게 보였다. 검색을 통과해 우측으로 돌아서자 드디어 사이바바의 유해를 안장한 사마디 성소가 보인다. 길게 줄지어 서 있는 참배객들 사이로 보이는 하얀색 대리석의 묘소. 사티야 사이바바의 사마디 묘소는 그가 생전에 늘 다르샨을 하던 바로 그곳에 모셔져 있다. 긴 줄을 기다리던 나도 차례가 되자 인도식으로 예를 표한다.

그런데 내가 엎드려 절 할 때 내 몸으로 흘러 들어오는 그 무엇 대리석 바닥의 시원함 때문이었을까? 잠시 생각하는 순간 다음 참배객들에게 밀려 쉬린에서 물러난다. 쉬린의 한쪽에 앉아 쉬린의 느낌을 살펴보니 파워 넘치는 라마나 마하르쉬 아쉬람이나 쉬르디 사이바바의 쉬린과는 확실히 달랐지만 그래도 어떤 경건함이 있는 듯 했다. 티루반나말라이에서 만난 싯다 팔 빤디안 선생님은 수행자에 따라, 또 수행자가 수련한 행법에 따라 사마디 성소의 느낌도 많이 다르다고 하지 않았던가. 사티야 사이바바에 대한 여러 부정적인 논란에도 불구하고 분명한 것은 그는 정신적인 지도자였으며 수행자였음이 분명해 보인다.

사티야 사이바바 아쉬람을 방문한 이후로 인도의 여기저기를 다니다가 다시 마두라이를 거쳐 람에스와람에 이르렀다. 람에스와람은 스리랑카와 맞닿은 인도의 성지로 많은 사원들이 산재해 있고 특히 우리에게 널리 알려져 있는 요가수트라를 쓴 싯다 파탄잘리의 사마디 쉬린이 있는 곳이다. 람에스와람 메인 템플을 방문하고 다시 파탄잘리의 쉬린을 방문한다.

어두컴컴한 나타라자 템플로 들어서니 예전의 인자한 노스와미는 간데없고 턱수염 덥수룩한 젊은 스와미가 반긴다. 새로 부임한 젊은 스와미도 신실하게 보였지만 예전의 덩치 큰 일꾼은 여전히 있었다. 파탄잘리 쉬린을 참배하고 젊은 스와미와 잠시 이야기한다.

"파탄잘리 쉬린에 새로운 사진을 다셨군요."
"예, 좀 더 큰 사진을 걸었습니다."
"예전에 계시던 노스와미님은 안 보이시는군요. 참 좋은 분이셨는데……"
"좋은 분이셨죠. 노스와미께서는 지금은 다른 곳으로 가셨습니다."
대화를 나누던 때 마침 예전부터 나타라자 템플에서 일하던 뚱뚱한 일꾼이 나타난다.
"아 저 사람은 사기꾼입니다. 젊은 스와미께서도 저 사람을 조심하셔야 합니다. 참배객들이 두고 온 헌금을 저 사람이 인마이포켓 하니까요. 거기다가 노스와미께 행패도 부렸지요."

내가 웃으며 이렇게 뚱보 일꾼 앞에서 이야기하자 젊은 스와미는 못 들은 체 웃기만하고 뚱보 일꾼은 계면쩍게 말도 안하고 시무룩한 모습이다. 사실 나이 들고 뚱뚱한 이 사람은 정식 스와미도 아니면서 참배객들에게 헌금을 강요하고 그 돈을 자기가 가져가는 것을 여러 번 보았기 때문이다. 나 역시도 한 차례 당했으니. 그래서 이번에는 나도 분풀이 하고 싶었던 것이다. 아마도 여기 뿐 아니라 인도의 많은 사원에서 이런 일들이 있을 것으로 추측된다. 인도에는 수많은 사원이 있으며 사원은 가장 많은 현금이 넘치는 곳이니까. 하기야 시바신께서는 그의 곁에 늘 악한과 선한 사람들을 함께 두고 계신다고 했으니 참으로 그 말뜻을 알기가 어렵다. 젊은 스와미와 뚱보 일꾼에게 인사하자 뚱보 일꾼도 손을 흔들어 준다. 미운 정도 정이었는지 그를 비판한 나에게 손을 흔들어 주는 그 속내를 알 수가 없다.

 람에스와람을 방문한 이후 와달루의 라마링감 아쉬람과 라마나 아쉬람을 거쳐 샨티니케탄을 방문하고 다시 사두들이 보고 싶어 리시케시로 향했다. 리시케시, 언제가도 즐겁고 그리운 곳. 지난번 만났던 사두들의 안부도 궁금했었다. 그사이 사두들은 어떻게 지내고 있을지, 고묵이나 케다르나트로 순례를 갔는지?

 시바난다 게이트를 지나 람줄라 다리로 들어서자 리시케시를 관통하는 푸르고 푸른 강가가 보이고 강변에는 푸자를 드리는 사람들로 북적인다. 그런데 라메쉬바바들이 보이지 않는다. 베드니케탄 아쉬람이 여행객들로 가득차서 맨 끝의 라스트포인터 게스트하우스에 자리를 잡고 사두들의 근황을 살피러 간다. 라메쉬바바와 알렉뿌리바바, 사두 람다쓰가 머물던 가트에는 예전의 신성한 화덕도 없고 시바의 삼지창도 없이 말끔히 치워져 있다. 근처 찻집으로 가서 라메쉬바바들에 대해 물어본다.

"라메쉬바바와 알렉뿌리바바, 람다쓰가 보이지 않는데 모두들 순례라도 간 것인가요?"

"아니라네. 알렉뿌리바바와 라메쉬바바는 저기 저 강 속에 있고, 람다쓰는 사라졌다네."

"저기 강 속에 있다면 죽었다는 이야깁니까? 진짜로요?"

"그렇다네. 오직 한 명의 바바만이 살아남아 있지. 그 깡마른 네 번째 바바 말야."

"그래요?"

찻집 주인과 이야기 하던 사이 마침 라메쉬바바와 함께 있던 마지막 바바가 나타났다.

"하리옴 바바, 잘 있었어요? 그런데 라메쉬바바와 다른 바바들은 어디 갔나요? 진짜 죽었나요?"

"하리옴 코리안바바, 라메쉬바바와 알렉뿌리바바는 진짜 죽었다네. 람다쓰는 지금은 결혼해서 아이를 낳았지. 여기서 멀리 떨어진 작은 읍내에서 살고 있다네."

"그래요? 언제 어떻게 죽었나요?"

"알렉뿌리바바는 자네가 떠난 후 한 6개월 정도 지나서 죽었다네. 고질적인 천식이 도져서 죽었지. 그리고 라메쉬바바는 알렉뿌리바바가 죽은 후 몇 달 쯤 지났을까 그때 죽었어. 람다쓰는 그 둘이 죽고 난 후로 방황하다가 착한 여자를 만나서 환속해서 지금은 애기를 하나 낳았다네."

라메쉬바바와 알렉뿌리바바가 죽었다는 소식에 갑자기 내속이 울컥한다. 몸이 약하고 늘 아파했던 알렉뿌리바바야 그렇다손 치더라도 그렇게 즐겁고 활기차던 라메쉬바바가 죽었다는 말은 믿기 어려웠다. 삼십 대 중반, 사십 대 초 정도의 아직도 젊은 나이의 그들이 말이다.

"그럼 알렉뿌리바바와 라메쉬바바는 어떻게 죽었죠?"

"알렉뿌리바바는 약을 먹어도 소용없었고 마지막 죽을 때엔 숨만 헐떡이며 죽었지. 말도 못하고 말야. 라메쉬바바는 알렉뿌리바바가 죽은 후 시무룩하고 밥도 안 먹고 하다가 그냥 죽어 버렸어. 장사는 저 위쪽 가트에서 지냈어. 모두가 시바신의 뜻이지."

그렇게 바바들에 대한 소식을 전해 주는 그의 눈가에 얼핏 물기가 어린다. 그 역시도 라메쉬바바와 알렉뿌리바바, 람다쓰가 그리운 모양이다. 이미 세속을 떠나 사두로 살고 있지만 함께 지냈던 바바들에 대한 그리움이 어찌 없을까?

깡마른 마지막 바바와 헤어진 후 리시케시 강변을 정처 없이 걷는다. 강가의 강물은 여전히 푸르고 봄꽃들은 흐드러지게 피어나는데 라메쉬바바 알렉뿌리바바, 람다쓰는 이제는 없다. 갑자기 눈 덮인 히말에서 고행하는 시바신의 전설을 이야기할 때 반짝이던 알렉뿌리바바의 두 눈이 떠오른다. 자기는 진짜 사두라며 목청 높이던 라메쉬바바의 자신만만한 목소리도 들리는 듯하다. 시바사두들에게 진정한 장애는 없다며 목소리 높이던 그들.

그들은 진짜 시바신을 만났을까?
그들은 진짜 자유를 찾았을까?

정처 없이 걷다가 커다란 바위에 앉아 한없이 흐르는 푸른 강물을 바라본다. 일렁이는 물결 속에서 문득 떠오르는 바바들의 얼굴.
아 불쌍한 라메쉬바바, 늘 배고프고 서글픈 날들이었지만 언제나 밝고 쾌활하던 라메쉬바바, 아가띠야처럼 작은 키에 늘 아팠지만 눈빛 맑은 알렉뿌리, 착한 람다쓰.
노을 지는 오후의 햇살 속에 반짝이는 물결, 그 물빛을 쳐다보다가 갑자기 울컥한다. 바바들과 나에게도 무언가 인연이 있었는 모양이다. 이렇게 가슴이 아파오니. 라메쉬바바들에게 좀 더 잘 해주지 못한 후회와 이제는 다시 볼 수 없다는 안타까움에 울적함이 밀려온다.

석양의 붉은 노을 속으로 강가에는 저녁 아쁘리를 드리려는 사람들이 모여들고 아쉬람들에서는 신성한 찬가와 챈팅이 은은히 들려온다. 마침 저녁 아뜨리 꽃바구니를 파는 소녀가 다가와 살 것을 권한다. 바바들을 위해서 그중에 하나를 고른다. 짙은 오렌지색 마리골드와 흰색 자스민꽃이 든 바구니. 사각의 양초에 불을 붙이고 강가의 푸른 강물에 띄운다. 석양의 노을 속으로 출렁이는 강물을 따라 흘러가는 꽃바구니, 강물 속에 있는 라메쉬바바와 알렉뿌리바바, 그리고 새로운 삶을 살기로 한 람다쓰를 위해 두 손을 모은다.

옴 나마 시바야!
옴 나마 시바야!

후기(後記)

　인도는 신비하고 아름다운 곳입니다. 그렇지만 13억이라는 수많은 인구에, 다양한 문화, 다양한 종교의 토양 위에서 다양한 민족이 살기에 또한 사건과 사고가 끊이지 않는 곳이기도 합니다. 현대적인 도시에서부터 문명의 혜택이 미치지 않는 오지까지, 세계적인 거부에서부터 하루 끼니를 위해 구걸하는 거지가 함께 공존하는 나라, 거기다가 아직도 엄연히 남아 있는 카스트의 잔재 속에서 인도는 그야말로 현대와 고대가 함께 있는 나라로 볼 수 있습니다. 또한 시원을 알 수 없는 여러 종교의 존재는 인도 역사에 있어서 굴레가 되기도 하고 한편 인간의 존엄과 자유를 신장시키는 역할을 하기도 했습니다.

　이런 용광로 같은 인도는 여행자들에게 매혹적이기도 하지만 때로는 위험하기도 한 곳입니다. 특히 문화적으로, 종교적으로 낯선 이방인인 여행객들에게 있어서는 난처한 상황에 처할 수도 있습니다. 역사가 깊은 만큼 사기나, 협잡, 범죄의 역사 또한 깊기에 인도를 여행하는 분들은 안전한 여행에 각별한 주의가 필요하다 할 것입니다. 그러나 인도의 문화와 인도인들의 습성들을 차츰 이해하게 된다면 안전한 여행 속에서 인도 여행을 맘껏 누릴 수 있으리라 생각합니다.

저는 여러 차례의 인도 여행을 통해서 인도인들의 마음을 움직이는 것은 무엇인지, 인도 문화의 동력은 어떤 것인지에 많은 관심이 있었습니다. 그 중에 특히 힌두교에 대해 관심을 두었으며 그리하여 여러 힌두 사원과 아쉬람들을 방문하였습니다. 그런 과정에서 힌두 사원과 아쉬람들에는 인도인들이 소중하게 여기는 어떤 '비밀'이 있다는 것을 알게 되었고, 그것이 무엇인지를 알고 싶었습니다. 그리고는 마침내 그 '비밀'의 실체를 아주 조금이나마 느낄 수 있었습니다. 이 책에는 그런 경험을 조금 언급했습니다. 아무리 아름다운 문장을 사용하여 표현하더라도 결국은 말일 뿐이고, 가장 소중한 것은 스스로 경험하는 것이라고 생각됩니다. 아무리 맛있게 보이는 산해진미도 직접 먹어 보지 못한다면 그 진정한 맛을 알 수 없지 않을까요?

한편, 인도 여행과 관련하여 어떤 이는 인도를 여행한 이후 신비를 언급하는 이들은 거의 사기꾼과 다름없다고 말하는 이들도 있지만 제가 보기에 그렇게 주장하는 사람들은 인도의 진정한 신비를, 감추어진, 소중한 부분을 모른다고 감히 말하고 싶습니다. 언제나 소중하고 내밀한 것들은 감추어져 있기 마련이듯, 그와 똑같이 인도 또한 그의 가장 소중하고 내밀한 부분은 감추고 있고 또 숨기고 있다고 생각합니다. 그러나 겸허한 마음으로, 냉철한 이성을 지니고 다가가면 인도 역시 그의 내밀한, 비밀의 속살을 드러내 보이니 그리하여 하나 둘씩 인도의 신비를 만나게 되고 또 그 신비를 이해하게 되는 것은 아닐까 생각합니다.

어쩌면 불교나 힌두교의 말처럼 인연(因緣)이 있는 사람들에게만 인도는 그 속살을, 내밀한 진실을 드러내는 지도 모를 일이겠습니다. 그렇지만 "道不遠人, 聖可學之"(도라는 것은 멀리 있지 않으며, 성스러움이란 것은 가히 배워 익힐 수 있다.)라는 조선 후기 우리나라의 대학자이신 화담 서경덕 선생님의 말씀과 "진실한 마음으로 행하고 나아가면 어느 땐가 진리를 만날 수 있다."라는 요가수트라의 저자 싯다 파탄잘리의 말씀처럼 삶과 존재의 신비라는 것도 우리들의 노력 여하에 따라 접하고 익힐 수 있는지도 모를 일입니다.

 이 책에 쓴 내용들은 지난 시절 인도 여행에서의 짧은 기록입니다. 글은 시간과 장소의 순서가 아니라 편의로 재배치한 것입니다. 끝으로 이 책이 나오기까지 마음으로 응원해 주신 삶의 좋은 선배이신 양진석 박사님과 보가르와 까비르, 사띠스와미 등 여러 좋은 글들을 인용할 수 있게 허락해 주신 진정한 싯다스 팔 빤디안(Pal Pandian) 선생님께 감사의 글을 드리는 바입니다.

                                    Om Shanti, Shanti, Shanti!
                                    2014년 여름,   저자 드림

* 참고지도

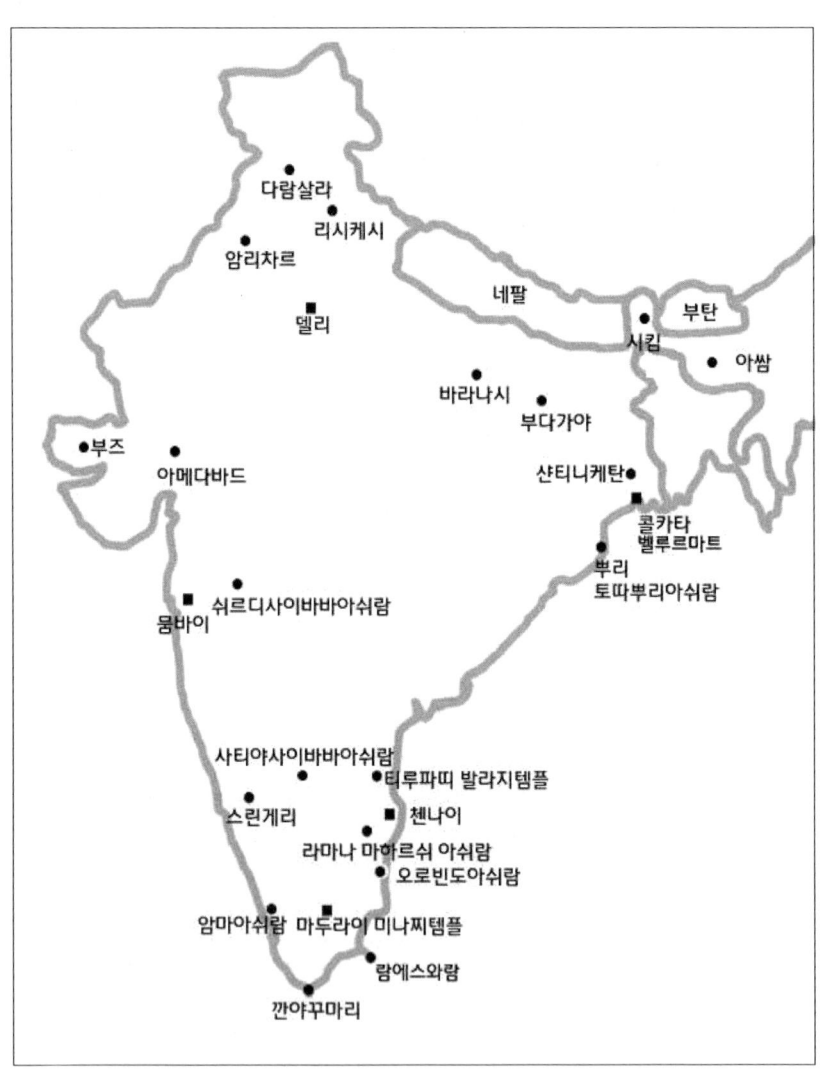

* 아쉬람 예약, 방문, 요가 강좌

* 일반적으로 세계적으로 유명한 라마나 마하르쉬 아쉬람이나 시바난다 아쉬람 같은 곳에 머물기 위해서는 최소 몇 달 전에 이메일을 보내서 필히 예약을 해야 한다. 이때 예상 거주 일수와 도착 시간 등을 알려주는 것이 좋고, 1안 2안 3안 식으로 아쉬람 사정에 따라 조금 변경 가능하게 이메일을 보내는 것이 좋다. 예약을 못해 아쉬람 안에 거주할 수는 없다고 해도 방문은 자유롭기 때문에 근처 일반 호텔에 머물면서 날마다 출퇴근 하는 것도 좋은 방법이다. 리시케시나 라마나스라맘 주변에는 가격이 다양한 호텔들이 있으며, 일반 가정집을 렌트할 수도 있다.

* 쉬르디 사이바바 아쉬람이나 암마 아쉬람, 사티야 사이바바 아쉬람, 베아스 시크 아쉬람 같은 경우는 방이 많아서 특별한 경우가 아니면 당일 빈방을 구할 수 있다. 그렇지만 여행객이 많을 경우를 대비해 미리 정보를 알아보는 것이 좋다.

* 기숙형 아쉬람으로 유명한 리시케시의 베드니케탄 아쉬람 같은 경우는 방문 당일 상황에 따라 금방 빈방이 구해지는 경우도 있지만 빈방이 없을 경우에는 근처에 머물면서 며칠씩 기다려야 하는 경우도 있다. 요즘은 베드니케탄 아쉬람의 경우엔 장기 투숙객이 많고, 성수기엔 서양 여행자들이 많아서 빈방이 없는 경우도 많으므로 리셉션에서 웨이팅 상황을 알아보는 것도 좋을 것이다.

* 선풍적인 인기를 끌고 있는 아엥가요가를 가르치는 리시케시의 옴카라 난다 아쉬람이나 크리야요가 계열의 요가니케탄 같은 아쉬람 역시 최소 3~6개월 전에 미리 예약을 해야 요가수업을 들을 수 있다고 한다. 그렇지만 리시케시 현지에서는 여러 아쉬람이나 요가센터에서 수시로 요가강습이 있기 때문에 많은 여행자들이 일반 호텔에 머물면서 수업만 아쉬람에서 받는 경우가 많다. 시바난다 아쉬람이나 베드니케탄의 경우도 요가강습이 있다.

* 도시 전체가 하나의 거대한 아쉬람인 리시케시의 경우, 많은 아쉬람과 호텔들이 있으므로 여행자의 사정에 따라 충분히 머물 수 있고, 또 많은 곳에서 요가수업을 받을 수 있으므로 정보를 잘 살펴두면 자기에게 맞는 강좌를 찾을 수 있을 것이다.

* 아쉬람이나 사원의 출입 : 아쉬람이나 사원에 출입할 때는 일반 여행자 차림보다는 여자의 경우 사리나 펀자비 드레스, 남자의 경우 인도식 흰색 꾸르따, 도티를 입고 출입하는 것이 좋다. 너무 화려하지 않은 사리나 펀자비, 꾸르따, 도티 등을 사두면 확실히 대우를 받을 수 있으므로 꼭 장만할 것을 추천한다. 짧은 치마나 반바지 차림은 경멸의 대상이 될 수도 있다. 또한 작은 아쉬람이나 사원의 경우 꽃이나 과일 등을 준비해 가면 적극적인 환영을 받는 경우가 많다.

* 최근엔 많은 방문객들로 인해서 아쉬람 내에서도 도난이나 분실 등의 경우가 있으므로 필히 주의해야 한다.

아쉬람들의 인터넷 주소

쉬르디 사이바바 아쉬람
https://www.shrisaibabasansthan.org

라마나 마하르쉬 아쉬람(라마나스라맘)
http://www.sriramanamaharshi.org

시바난다 아쉬람
http://www.sivanandaonline.org

옴카라난다 아쉬람(옴카라난다 강가사단)
http://omkarananda-ashram.org

요가니케탄
http://yoganiketanashram.org

사티야 사이바바 아쉬람
http://www.srisathyasai.org.in

암마 아쉬람
http://www.amritapuri.org

라마나스라맘의 참빠

김동관

영남대학교 사학과를 졸업하고 신문사 기자와 방송국 프리랜서를 지냈다. 여러 차례의 인도 여행을 통해 인도의 신비를 접했으며, 지금은 생활 속에서 존재의 역사에 대해 탐구하고 있다.

인도 아쉬람 기행
인도 성자들의 아쉬람과 힌두사원 방문기

초판 1쇄 발행 2017년 11월 13일

지은이	김동관
펴낸이	김동관
펴낸곳	샨티아쉬람
등록	제 2017-8 호 (2017. 6. 29)
주소	경상북도 경산시 압량면 압독3로2길 14
전화	053) 794-7631
팩스	053) 795-8688
홈페이지	www.shanti.co.kr
E-mail	mail@shanti.co.kr
ISBN	979-11-962248-0-6

*본 저작물은 저작권법의 보호를 받습니다.
*책값은 뒤표지에 있습니다.